AMERIKA
DAS ALTE EUROPA ENTDECKT DIE NEUE WELT

Ausstellung
der Museen der Stadt Gotha,
Kartographisches Museum,
zum Kolumbus-Jahr 1992
Schloß Friedenstein – Marstall
15. Juli bis 15. September 1992

Zum Geleit

Wohl kaum ein anderes Ereignis rief so differenzierte Emotionen hervor, wie das 500jährige Jubiläum der Landung Christoph Kolumbus' auf der Bahama-Insel Guanahani. So wurde 1992 zum Jahr der intensiven Auseinandersetzung mit dem Jubiläum; zahlreiche Ausstellungen begleiten es.

Ein wichtiges Medium, das Kolumbus auf den Weg nach „Westindien" brachte, war die Karte. Deren Entwicklung wurde wiederum befruchtet durch seine und seiner Nachfolger Reisen. Das hat bewirkt, daß in der Kartographie des 16./17. Jh. ein erheblicher Qualitätsschub zu beobachten ist.

„Amerika – Das alte Europa entdeckt die Neue Welt" betrachtet anhand des zeitgenössischen Kartenmaterials die Rezeption der Entdeckungsreisen in Europa. Daß wichtige Kartenwerke für diese Ausstellung zusammengetragen werden konnten, verdanken die Museen der Stadt Gotha zahlreichen Leihgebern, die in großzügiger Weise das Unternehmen unterstützten.

Besonderer Dank gilt dem Verlag Justus Perthes Gotha, der aus seiner fast 200 Jahre alten Kartensammlung zahlreiche Stücke zur Verfügung stellte und Drucklegung sowie Finanzierung des Kataloges übernahm. Ebenso dankenswert ist die Beteiligung der Forschungs- und Landesbibliothek Gotha, der Deutschen Staatsbibliothek Berlin/Kartenabteilung, der Sächsischen Landesbibliothek Dresden/Kartenabteilung und des Staatlichen Museums für Völkerkunde Dresden.

Der völkerverbindende Aspekt und die Worte Simon Bolivars (1783–1830) sind der Ausstellung Leitfaden:
„Sorgen wir künftig dafür, daß die Liebe mit ihrem allumfassenden Arm die Söhne der Welt des Kolumbus vereine und daß der Haß, die Rachsucht und der Krieg aus unserem Herzen vertilgt werden!"

Elisabeth Dobritzsch
Direktorin des Museums
für Regionalgeschichte und Volkskunde Gotha

Das Kartographische Museum in Gotha und die Ausstellung „Amerika – Das alte Europa entdeckt die Neue Welt“

– Eine junge Einrichtung und ein großes Thema –

Das Kartographische Museum – eine junge Einrichtung der Museen der Stadt Gotha auf Schloß Friedenstein – wurde im Sommer 1985 ins Leben gerufen.

In diesem Jahr begingen, noch getrennt durch die Grenze, die Geographische Verlagsanstalt Justus Perthes in Darmstadt und ihr Stammhaus in Gotha, der damalige VEB Hermann Haack, das 200jährige Gründungsjubiläum.

Die erste Exposition des Museums würdigte damals die bedeutende Tradition des Verlagshauses unter der Überschrift „200 Jahre geographisch-kartographische Arbeiten in Gotha“.

Das rege Interesse der Besucher führte 1991 dazu, die Ausstellung inhaltlich und räumlich zu erweitern und in den Westturm des Schlosses Friedenstein umzulagern. 1992, zum Kolumbus-Jahr, tritt das Museum erstmalig mit einer größeren Sonderausstellung an die Öffentlichkeit. Sie bereitet das Thema, 500 Jahre Entdeckung Amerikas und die damit verbundene Wandlung des Weltbildes, kartographisch auf.

Dabei umfaßt die Ausstellung die Zeitspanne von der Antike bis zum 19. Jh. und beinhaltet Karten (Originale und Reproduktionen), historische Schriften über Amerika mit Kartenbeilagen und völkerkundliche Exponate.

Gegliedert ist die Ausstellung in sechs Abschnitte, die sich auch in der Abfolge der Abbildungen und beschreibenden Texte dieses Kataloges widerspiegeln. Einleitend wird der Besucher unter dem Motto „Die ‚Alte Welt‘ vor Kolumbus“ mit dem Weltbild der Antike und des Mittelalters bis zum Vorabend der Entdeckung Amerikas vertraut gemacht. Die ersten Grundlagen für ein wissenschaftliches

Weltbild verdanken wir den Griechen. Bereits um 200 v. Chr. entwarf der griechische Gelehrte Eratosthenes von Kyrene eine auf wissenschaftlichen Beobachtungen beruhende Erdkarte und berechnete den Erdumfang mit einer erstaunlich hohen Genauigkeit. Ebenso wie Eratosthenes ging auch Claudius Ptolemäus um 160 n. Chr. von der mathematisch faßbaren Kugelgestalt der Erde aus. Allerdings führten seine Berechnungen zu einem viel zu geringen Umfang. Diese Vorstellungen der alten Griechen und der Fehler des Ptolemäus gehörten zu den geistigen Grundlagen, die im 15. Jh. Christoph Kolumbus auf den Gedanken brachten, daß eine Westfahrt nach Asien möglich sei. Im Zeitalter der Renaissance wurde das ptolemäische Weltbild durch zahlreiche Ausgaben der „Geographia", denen sich bedeutende Gelehrte widmeten, „wiedergeboren".

Doch dazwischen lagen Jahrhunderte, in denen das christliche Weltbild vorherrschte. Die mittelalterlichen Rundkarten „Mappae mundi" versuchten keine wissenschaftlich begründete Abbildung der Erde, ihr Inhalt war vielmehr religiös bestimmt. Praktisch verwendbar für die Seefahrt waren im Mittelalter nur die „Portolankarten" mit den Küstenumrissen der befahrenen Länder. Sie wurden von den Segelschiffen mitgeführt. In den frühen Karten des 15. Jahrhunderts finden wir die Gedankenwelt des Mittelalters mit den Kenntnissen der Portolane und dem wiedergewonnenen antiken Gedankengut vereint.

Im Zusammenhang mit der Kugeltheorie vertraten im Spätmittelalter die Gelehrten Albertus Magnus, Roger Bacon und Pierre d'Ailly durch das Studium antiker Quellen die Meinung, daß der Osten Asiens über eine Route quer durch das Westmeer erreicht werden könne. Dabei gingen sie wiederum vom „ptolemäischen" geringeren Erdumfang aus. Gerüchte über die sagenhaften Reichtümer Asiens verbreiteten sich durch die Berichte des Marco Polo und anderer Handelsreisender. Die Verbreitung des ptolemäischen Weltbildes wurde im 15. Jh. auch durch die Erfindung des Buchdrucks gefördert.

Nach der Eroberung Konstantinopels und der damit verbundenen Errichtung einer „türkischen Sperre“ zum Landweg nach Asien, war die Erschließung eines Seeweges dorthin im 15. Jh. zu einer zwingenden wirtschaftlichen Notwendigkeit geworden. Die Portugiesen, und besonders Prinz Heinrich der Seefahrer, verfolgten das Ziel, durch Umsegelung der Südspitze Afrikas zu den Reichtümern „Indiens“ zu gelangen.

Untrennbar verbunden ist dies mit den Namen der portugiesischen Seefahrer Bartolomeu Dias und Vasco da Gama. Ihre Fahrten um die Südspitze Afrikas herum haben den neuen Seeweg nach Indien geöffnet. Technische Voraussetzungen für diese seefahrerischen Leistungen waren die Entwicklung der hochseetüchtigen Karavelle, die Weiterentwicklung des Kompasses sowie die Zusammenstellung astronomischer Tafeln mit den für die Seefahrt bedeutsamen Positionen wichtiger Himmelskörper. Durch die Fahrten der Portugiesen veränderte sich das Kartenbild der Ostküste Afrikas und Vorderindiens erheblich.

Der Genuese Christoph Kolumbus griff alle genannten geistigen und technischen Voraussetzungen auf und verfolgte das Ziel, auf dem westlichen Seeweg nach „Indien“ zu gelangen. In seinem Vorhaben bestärkten ihn ein Brief und eine Karte des Florentiner Gelehrten Paolo dal Pozzo Toscanelli. Dieser stellte das Unternehmen als relativ problemlos dar.

1492 trat Kolumbus mit drei Schiffen endlich seine Westfahrt an und erreichte am 12. Oktober 1492 die Insel San Salvador (Guanahani), die er für die Küste Ostasiens hielt. Weder dort, noch auf Haiti, das er im Dezember 1492 ansteuerte, fand er die erhofften Reichtümer. Obwohl Kolumbus noch drei weitere „Indienfahrten“ durchführte, erkannte er bis an sein Lebensende nicht, daß er einen neuen Kontinent entdeckt hatte. Sein Irrtum spiegelt sich heute noch in der Bezeichnung „Indianer“ für die Ureinwohner Amerikas und im geographischen Namen „Westindien“ für die Inselwelt Mittelamerikas wider.

Dem Ziel der Westfahrt des Kolumbus, den Ländern Asiens und den Möglichkeiten dorthin zu gelangen, ist der zweite Ausstellungsabschnitt „Kolumbus – westwärts nach Indien“ gewidmet. Nicht Kolumbus war es, der Kenntnis über die „Neue Welt“ durch Schriften in Europa verbreitete. Vielmehr kommt dieses Verdienst dem italienischen Seefahrer Amerigo Vespucci zu. Er erkannte als erster, daß er sich auf einem neuen Kontinent befand und brachte dies in seinen Beschreibungen zum Ausdruck. Die Berichte gelangten in die Hände der Gelehrten am lothringischen Hof in Saint-Dié, Martin Waldseemüller und Matthias Ringmann. Man verstand Vespucci dort als Entdecker der „Neuen Welt“. In seiner Weltkarte von 1507 und der „Cosmographiae instroductio“ nannten Waldseemüller und Ringmann den neuen Kontinent nach dem Vornamen Vespuccis „Amerika“. Andere Kartographen griffen den Namen auf und wiederholten ihn, so Gerard Mercator auf seiner Weltkarte von 1538.

Die Namensgebung und die Eroberung und Erschließung der „Neuen Welt“ durch große und kleine Entdecker in den folgenden Jahrhunderten finden im Kartenbild ihren Ausdruck. Dieser Thematik ist der dritte Ausstellungsabschnitt „Die ‚Neue Welt‘ im Spiegel der europäischen Kartographie“ gewidmet. Politisch bedeutsam war im 16. und 17. Jh. die Teilung der Welt in eine spanische und portugiesische Einflußsphäre (1494 Vertrag von Tordesillas). Entsprechend häufig spiegelte sich der Tatbestand in den Karten der damaligen Zeit wider.

Mit dem 18. Jh. fand die Zeit der Abenteurer ihren Abschluß. Zunehmend prägte der wissenschaftlich gebildetete Reisende die weitere Erschließung unbekannter Gebiete der Erde. Vorbild für diese Art des Herangehens wurde der deutsche Gelehrte Alexander von Humboldt. Mit seiner amerikanischen Reise von 1799–1804 begann das Zeitalter der großen wissenschaftlichen Forschungsreisen und der klassischen Reisebeschreibungen. Seinem Wirken ist der Ausstellungsabschnitt „Alexander von Humboldt entdeckt Amerika neu“ gewidmet.

Daß dieser Abschnitt und die beiden letzten Themen der Ausstellung, „Die Rolle der Gothaer Kartographie bei der geographischen Erschließung Amerikas im 19. Jh." und „Deutsche Atlanten des 19. Jh. und ihr Amerikabild", ausschließlich mit Originalen bestückt werden konnten, ist der großzügigen Unterstützung und Zusammenarbeit mit dem Gothaer Verlag Justus Perthes zu verdanken. In diesem traditionsreichen Haus befindet sich eine der bedeutenden Kartensammlungen Deutschlands.

So kann man als besonderen Anlaß für diese Sonderausstellung in Gotha nicht nur das weltweit bedeutende 500jährige Jubiläum der Entdeckung Amerikas bezeichnen. Bedeutend für die Stadt Gotha und ihre große Tradition auf dem Gebiet der Kartographie ist das Jahr 1992 auch durch die Reprivatisierung des Gothaer Stammhauses der Familie Perthes und seine Integrierung in die Klett-Verlags-Gruppe Stuttgart. Damit ergibt sich die Chance, die Tradition eines der ältesten geographisch-kartographischen Verlage Europas in Gotha mit neuem Schwung fortzusetzen.

Die Stadt Gotha mit ihrer Geographischen Anstalt von Justus Perthes entwickelte sich in den Jahren 1855 bis 1870 zu einem internationalen Zentrum der Erforschung und Erkundung noch unbekannter Gebiete der Erde. Das war vor allem dem Wirken des Geographen und Kartographen August Petermann zu verdanken. Er war Schüler des Kartographen Heinrich Berghaus, der durch seine wissenschaftliche Zusammenarbeit mit Alexander von Humboldt bekannt geworden ist. Petermann wirkte seit 1855 in Gotha und förderte von dort aus Forschungsreisende in aller Welt. Als Gegenleistung schickten diese ihre Kartenskizzen und Reiseberichte nach Gotha. Hier wurden sie von Petermann in den „Mittheilungen aus Justus Perthes' Geographischer Anstalt" veröffentlicht oder fanden Verwendung für die Karten des Gothaer Stieler-Atlas. Letzterer war im 19. Jh. der berühmteste deutsche Handatlas. Er findet deshalb in der Ausstellung ebenso seinen Platz wie die wissenschaftlichen Berichte über Amerika im „Petermann".

Umfangreiche Schätze befinden sich in den kartographischen Sammlungen und Bibliotheken der neuen Bundesländer. Sie bilden den Grundstock für diese Ausstellung. Gerade Gotha ist durch seine jahrhundertealte kartographische Tradition und dadurch entstandenen Sammlungen dafür prädestiniert, sich unter geographisch-kartographischen Gesichtspunkten zum Amerika-Jubiläum zu äußern. Die Ausstellung soll dazu beitragen, diese Tradition dem Besucher nahezubringen.

Jutta Siegert
Kustos
Kartographisches Museum

Nicolaus Germanus nach Claudius Ptolemäus, Weltkarte aus der Ulmer „Cosmographia“, 1482

Von einer ptolemäischen Weltkarte selbst ist kein Original erhalten. Der Nachwelt überliefert sind nur zahlreiche Karten späterer Zeit, die sich auf ptolemäische Angaben stützen. Aus der deutschen Ptolemäusausgabe von Ulm, 1482, stammt die Weltkarte des Nicolaus Germanus in Holzschnittechnik. Die Karte ist von zwölf Engelsköpfen umgeben. Sie symbolisieren die Hauptwinde auf der Erde. Den größten Teil der Erdoberfläche nehmen die Landmassen der drei damals bekannten Kontinente Europa, Asien und Afrika ein. Afrika und Asien sind durch das sagenhafte Südland „Terra incognita“ miteinander verbunden. Der Indische Ozean wird so zu einem Binnenmeer.

E. K., J. S.

Reproduktion vom Holzschnitt, 66 x 52 cm*)
Original in der Deutschen Staatsbibliothek Berlin.
Foto M. G.

*) Die Maßangaben der Karten beziehen sich auf Breite x Höhe.

CAVRVS CHORVS VEL IAPIX SIVE ARGESTES
CIRCIVS VEL TRESIIAS
SEPTENTRIO VEL APARCTIAS
AQVILO VEL BOREAS
CECIAS APELIOTES
FAVONIVS ZEPHIRVS
SVBSOLANVS
EVROPA
ASIA
AFRICA
LIBIA INTERIOR
ETHIOPIA INTERIOR
ARABIA FELIX
MARE INDICVM
MARE INDICVM
MARE PRASODVM
AFRICVS VEL LIBS
LIBONOTVS EVROAVSTER
AVSTER VEL NOTVS
EVRNOTVS
VVLTVRNVS EVRVS

Taddeo Crivelli nach Claudius Ptolemäus, Weltkarte aus der „Cosmographia“ von Bologna, 1477

Im 15. Jh. gelangt eine Abschrift von Ptolemäus' „Geographia“ nach Italien. Sie beinhaltet auch eine Kopie seiner Weltkarte. Die in Bologna im Jahre 1477 herausgebrachte „Cosmographia“ des Claudius Ptolemäus ist die zweite gedruckte Textausgabe, jedoch die erste mit Karten illustrierte. Die Vervielfältigung der Karte erfolgt schon durch das moderne Kupferstichverfahren. Die Zeichnungen und vielleicht auch den Stich fertigt Taddeo Crivelli, ein Miniaturmaler aus Ferrara an. Er benutzt dazu die Vorlagen des deutschen Benediktinermönches und Kosmographen Donnus Nicolaus Germanus. Gedruckt wird der Band bei Domenico de Lapi in Bologna.

J. S.

Reproduktion vom Kupferstich, 74 x 52 cm
Original in der Universitätsbibliothek zu Bologna.
Foto M. G.

3

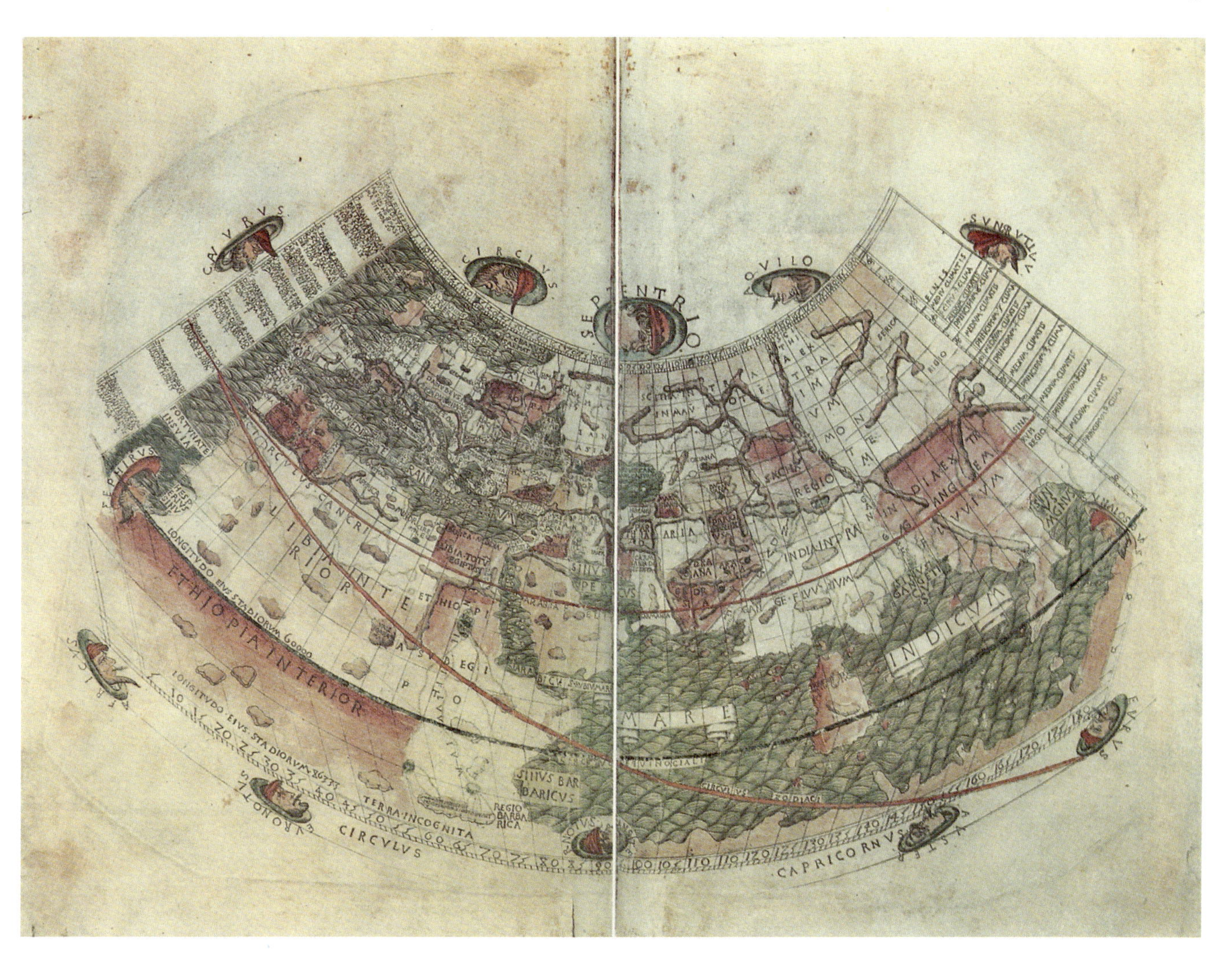
CIRCIUS
AQUILO
SEPTENTRIO
ETHIOPIA INTERIOR
LIBIA INTERIOR
TERRA INCOGNITA
SINUS BARBARICUS
REGIO BARBARICA
MARE
INDICUM
CIRCULUS CAPRICORNUS
INDIA EXTRA GANGEM
INDIA INTRA GANGEM

D. A. Houer, Weltkarte des Griechen Eratosthenes von Kyrene aus dem 2. Jh. v. u. Z., um 1780

Eratosthenes aus dem nordafrikanischen Kyrene wirkt im 2. Jh. v. u. Z. als Gelehrter im ägyptischen Alexandria. Große Berühmtheit erlangt er durch seine Gradmessung, die erste wirkliche Bestimmung des Erdumfanges. Noch vor Ptolemäus stellt Eratosthenes in den drei Büchern seiner „Geographika" das erste wissenschaftliche System der Geographie auf.

Der griechische Gelehrte entwirft auch eine Erdkarte. Sie beruht nicht mehr auf reinen Vermutungen, sondern schon weitgehend auf wissenschaftlichen Beobachtungen. Die Karte ist für ihre Zeit von erstaunlicher Genauigkeit. Sie schafft trotz ihrer Fehler die Grundlage für ein wissenschaftliches Erdbild, auf dem weiter aufgebaut wird.

Der Nürnberger Kupferstecher D. A. Houer gibt mit seiner Karte die Vorstellungen des Eratothenes von der bekannten Erde genau wieder.

J. S.

Reproduktion vom Kupferstich, 37 x 29 cm
Original in der Sächsischen Landesbibliothek Dresden.
Foto M. G.

4

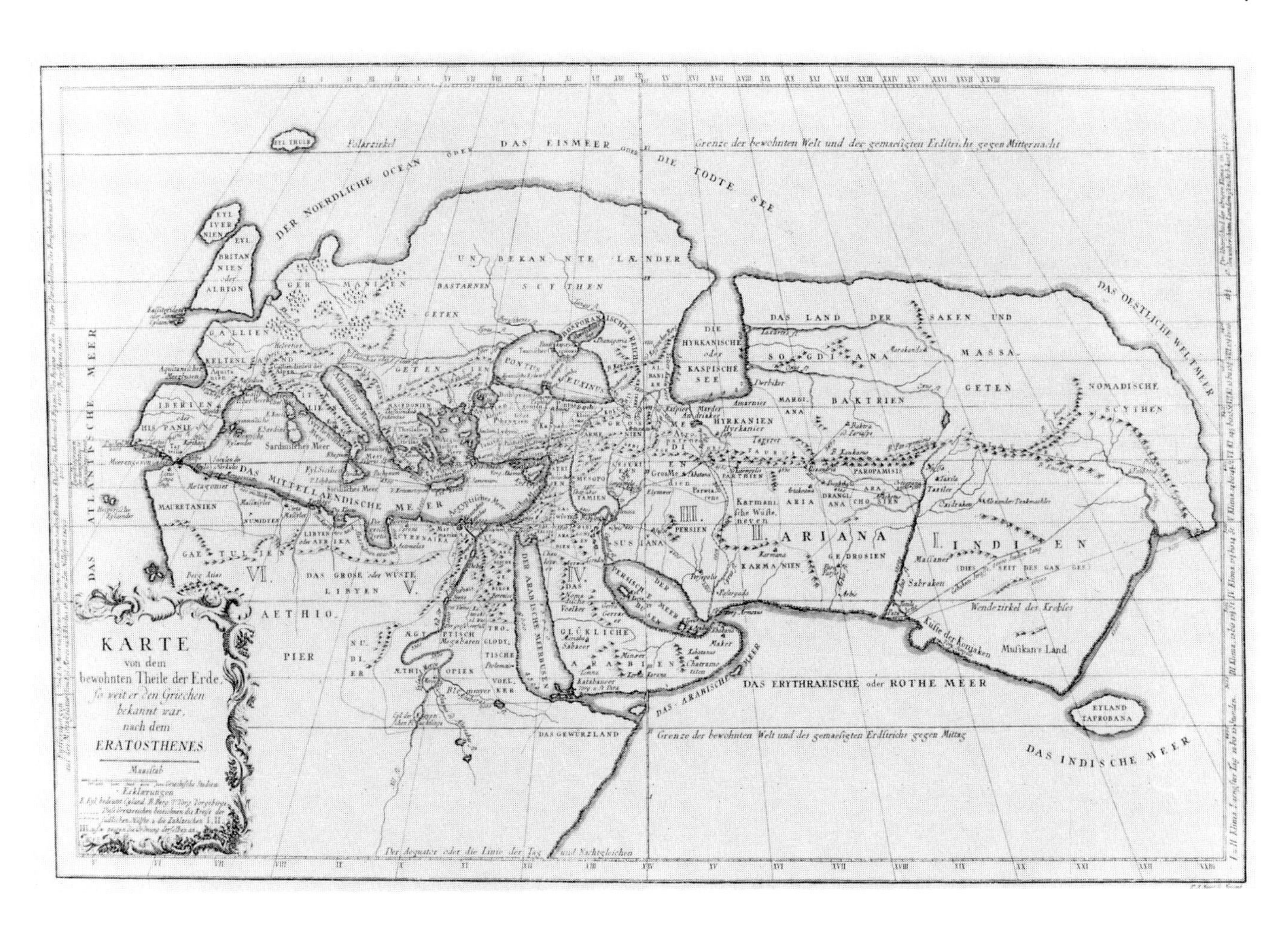
KARTE
von dem
bewohnten Theile der Erde,
so weit er den Griechen
bekannt war,
nach dem
ERATOSTHENES
DAS EISMEER
DIE TODTE SEE
DER NOERDLICHE OCEAN
Grenze der bewohnten Welt und des gemaeßigten Erdstrichs gegen Mitternacht
UNBEKANNTE LÆNDER
DAS OESTLICHE WELTMEER
DAS LAND DER SAKEN UND MASSA.
DIE HYRKANISCHE oder KASPISCHE SEE
SOGDIANA
BAKTRIEN
GETEN
NOMADISCHE SCYTHEN
ATLANTISCHE MEER
DAS MITTELLAENDISCHE MEER
GALLIEN
KELTENE
IBERIEN
MAURETANIEN
GAETULIEN
DAS GROSE oder WÜSTE LIBYEN
AETHIOPIER
ARIANA
INDIEN
PERSIEN
SUSIANA
DER ARABISCHE MEERBUSEN
GLÜKLICHE ARABIEN
DAS ERYTHRAEISCHE oder ROTHE MEER
DAS ARABISCHE MEER
EYLAND TAPROBANA
DAS INDISCHE MEER
DAS GEWÜRZLAND
Grenze der bewohnten Welt und des gemaeßigten Erdstrichs gegen Mittag
Der Aequator oder die Linie der Tag und Nachtgleichen
Wendezirkel des Krebses
EYL. BRITANNIEN oder ALBION
EYL. IVERNIEN
EYL. THULE
PONTUS EUXINUS
PAROPAMISIS
DRANGIANA
KARMANIEN
GEDROSIEN

Mohammed al-Idrisi,
Arabische Zonenweltkarte, 1154

Einen Höhepunkt erreicht die arabische Kartographie im 12. Jh. Damals entwirft Mohammed al-Idrisi (1099–um 1164) seine Weltkarte. An der maurischen Universität in Córdoba hat er alle geographischen und kartographischen Quellen seiner Zeit studiert. Auf weiten Reisen kommt er nach Afrika und Asien. Diesen Gelehrten beruft der Normannenkönig Roger II. von Sizilien an seinen Hof in Palermo. Er gibt ihm den Auftrag, ein Buch über die fremden Länder zu verfassen.

An dem Werk, das alle geographischen Aspekte berücksichtigen soll, arbeitet Idrisi 15 Jahre lang. Der Titel der Handschrift in Arabisch und Latein lautet: „Vergnügen für den, der die Länder der Erde bereisen will". Dazu gehört ein Kartenwerk in 70 Blättern und die kreisförmige Weltkarte, die in eine Silberplatte gestochen ist. Die nach einer Kopie von 1500 wiedergegebene Weltkarte hat Idrisi in 7 Klimazonen eingeteilt. Das ist von den Griechen so überliefert worden.

Die Karte zeigt wegen ihrer geringen Größe kein genaues Bild der Erde. Jedoch stellt sie im Vergleich zu anderen Karten dieser Zeit einen beachtenswerten Fortschritt dar.

E. K., J. S.

Faksimile von einer handgezeichneten Kopie um 1500, 66 x 52 cm
Kopie in der Bodleian Library Oxford
Original nicht erhalten.
Foto M. G.

5

Gervasius von Tilbury,
Weltkarte von Ebstorf, um 1240

Die größte der mittelalterlichen Radkarten ist die handgezeichnete Weltkarte aus dem deutschen Kloster Ebstorf bei Uelzen von 1240. Sie betont natürlich christliche Gesichtspunkte. So steht Jerusalem im Mittelpunkt der Karte. Die Stadt ist durch ein Mauerquadrat mit dem thronenden Erlöser darin auffällig hervorgehoben. Als Träger der Welt ist er mit Kopf, Händen und Füßen dargestellt.

Die Karte zeigt im Bereich des Mittelmeeres in keiner Weise den wahren Küstenverlauf. Adria und Ägäis stoßen geradlinig in das Land hinein. Die große herzförmige Insel ist Sizilien, rechts darüber liegt Kreta. Gebirge und Flüsse sind kaum zu unterscheiden. Sonst aber ist die Karte vom geographischen Inhalt her die reichste ihrer Art.

Von den bildlichen Darstellungen sei die Arche Noah auf dem Ararat hervorgehoben. Ihr begegnet man auch sonst vielfach. So schaut Noah z. B. von Jerusalem aus schräg nach links auf halbem Wege zum Rand aus dem Turmfenster. Links auf der Spitze sitzt die Taube mit dem Ölblatt. Auch der hier abgebildete Kartenausschnitt zeigt Teile Vorderasiens, die mit Bildern aus der christlichen Lehre und der Sagenwelt gefüllt sind.

J. S.

Faksimile aus der Kartensammlung Justus Perthes Gotha
(Leihgabe), 100 x 116 cm
Original nicht mehr erhalten
Kartenausschnitt (Reproduktion) 40 x 30 cm.
Foto M. G.

6

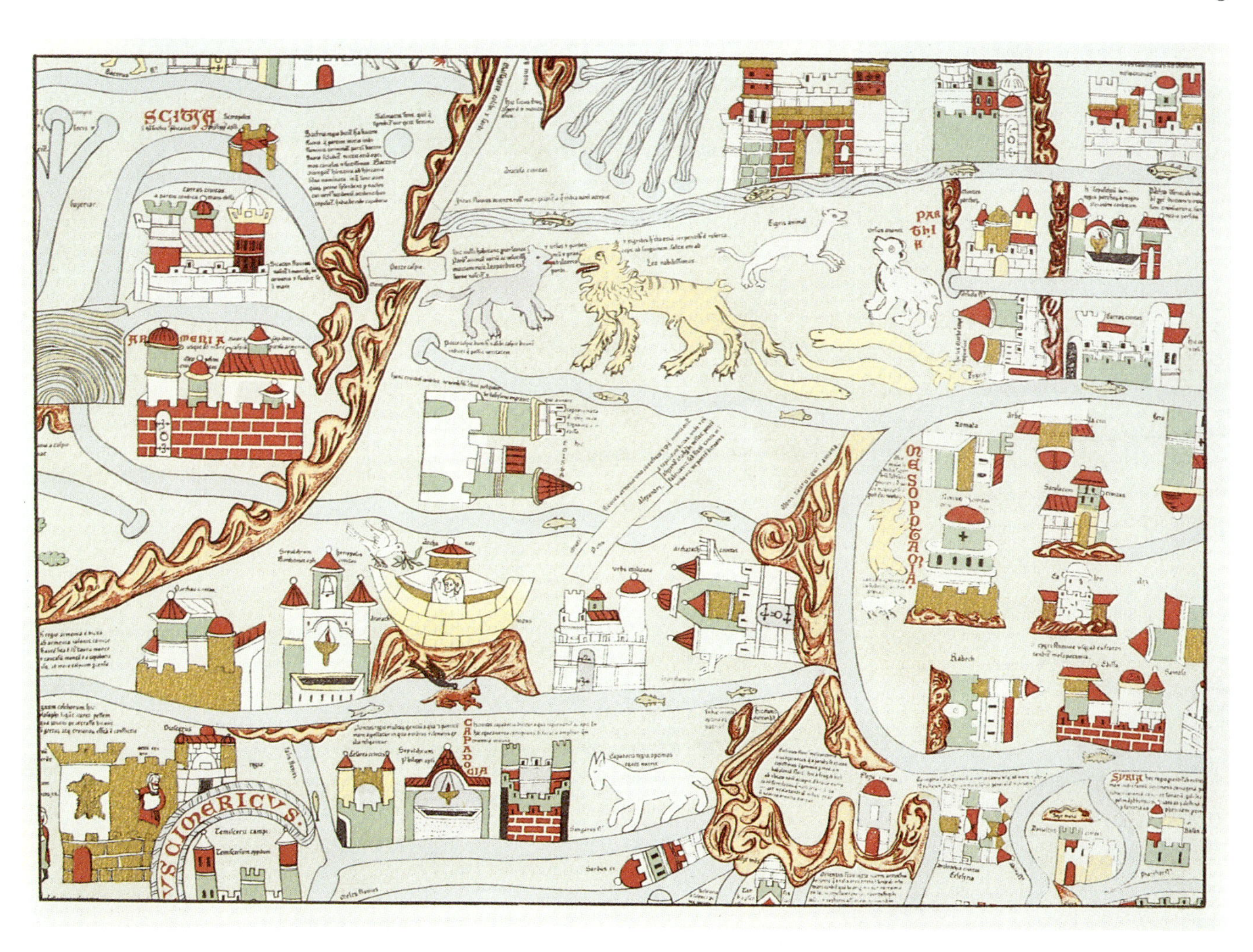

Richard von Haldingham,
Weltkarte von Hereford, um 1280

Zu den großen, prachtvoll gestalteten Weltkarten des Mittelalters zählt das Gemälde in der Kathedrale von Hereford in England. Es wird um 1280 durch Richard von Haldingham entworfen. Die Karte ist mit zahlreichen Illustrationen aus Geschichte und Sagenwelt, darunter einigen aus der Antike, geschmückt. Ein Beispiel ist in der Darstellung des Römers Marcus Vipsanius Agrippa zu finden.

Auf der nach Osten orientierten Pergamentkarte ist im oberen Teil das Jüngste Gericht dargestellt. Jerusalem bildet dabei den Mittelpunkt der Erde. Als Vorbild dienen dem Künstler offenbar die um 1240 entstandene Ebstorfer Weltkarte und die Karte des Heinrich von Mainz aus der Zeit um 1100. Eine Kopie dieser Karte wird heute noch in Cambridge aufbewahrt.

Der abgebildete Kartenausschnitt zeigt den zur damaligen Zeit bekannten Teil des afrikanischen Kontinents.

E. K., J. S.

Reproduktion von Handzeichnung, 33 x 52 cm
Original in der Hereford Cathedral in England
Kartenausschnitt (Reproduktion) 40 x 31 cm.
Foto M. G.

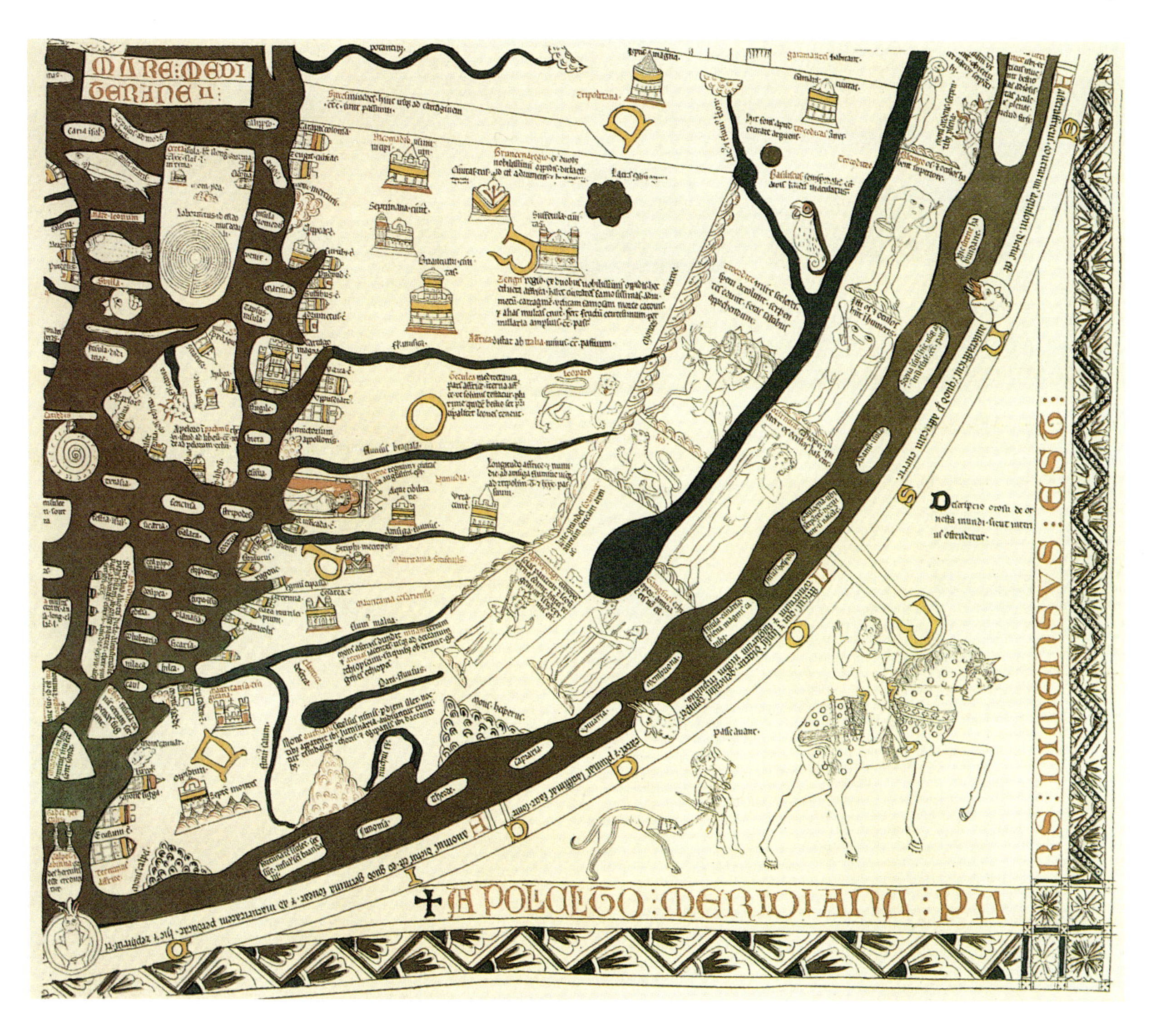

Ranulf Higden, Weltkarte um 1350

Der Autor dieser Weltkarte ist Benediktinermönch. Er veröffentlicht ebenfalls eine siebenbändige Weltgeschichte, das „Polychronicon“. Diesem Werk hat Higden eine Erdbeschreibung vorangestellt. Zu ihr gehören auch zwei Weltkarten. Die größere, auf Pergament, wird hier vorgestellt. Das Original befindet sich im Britischen Museum London.

Die ovale Karte ist ostorientiert. Sie stellt die Erde als eine von Wasser umgebene Scheibe dar. Diese ist in drei Kontinente – Europa, Asien und Afrika – aufgegliedert. Zwölf Köpfe umgeben die Karte. Sie stellen die vom Meer aufs Festland wehenden Winde dar.

Die Karte berücksichtigt noch nicht die damals neuesten geographischen Erkenntnisse. So hat der Autor z. B. noch nicht die Ergebnisse der großen Seereisen des 13. und beginnenden 14. Jahrhunderts eingearbeitet.

E. K., J. S.

Reproduktion von Handzeichnung, 52 x 66 cm
Original im Britischen Museum London.
Foto M. G.

8

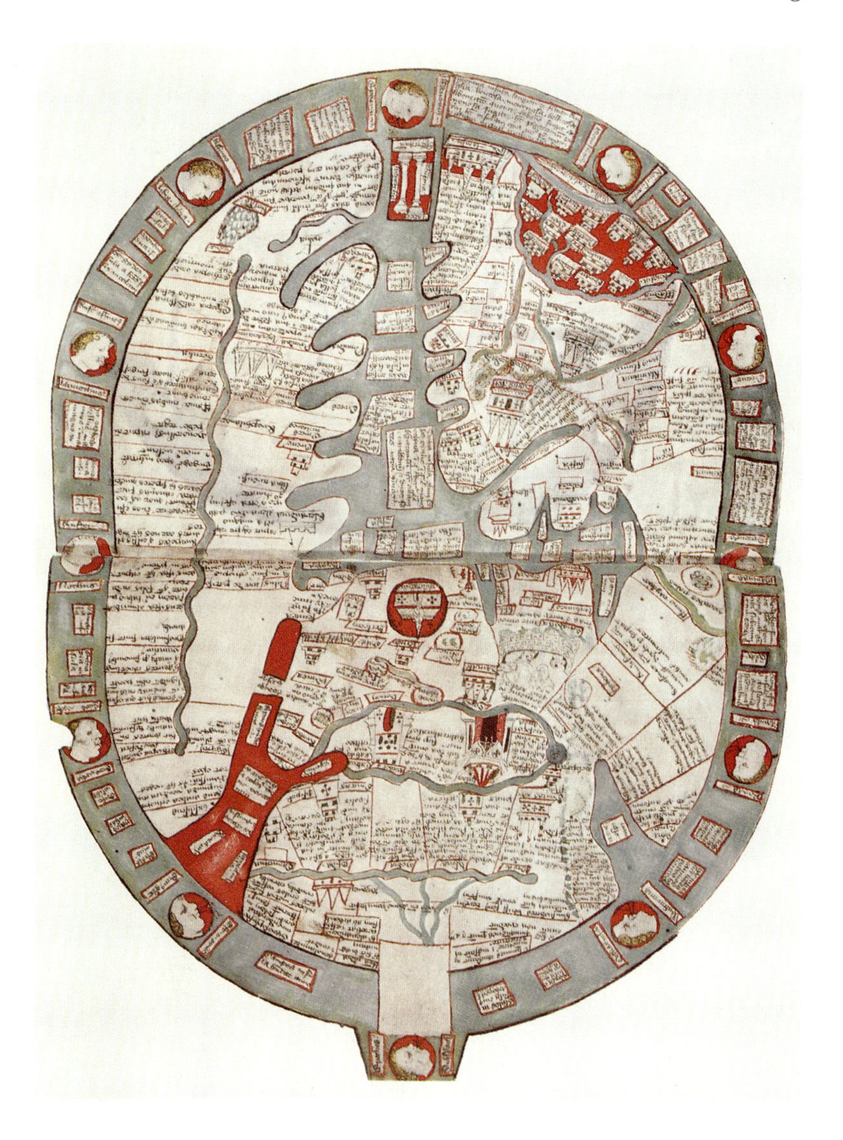

Katalanische Weltkarte von Modena, um 1450

Bei der Katalanischen Weltkarte handelt es sich um die erste runde Weltkarte mit Kompaßlinien. Sie zeigt Ähnlichkeiten mit dem Katalanischen Weltatlas des Abraham Cresques von 1375.

Im Norden werden auf dieser Karte jetzt zusätzliche Festlandsbereiche dargestellt. An Afrika ist ein halbmondförmiger Kontinent angehängt. Er soll das unbekannte Südland „Terra australis incognita" darstellen. Bereits in der Antike haben Eratosthenes und Ptolemäus ein solches Südland als Gegengewicht zu den Landmassen des Nordens angenommen.

Der Autor dieser Karte ist unbekannt. Er war aber sicherlich ein Katalane.

J. S.

Reproduktion von Handzeichnung, 52 x 66 cm
Original in der Bibliotheca Estense Modena.
Foto M. G.

9

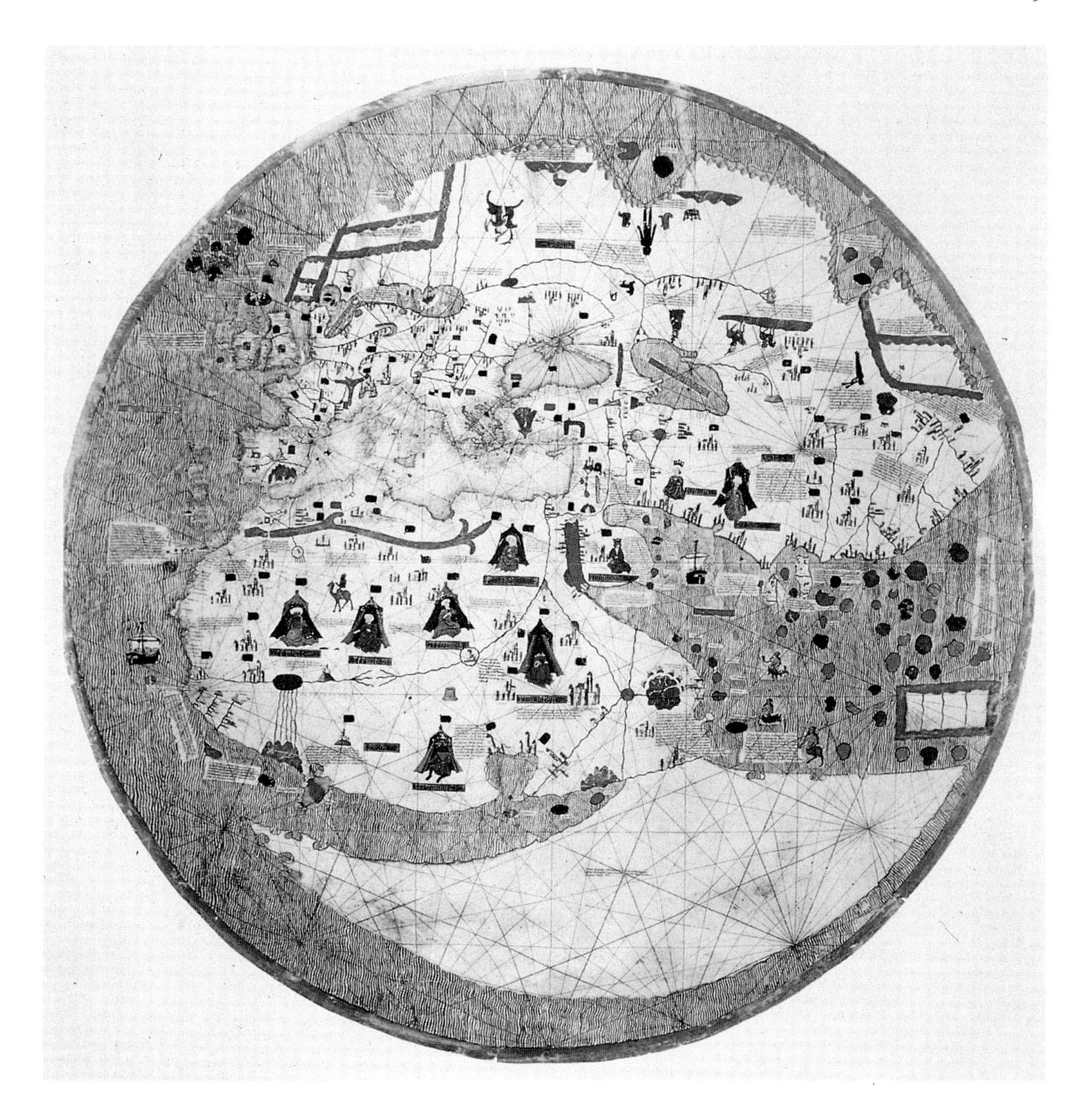

Kreisförmige Weltkarte aus dem Ptolemäus-Atlas von 1470

Die Türken dringen im Jahre 1365 bis an die Dardanellen vor und erobern schließlich 1453 Konstantinopel. Viele griechische Gelehrte fliehen deshalb nach dem Westen. Eine große Zahl byzantinischer Handschriften gelangt auf diese Weise nach Italien. Darunter befindet sich auch die „Geographia" des Ptolemäus. Diese Handschrift wird 1406 ins Lateinische übersetzt. Wiederholt wird sie in den folgenden Jahrzehnten handschriftlich vervielfältigt.

Die Karten werden vom griechischen Original kopiert oder durch neue ersetzt. Zu den neuen Darstellungen gehört die kreisförmige Weltkarte von 1470. Sie ist in konischer Projektion auf venezianischem Papier gezeichnet. Das mittelalterliche Schema der dreigeteilten Radkarte ist noch schwach erkennbar. Der Zeichner der Karte ist unbekannt.

E. K., J. S.

Reproduktion von Handzeichnung, 52 x 66 cm
Original in der Stiftsbibliothek Zeitz.
Foto M. G.

10

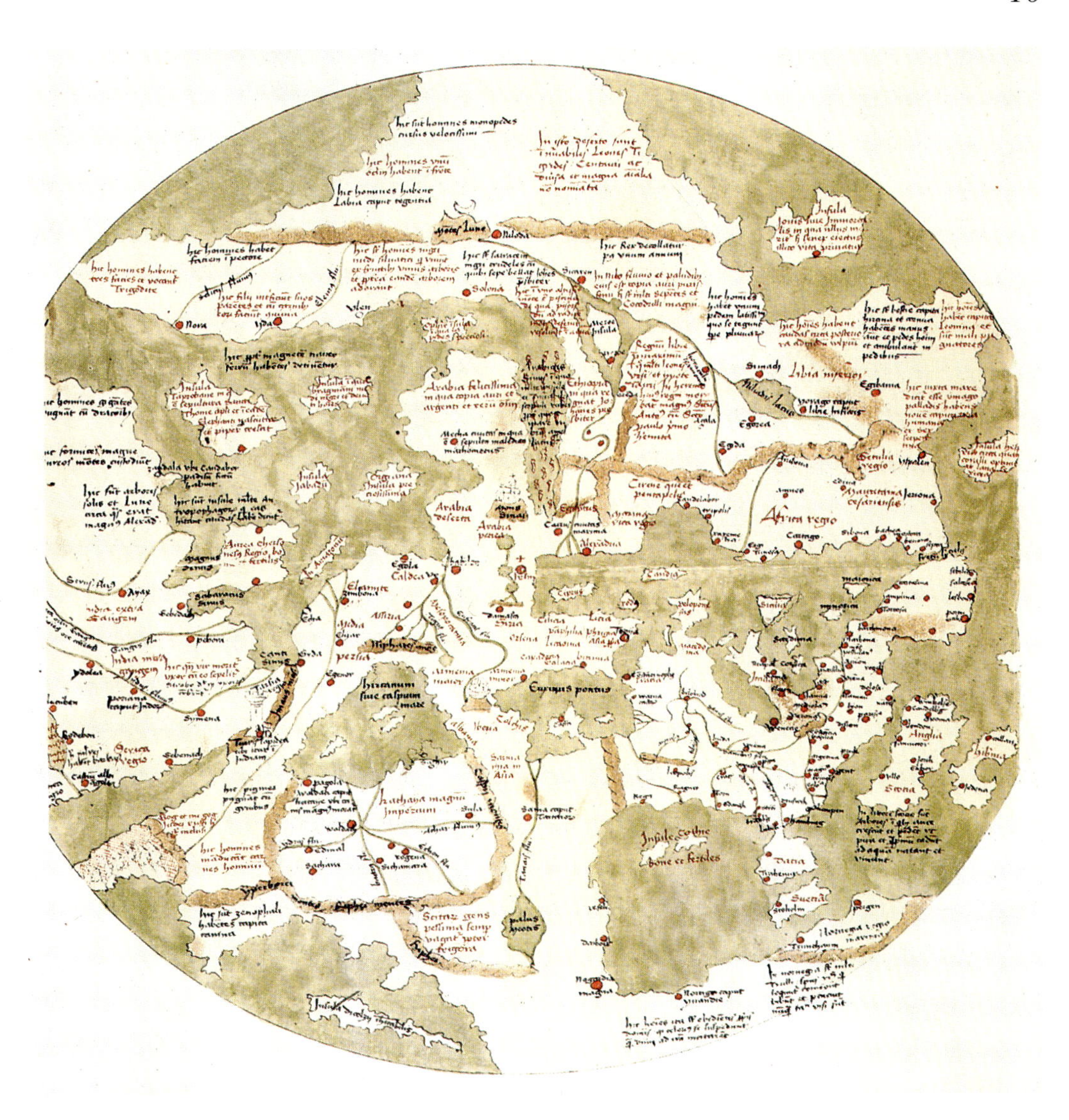

Fra Mauro, Weltkarte von 1459

Der italienische Mönch Fra Mauro ist einer der besten Kartographen seiner Zeit. Er beschließt mit seiner handgezeichneten Weltdarstellung die Epoche der mittelalterlichen Radkarten. Die kreisförmige Karte ist südorientiert. Sie enthält eine Fülle neuester geographischer Fakten. Der Indische Ozean ist kein Binnenmeer mehr, der Kontinent Afrika kann umfahren werden, seine Südspitze ist dargestellt. Fra Mauro hat sicherlich arabische Unterlagen verwertet, denn die Portugiesen umsegeln das Kap der Guten Hoffnung erst viele Jahre später. Kein anderer Kartograph seiner Zeit zeichnet ein so ausführliches und zutreffendes Bild der Erde.

E. K., J. S.

Reproduktion von Handzeichnung, 52 x 66 cm
Original in der Bibliotheca Marciana Venedig.
Foto M. G.

11

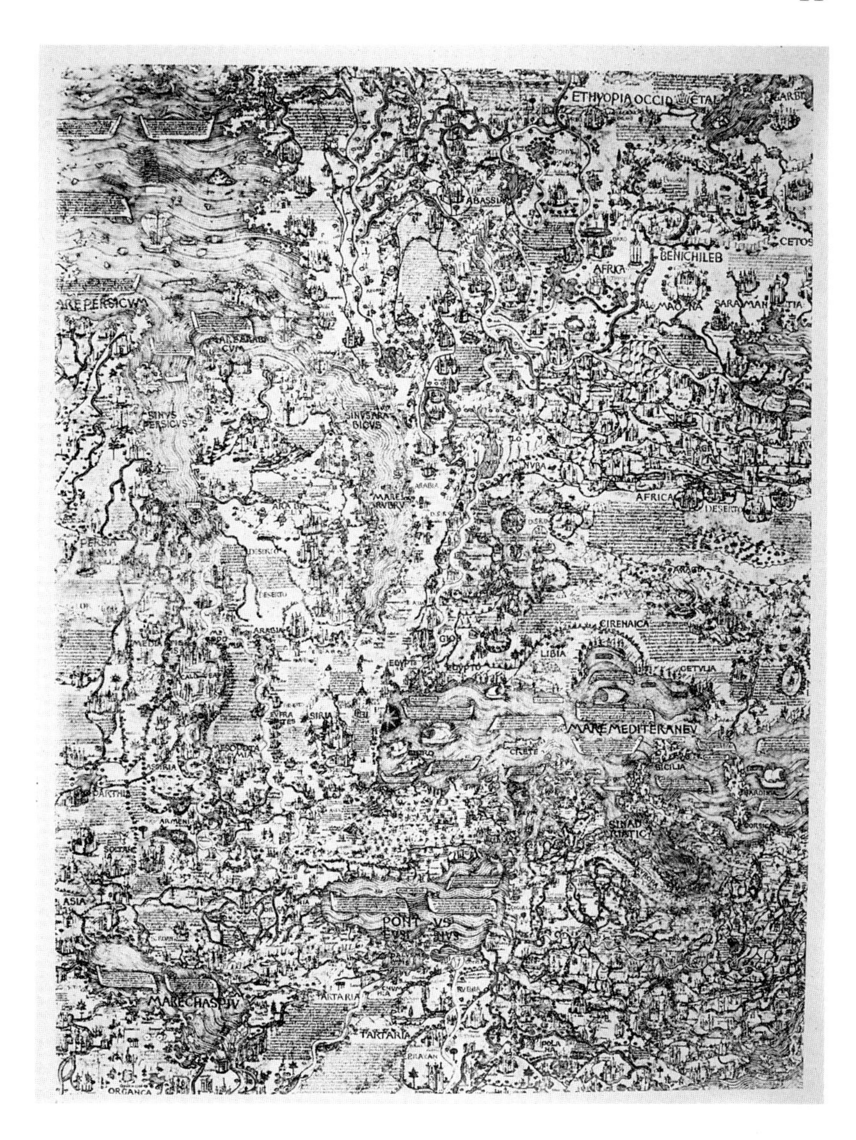
ETHYOPIA OCCID
ABASSIA
BENICHILEB
CETOS
AFRICA
SINVS PERSICVS
SINVS ARABICVS
ARABIA
PERSIA
CIRENAICA
LIBIA
MARE MEDITERANEV
SICILIA
PONTVS EVSINVS
MARECHASPIV
TARTARIA
ASIA

Henricus Martellus Germanus, Weltkarte um 1490

Wenige Jahre vor der Entdeckung Amerikas entwirft der deutsche Kartograph Henricus Martellus Germanus (Heinrich Hammer) eine Weltkarte. Sie ist seinem Werk „Insularium illustratum“ beigegeben.

Über den Künstler selbst ist nur wenig bekannt. Von 1480–1496 ist er nachweislich in Rom tätig. Gegen Ende des 15. Jh. soll er in Florenz gelebt und mit dem Kosmographen und Graveur Francesco Rosselli in Verbindung gestanden haben. Er fertigt Handschriften der „Geographia“ des Ptolemäus an. Dabei ergänzt er die vorhandenen durch zahlreiche neue Karten der europäischen Länder und des Vorderen Orients.

Auf seiner Weltkarte berücksichtigt er die neuesten portugiesischen Entdeckungen, besonders die Umsegelung Afrikas durch Bartolomeu Dias auf der Suche nach dem Seeweg nach Indien.

E. K., J. S.

Reproduktion von Handzeichnung, 66 x 52 cm
Original im Britischen Museum London.
Foto M. G.

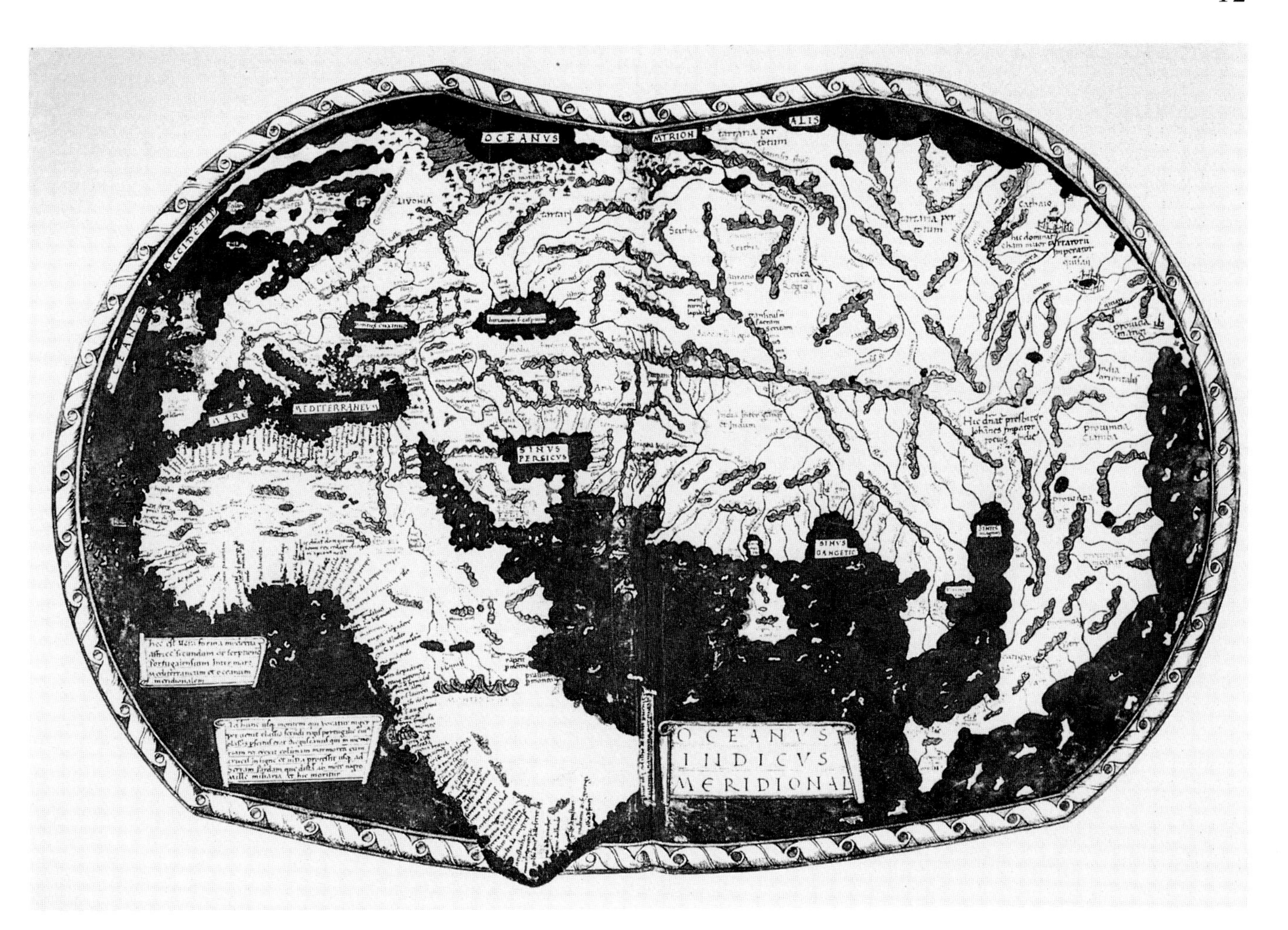
OCEANUS
LIVONIA
MEDITERRANEUM
SINUS PERSICUS
OCEANUS INDICUS MERIDIONAL

Abraham Cresques, Weltkarte im Portolanstil aus dem Katalanischen Atlas von 1375

Die ersten erhaltenen Seekarten stammen aus der Zeit um 1300 aus Genua. Neben den italienischen Portolanen sind besonders die Katalanischen Portolane aus Mallorca und Barcelona hervorzuheben. Letztere sind als Weltkarten angelegt. Der ständige Bedarf an Seekarten führt dazu, daß im 14. Jh. auf Mallorca eine Kartographenschule gegründet wird. Die größte Leistung dieser Schule ist der Katalanische Atlas von 1375, ausgeführt von Abraham Cresques.

Als Quellen benutzt Cresques kirchliche Karten, Seekarten und zahlreiche Reiseberichte, u. a. den des Marco Polo. Neben geographischen Aspekten sind auf der Karte auch historische, ethnographische und mythische Begebenheiten dargestellt.

E. K., J. S.

Reproduktion von Handzeichnung,
2 Formate: 64 x 24 cm und 52 x 33 cm
Original in der Bibliothéque Nationale Paris.
Foto M. G.

13

Gabriel de Valsequa, Portolankarte von 1439

Diese Portolankarte aus dem 15. Jh., auf Pergament gezeichnet, stammt von Gabriel de Valsequa. Er ist ein bekannter katalanischer Kartograph des ausgehenden Mittelalters. Gezeichnet wird die Karte auf der Insel Mallorca, einem wichtigen Zentrum der Herstellung von Seekarten. Das dargestellte Gebiet reicht von der Ostsee bis zur Sahara. Im Osten schließt es das Schwarze Meer und große Teile Vorderasiens, im Westen die Azoren ein. Bemerkenswert ist, daß die Portolankarten noch einer mathematischen Grundlage auf der Basis geographischer Koordinaten entbehren. Statt dessen sind sie von einem Liniennetz spinnwebartig überzogen. Vom Mittelpunkt der Karte führen Strahlen zu 16 Rosetten. Diese sind auf einem Kreis um die mittlere Rose gruppiert. Das so entstandene Gitter dient wahrscheinlich als Grundlage für die Einzeichnung der Küstenlinien. Später nutzen die Seeleute dieses Netz zur Kursbestimmung.

J. S.

Reproduktion vom Faksimile,
Humboldt-Universität Berlin, Sektion Geographie, 40 x 31 cm
Original nicht mehr erhalten.
Foto M. G.

14

Louis Renard nach Frederic de Wit, Portolankarte, 1739

Diese typische Portolankarte ist ostorientiert. Sie zeigt die Ostküste Afrikas mit dem Roten Meer und der Arabischen Halbinsel sowie den weiteren Seeweg nach Indien. Dies ist erst nach der Fahrt Vasco da Gamas möglich geworden. Die Karte ist dem Seeatlas des Amsterdamer Kartenverlegers Louis Renard entnommen. Sie geht auf Darstellungen von Frederic de Wit zurück. Dessen Kupferplatten werden für die Karte weiter verwendet.

J. S.

Reproduktion vom Kupferstich, 40 x 31 cm
Original in der Sächsischen Landesbibliothek Dresden.
Foto M. G.

15

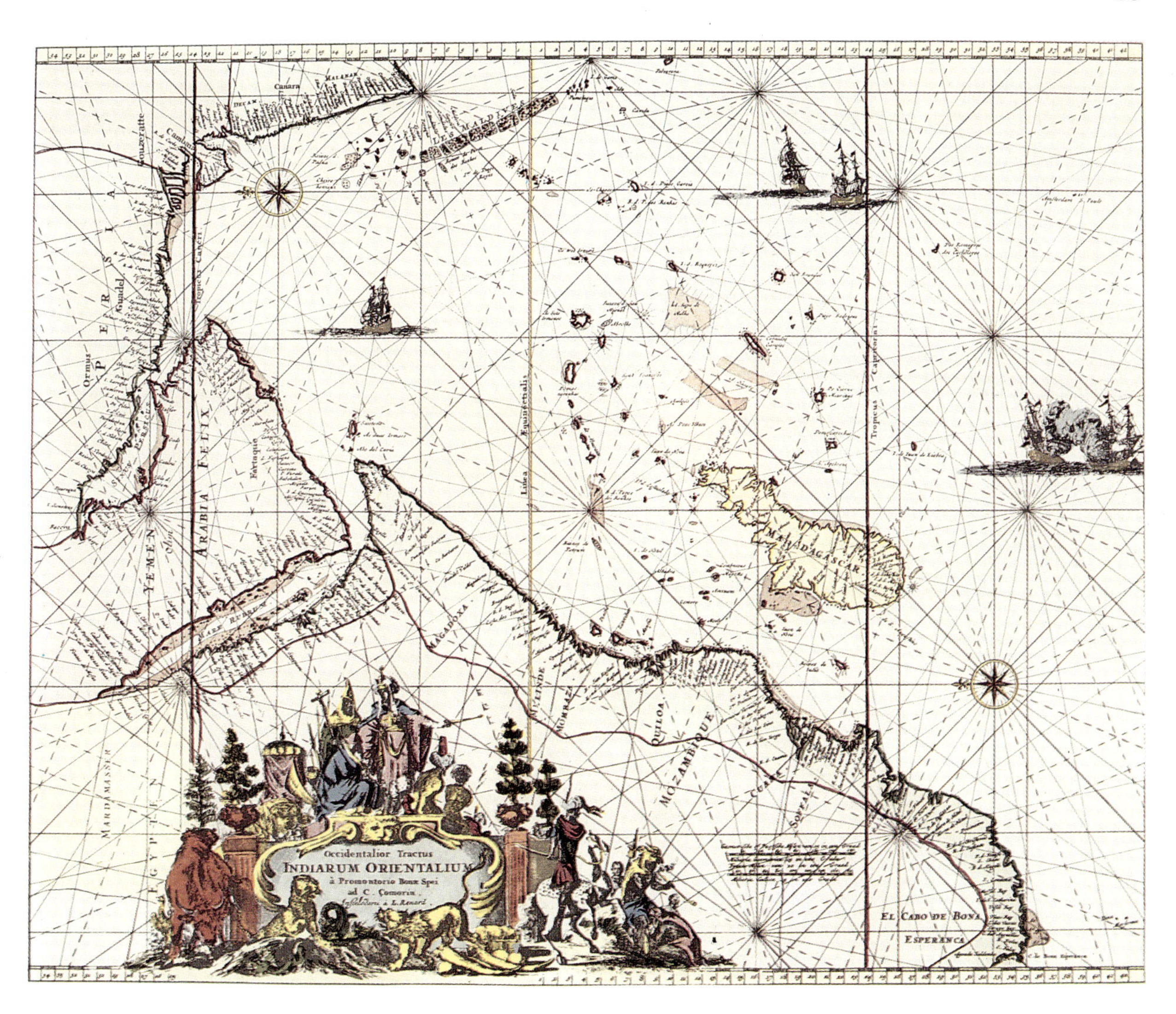
Occidentalior Tractus
INDIARUM ORIENTALIUM
à Promontorio Bonæ Spei
ad C. Comorin.
ARABIA FELIX
YEMEN
PERSIA
Ormus
Guadel
Fartaque
Canara
MALABAR
DECAN
LES MALDIVES
MAGADOXA
MELINDE
MOMBAZA
QUILOA
MOZAMBIQUE
CUAMA
SOFALA
MADAGASCAR
Linea Æquinoctialis
Tropicus Capricorni
EL CABO DE BONA
ESPERANCA

Martin Waldseemüller und Lorenz Fries, Karte von Vorder- und Hinderindien, 1535

Martin Waldseemüller (1470–1518) gilt als einer der Altmeister der deutschen Kartographie. Bereits einer 1513 in Straßburg bei Schott erschienen Ptolemäusausgabe fügt er zwanzig moderne Karten bei, die auf den neuesten portugiesischen Angaben beruhen.

Nach Waldseemüllers Tod gibt der elsässische Arzt und Kartograph Lorenz Fries (um 1490–um 1532) im Jahre 1522 im Auftrag des Druckers Grüninger Waldseemüllers Ptolemäusausgabe in verkleinerter Form, aber reicher illustriert heraus. Nach Fries' Tod besorgt 1535 Michael Servetus in Lyon eine weitere Ausgabe mit Abzügen von den gleichen Holzstöcken. Aus dieser Veröffentlichung stammt die gezeigte Karte.

J. S.

Reproduktion vom Holzschnitt, 74 x 52 cm
Original in Claudii Ptolemaei Alexandrini Geographicae Enarrationis Libri Octo, Lugduni 1535.
Foto M. G.

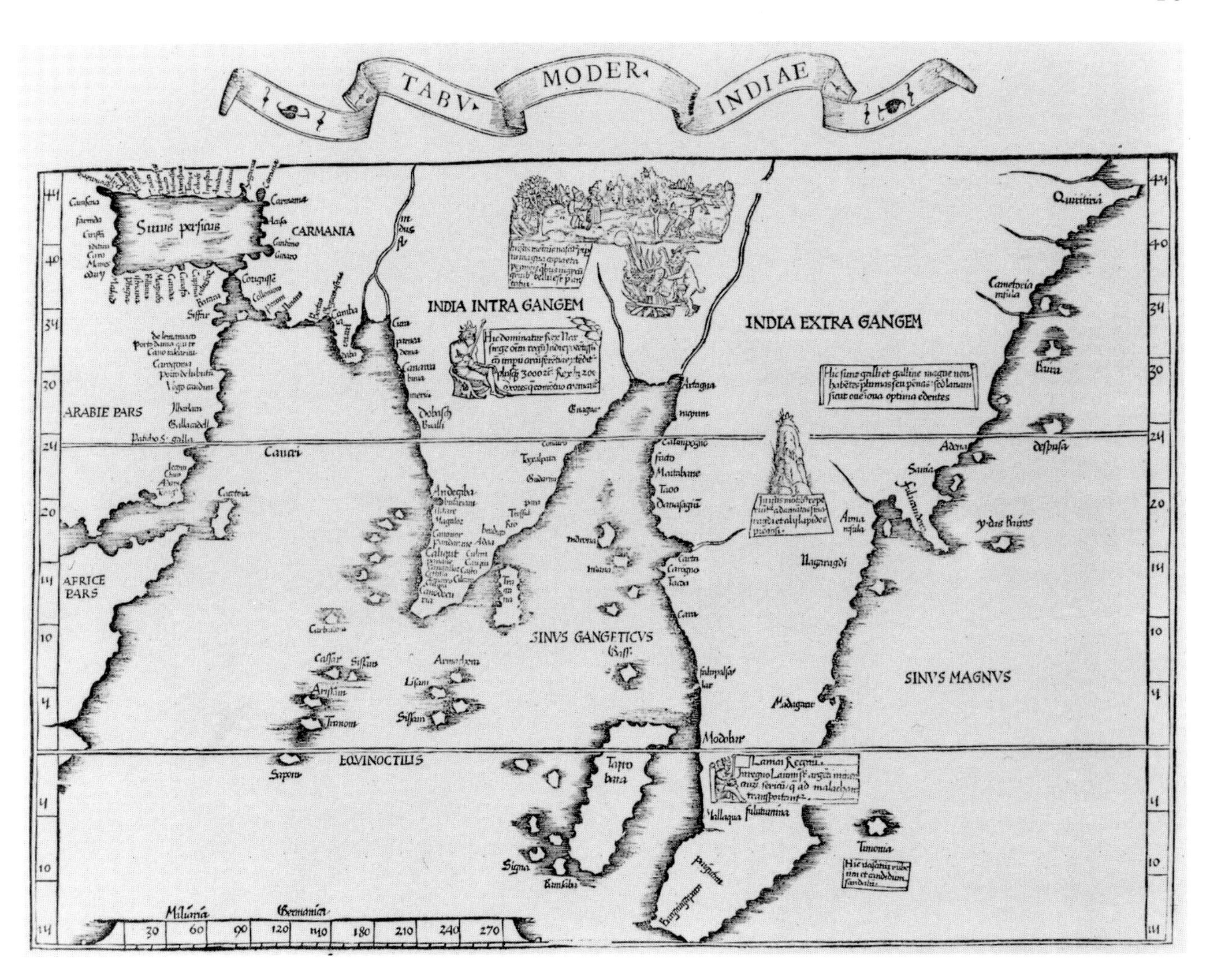
TABV MODER INDIAE
Sinus persicus
CARMANIA
INDIA INTRA GANGEM
INDIA EXTRA GANGEM
ARABIE PARS
AFRICE PARS
SINVS GANGETICVS
SINVS MAGNVS
EQVINOCTILIS
Taprobana
Miliaria
Germanica
30 60 90 120 150 180 210 240 270

Ludovicus Georgius, Karte von China, 1584

Die ersten Angaben über die Kultur und den Reichtum des „Reiches der Mitte“ gelangen im 13. Jh. durch Marco Polo nach Europa. Aber kartographisch kann man das unbekannte Land zunächst nur fiktiv darstellen. Noch die Anfang des 16. Jh. von europäischen Kartographen entworfenen Karten Ostasiens beschränken sich auf die Darstellung des Küstenverlaufs. Dessen Kartierung ist vom Schiff aus erfolgt.

1582 reist der Jesuitenpater Ricci von Kanton über Nanking nach Peking. Mit ihm beginnt der Orden in China Fuß zu fassen. Nach und nach gelangen so auch detailliertere Angaben über das Landesinnere nach Europa.

Die erste auf solchen Angaben beruhende Karte entwirft der portugiesische Jesuit Luiz Jorge de Barbuda (Ludovicus Georgius). Diese Karte nimmt 1584 der Antwerpener Kartenverleger Abraham Ortelius (1527–1598) in sein „Theatrum“ auf. Die westorientierte Karte ist die erste in Europa gedruckte Karte Chinas.

J. S.

Reproduktion vom Kupferstich, 74 x 52 cm
Original in Ortelius, Abraham, Theatrum orbis terrarum,
Antverpiae 1584.
Foto M. G.

17

OCCIDENS
ORIENS
MERIDIES
SEPTEMTRIO
BENGA LA
PANTANES
MVXEN TVS
DESERTVM
MAVREMAIER
GOVROS
BRAMAS
DOVISLVAL
MALACA
SIÃO
PEGV
CHIAMPA
Lacus
SVINAM
CAVCHIN CHINA
QVICHEV
IVNNA
SAN CII
XIAM XII
QVAN CII
QVAN CII
FVQVAM
CAN TAM
HONAO
QVINCII
CHE QVIAM
NANQVII
XANTON
SINVS MAGNVS
Bor neo
Cubo
Minda nao
IA
PAN
CHINAE,
olim Sinarum regionis, noua descriptio.
auctore Ludouico Georgio.
Scala leucarum; quarum nouemdecim, gradum efficiunt.

Johann Scheuchzer, Karte von Japan, um 1733, nach einer Vorlage von 1687

Auch das sagenhafte Land „Zipangu“ (Japan) gehört zu den Goldländern, die Kolumbus auf seiner Westfahrt nach Asien anzusteuern gedenkt.

Erst relativ spät gelangen detaillierte Angaben über Japan nach Europa, so durch den westfälischen Arzt und Asienreisenden Engelbert Kaempfer (1651–1716). Im Dienst der Ostindischen Kompanie gelangt er 1690 nach Japan. Dort vervollkommnet er ständig seine Reisekarte und gelangt in den Besitz einheimischer Karten.

Für die dargestellte Übersichtskarte des Johann Scheuchzer aus Zürich dienen Kaempfers Reisenotizen und eine japanische Karte von 1687 als Vorlage.

J. S.

Reproduktion vom Kupferstich, 74 x 52 cm
Original in Kaempfer, Engelbert, De Beschryving van Japan, Amsterdam 1733.
Foto M. G.

18

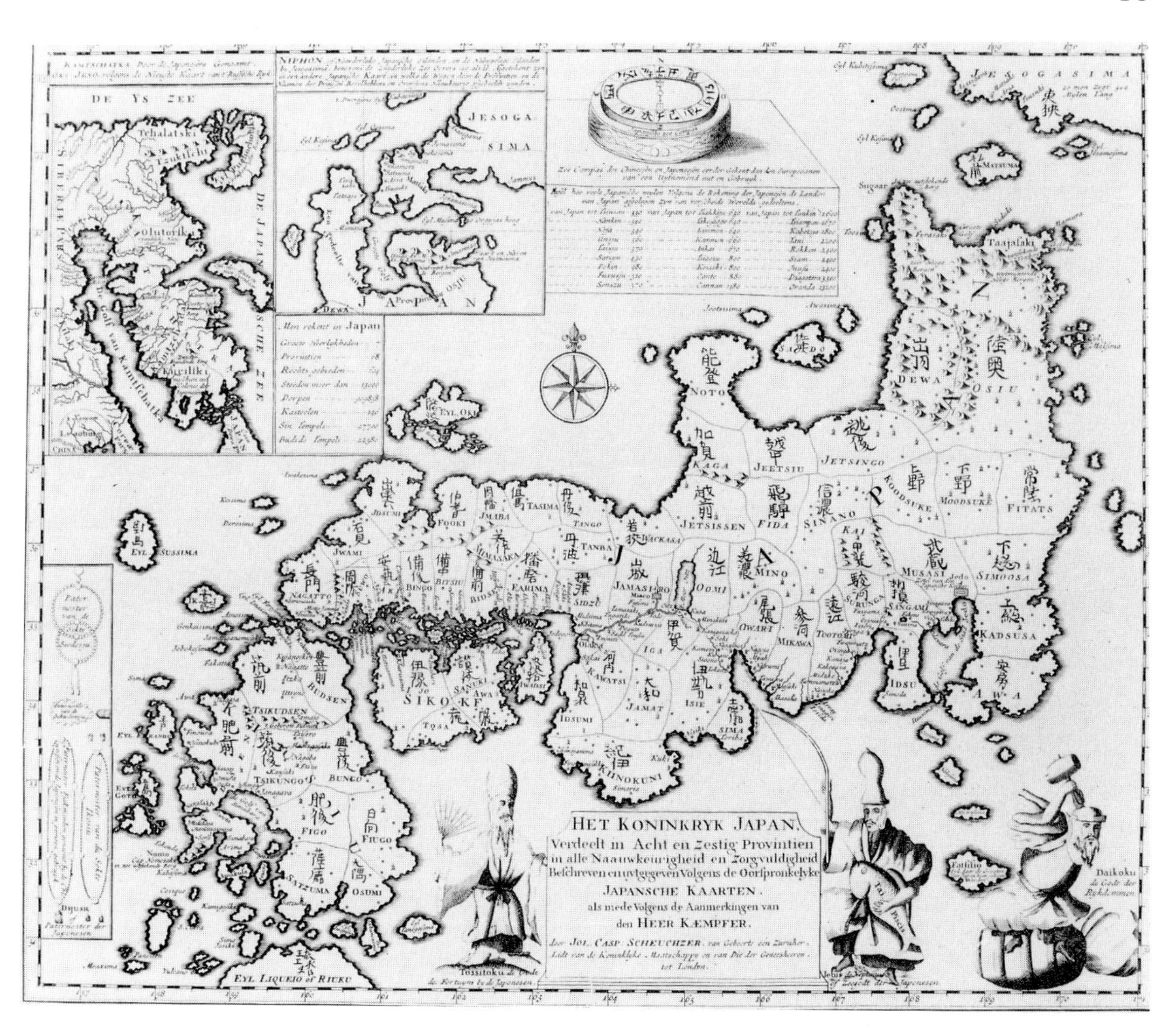
HET KONINKRYK JAPAN,
Verdeelt in Acht en Zestig Provintien
in alle Naauwkeurigheid en Zorgvuldigheid
Beschreven en uytgegeven Volgens de Oorspronkelyke
JAPANSCHE KAARTEN,
als mede Volgens de Aanmerkingen van
den HEER KÆMPFER,
DE YS ZEE
JESOGA SIMA
NOTO
KAGA
JEETSIU
JETSINGO
JETSISSEN
FIDA
SINANO
MINO
OOMI
OWARI
MIKAWA
KOODSUKE
MOODSUKE
FITATS
MUSASI
SIMOOSA
KADSUSA
IDSU
DEWA
OSIU
TANGO
TANBA
JAMASIRO
IGA
ISIE
JAMAT
KAWATSI
IDSUMI
KINOKUNI
SIKOKF
TOSA
NAGATTO
BUNGO
FIGO
FIUGO
SATZUMA
OSUMI
EYL SUSSIMA
EYL LIQUEIO of RIUKU

Sebastian Münster, Karte von Asien aus der „Cosmographia", 1548

Die in zahlreichen Ausgaben erschienene „Cosmographia" des Sebastian Münster enthält viele in Holzschnitt ausgeführte Karten. Eine Anzahl von Karten in doppelter Blattgröße ist geschlossen dem Textteil vorangestellt. Dies ist eine Art Vorstufe unserer Atlanten.

Aus diesem Kartenteil stammt die hier gezeigte Karte von Asien. Sie wird dort als Karte von Indien und seinen Nachbarländern bezeichnet. Die Darstellung des Erdteils trägt nur im Süden einigermaßen wirklichkeitsnahe Züge. Dies entspricht dem Kenntnisstand der Zeit. Der ganze Norden ist nach vagen Vorstellungen sehr schematisch gestaltet. Im Osten ist der Einfluß des Berichtes von Marco Polo zu erkennen.

J. S.

Reproduktion vom Holzschnitt, 40 x 30 cm
Original in der Sächsischen Landesbibliothek Dresden.
Foto M. G.

19

New India/mit vilen anstossenden ländern/besunder Schythia/Parthia/Arabia Persia etc.

Abraham Ortelius, Karte von Indien und der südostasiatischen Inselwelt, 1570

Schon die 1570 erschienene erste Ausgabe des Kartenwerkes „Theatrum orbis terrarum“ von Abraham Ortelius (1527–1598) enthält außer einer Gesamtkarte von Asien sechs Teilkarten dieses Kontinents. Darunter befindet sich auch eine von Südostasien. Diese umfaßt den gesamten Raum zwischen Indien im Westen und Neuguinea im Osten. Dazu kommt ein großer Teil des Pazifischen Ozeans. Er wird am Kartenrand durch die nordamerikanische Westküste begrenzt. Die Karte zeigt also auch Gebiete, die damals in Europa noch relativ unbekannt sind. In Hinblick auf die Wirklichkeitsnähe werden bei der Darstellung der einzelnen Gebiete dann auch recht unterschiedliche Ergebnisse erreicht.

J. S.

Reproduktion vom Kupferstich, 40 x 30 cm
Original in der Sächsischen Landesbibliothek Dresden.
Foto M. G.

20

SEPTENTRIO
MERIDIES
OCCIDENS
ORIENS
INDIAE ORIENTALIS, INSVLARVMQVE ADIACIENTIVM TYPVS.
Dalanguer mons
CARDANDAN
Naugracot mons.
MANGI que et CIN
et CHINA
MIEN.
INDOSTAN.
BENGALA
CAMBAIA
MANDAO
ORIXA
DELLI
NARZINGA
BISINAGAR
IAPAN.
Mare Cin
OCEANVS
ORIENTALIS
Tropicus Cancri
CACHVCHINA
Gollo di Bengala
CAMBODIA
Borneo ins.
IAVA MAIOR
Mindanao.
Circulus æquinoctialis.
ARCHIPELAGO DI S. LAZARO
Celebes
AMERICAE, Siue Indiæ Occidentalis pars.
NOVA GVINEA quam Andreas Corsalus Terram Piccinaculi appellare videtur. An insula sit, an pars continentis Australis incertum est.
BEACH, pars continentis Australis
Cum Priuilegio.
Los dos hermanos
PERSIAE siue Sophorum Imperij limites ad Indum fluuium vsque pertingunt
ORMVTII REGNVM
ARABIAE FELICIS PARS
Zeilan insula
Tropicus Cancri
Lequio minor
Lequio maior

Gerard Mercator und Jodocus Hondius, Karte von China, 1606

Bevor man in Europa die Kartographie kennt, gibt es eine solche in China. Aber deren Erzeugnisse tragen zu dem Bild, daß man sich in Europa von dem Land im fernen Osten macht, kaum etwas bei. Auch die Berichte mittelalterlicher Handels- und Gesandtschaftsreisender, z. B. der vielbeachtete des Venezianers Marco Polo, liefern nur wenig kartographisch Verwertbares.

Infolge der Abschließung des ostasiatischen Reiches nach außen muß in den europäischen Kartenwerken die Darstellung Ostasiens mit großen Fehlern behaftet bleiben. Ein Beispiel ist die Karte von China aus dem von Hondius erweiterten Mercator-Atlas der Ausgabe von 1606.

E. K., J. S.

Reproduktion vom Kupferstich, 40 x 30 cm
Original in der Deutschen Staatsbibliothek Berlin.
Foto M. G.

CHINA
SEPTENTRIO
MERIDIES
OCCIDENS
ORIENS
TARTARIÆ PARS
AMERICÆ PARS
ANIAN FRET
INDIÆ PARS
INDIA INTRA GANGEM
INDIA EXTRA GANGEM
BRAMAS REGNU
CHINENSIS OCEANUS
ENSEADA DE NANQUIN
Golfo de BENGALA olim Sinus Gangeticus
COCHIN CHINA
CHIAMPA
LUCONIA PARS
Milliaria Germanica
Leucæ Hispanicæ
Medius Meridianus est 155. reliqui ad hunc inclinantur pro ratione 19 & 58 Parallelorum.

Joan Blaeu,
Karte der Provinz Peking, 1663

Vom „Reich der Mitte“ haben die europäischen Geographen bis tief ins 17. Jh. hinein eine noch recht vage Vorstellung. Daran können auch die Jesuiten nichts Wesentliches ändern, die um 1582 mit der Missionstätigkeit in China beginnen. Erst Martin Martini (1614–1661), ein aus Südtirol stammender Missionar, liefert die ersten genaueren Karten. Er hat die meisten chinesischen Provinzen bereist und ein altes chinesisches Kartenwerk aus dem 14. Jh. ausgewertet. Der Amsterdamer Kartenverleger Joan Blaeu veröffentlicht Martinis Karten in seinem „Atlas Sinensis“ erstmals 1655. Die gezeigte Karte veröffentlicht Blaeu im 11. Band seines 1663 erschienenen „Grand Atlas“. Am oberen Kartenrand ist die „Große Mauer“ eingezeichnet. Sie ist bereits im 3. Jh. v.u.Z. errichtet worden. Später hat man sie zum Schutz gegen die Mongoleneinfälle erneuert.

E.K., J. S.

Reproduktion vom Kupferstich, 40 x 30 cm
Original in der Deutschen Staatsbibiothek Berlin.
Foto M. G.

22

Septentrio
Cum privilegio Sacræ Cæsareæ Maiestatis.
& Ordinum Belgicæ Fœderatæ.
XANSI
PROVINCIÆ
PARS.
HONAN
PROVINCIÆ
PARS.
LEAOTVNG
PARS.
ÇANG SINVS
PARS.
XANTVNG PROVINCIÆ
Tungchang
Quangping
Chinting
Paoting
Tungping
Changte
Taming
Hokien
Notarum Explicatio.
Meridies
Occidens
Oriens
PECHELI,
SIVE
PEKING,
IMPERII SINARVM
PROVINCIA PRIMA.

Willem Janszoon Blaeu,
Karte von Nordasien, 1640

Willem Janszoon Blaeu (1571–1638) veröffentlicht bereits im Jahre 1608 eine Gesamtkarte von Asien in zwei Blättern. Auf ihrer Grundlage erarbeitet er für sein Kartenwerk „Theatrum orbis terrarum sive Atlas novus" neun Teilkarten des Erdteils Asien. Um eine davon handelt es sich hier.

Der westliche Teil der Karte ist zwar verzerrt, enthält aber viele richtige Tatbestände. Im östlichen Kartenteil ist dann allerdings eine Beziehung zur Wirklichkeit kaum noch zu erkennen.

E. K., J. S.

Reproduktion vom Kupferstich, 40 x 30 cm
Original in der Deutschen Staatsbibliothek Berlin.
Foto M. G.

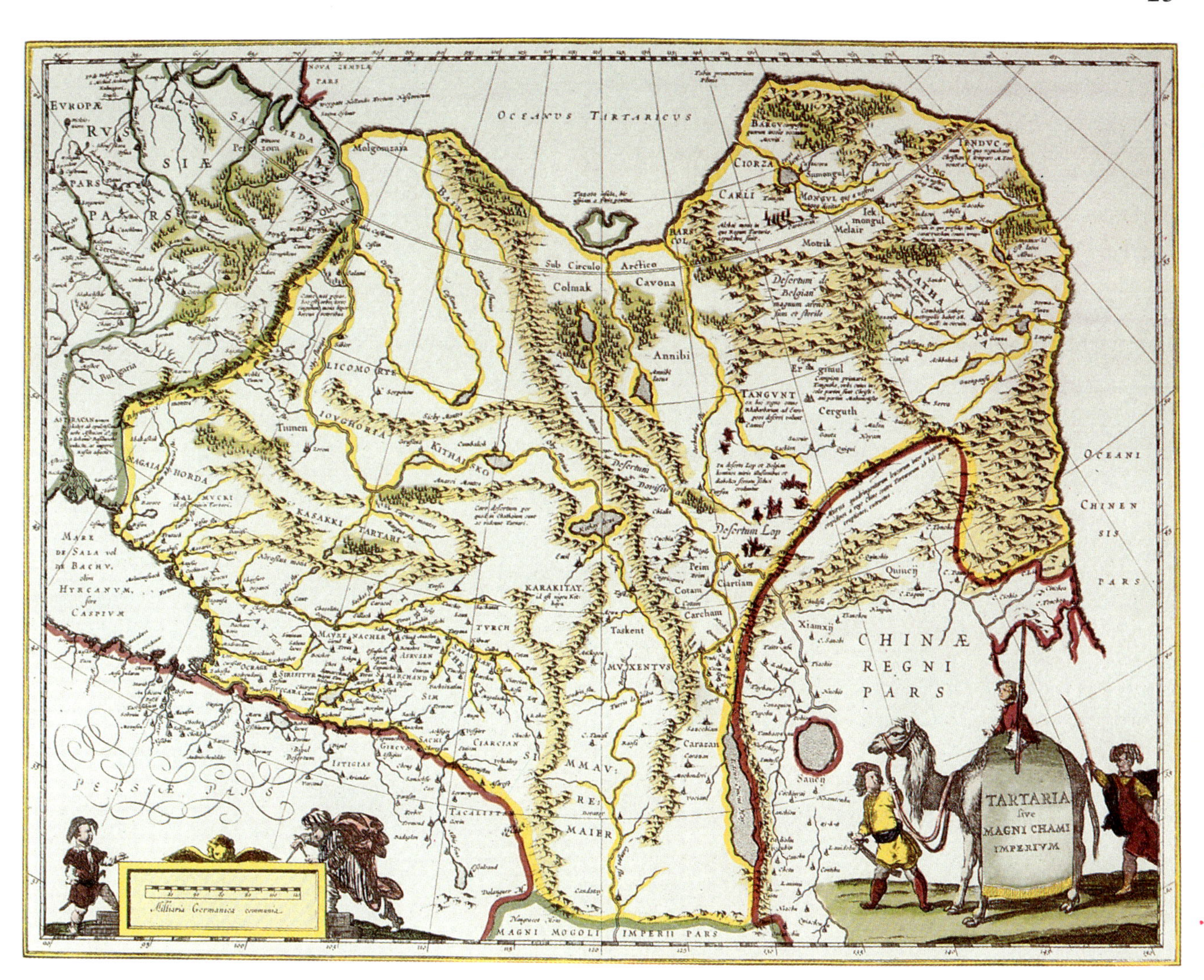
OCEANVS TARTARICVS
NOVA ZEMBLÆ PARS
EVROPÆ
RVSSIÆ PARS
SAMOIEDA
Molgomzaia
Sub Circulo Arctico
Colmak
Cavona
Annibi
CIORZA
CARLI
BARGV
Sumongul
Iek mongul
Melair
Motrik
Desertum de Belgian magnum arenosum et sterile
CATHA
Bulgaria
LICOMORYE
IOVGHORIA
Tumen
KITHAISKO
Desertum Dovisti
Desertum Lop
TANGVNT
Cerguth
OCEANI CHINENSIS PARS
MARE DE SALA vel de BACHV, olim HYRCANVM, sive CASPIVM
HORDA
KALMVCKI
KASAKKI
TARTARI
KARAKITAY
Peim
Cotam
Ciartiam
Carcham
Taskent
TVRCH
MAVRENACHER
SAMARCHAND
MVXENTVS
Xiamxij
Quinsij
CHINÆ REGNI PARS
Caracan
SIMMAVRE: MAIER
PERSIÆ PARS
Sanxij
TARTARIA sive MAGNI CHAMI IMPERIVM
Milliaria Germanica communia
MAGNI MOGOLI IMPERII PARS

Jean Baptiste d'Anville, Karte von Tibet, 1737

Zur Verwaltung des von den Mandschu 1644 errichteten riesigen Reiches fehlen geeignete Karten. Auf Anraten französischer Jesuiten setzt 1707 eine landesweite Vermessung ein. Bei der Lagebestimmung der Orte werden die Ordensbrüder von einer großen Zahl chinesischer Mitarbeiter unterstützt. So kann bereits 1716 die Vermessung abgeschlossen werden. Schon ein Jahr später liegt die „Königliche Karte des chinesischen Imperiums" in gedruckter Form vor.

Das Kartenwerk unterliegt der Geheimhaltung. Trotzdem gelangt ein Satz der Kartenblätter nach Paris. Dort dient er dem königlichen Hofkartographen Jean Baptiste d'Anville (1697–1782) als Grundlage für seinen Kupferstich. Zunächst erscheinen die Stiche als Beilage der Beschreibung Chinas von du Halde 1737 in Den Haag in Atlasform. Bald folgen weitere Auflagen.

E. K., J. S.

Reproduktion vom Kupferstich, 40 x 30 cm
Original in der Deutschen Staatsbibliothek Berlin.
Foto M. G.

24

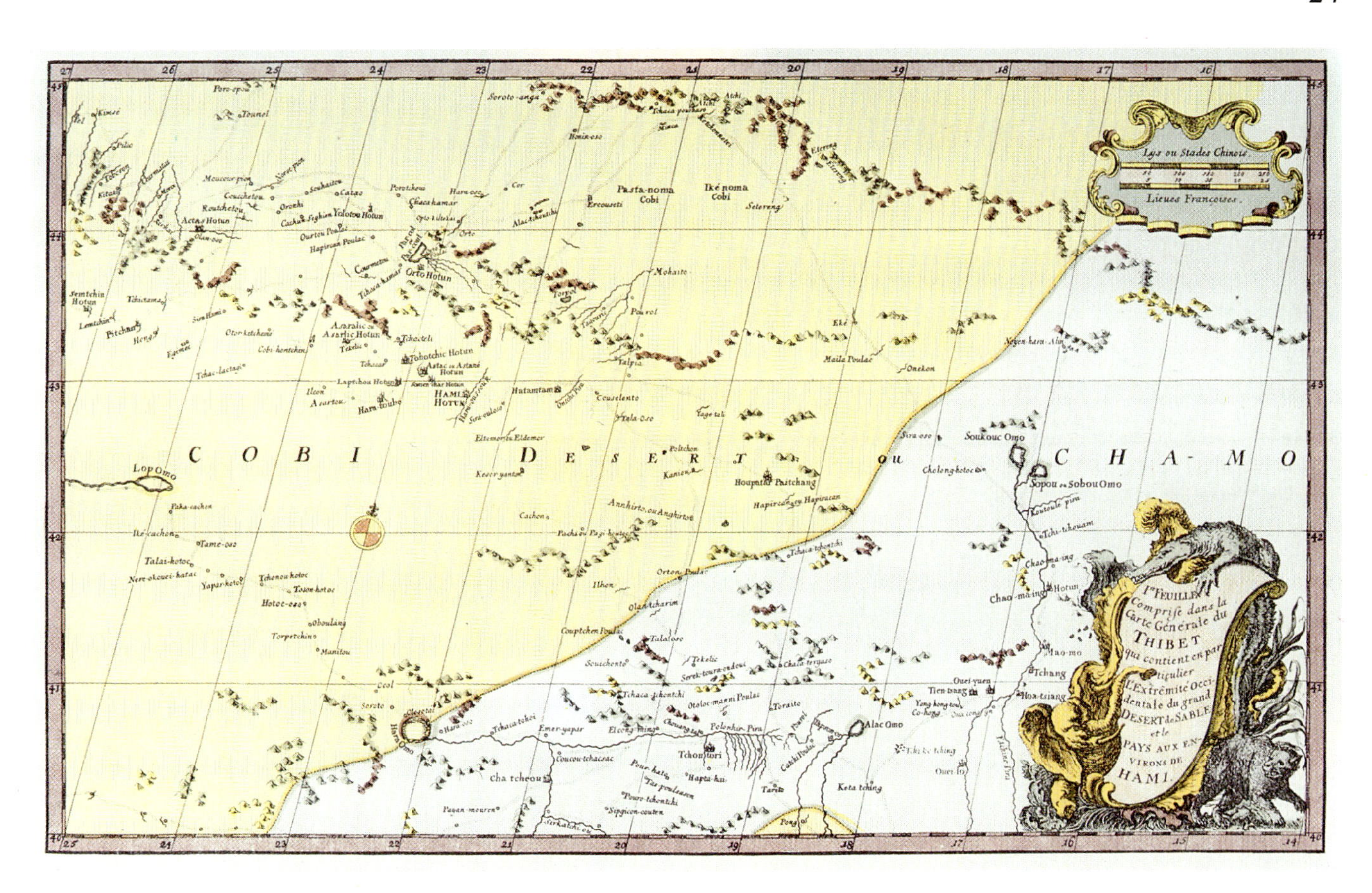
Lys ou Stades Chinois.
Lieues Françoises.
COBI DESERT ou CHA-MO
I.re FEUILLE Comprise dans la Carte Générale du THIBET qui contient en particulier L'Extrêmité Occidentale du grand DESERT de SABLE et le PAYS AUX ENVIRONS DE HAMI.
HAMI HOTUN
Lop Omo
Alac Omo
Soukouc Omo
Pasta-noma Cobi
Iké noma Cobi

Abraham Ortelius, Karte von Afrika aus dem „Theatrum orbis terrarum“, 1570

Im „Theatrum orbis terrarum“ löst sich Ortelius erstmals von der Bindung an die Autorität des Ptolemäus. In diesem Sinne kann man das Werk als ersten modernen Weltatlas bezeichnen.

Von dem Inhalt der Karte sind nur die Küstenumrisse gesichert. Die Mittelmeerküste ist schon im Altertum bekannt. Die Kenntnisse über die übrige afrikanische Küste stammen von den portugiesischen Seefahrern. Sie erkunden ab 1488 nach und nach die Westküste des Kontinentes südwärts. 1488 erreicht dann Bartolomeu Dias das „Kap der Guten Hoffnung“. Auf dem weiteren Weg nach dem reichen Indien, dem eigentlichen Ziel der Unternehmungen, wird dann auch die Ostküste erkundet.

E.K., J.S.

Reproduktion vom Kupferstich, 40 x 30 cm
Original in der Sächsischen Landesbibliothek Dresden.
Foto M. G.

25

AFRI
CAE TA
BVLA
NOVA
TROPICVS CANCRI
MAR DEL NORT
AEQVINOCTIALIS CIRCVLVS
NIGRITARVM REGIO.
NVBIA
MEDITER RANEVM
SIAE PARS.
AYMAN olim Arabia felix
CAPRICORNI
TROPICVS
ZANZI BAR
SINVS BARBARICVS
GOYAME
BARNA GASSO
MAGADAZO

Henricus Hondius,
Karte von Afrika, 1631

Die 1631 entstandene und hier wiedergegebene Karte Afrikas von Henricus Hondius (1597–1651) ist 1633 in der deutschen Ausgabe des von Hondius fortgeführten Mercator-Atlas enthalten. Der Wirklichkeit sehr nahe kommt die Gestalt des Erdteils in ihrer Gesamtheit. Auch die Küstengestalt mit ihren vielen kleinen Einzelheiten und die an den Küsten in besonders großer Fülle angebrachten Namen von Kaps, Buchten und Siedlungen bezeugen eine gute Kenntnis dieser für die Schiffahrt wichtigen Punkte.

E.K., J.S.

Reproduktion vom Kupferstich, 40 x 30 cm
Original in der Sächsischen Landesbibliothek Dresden.
Foto M. G.

26

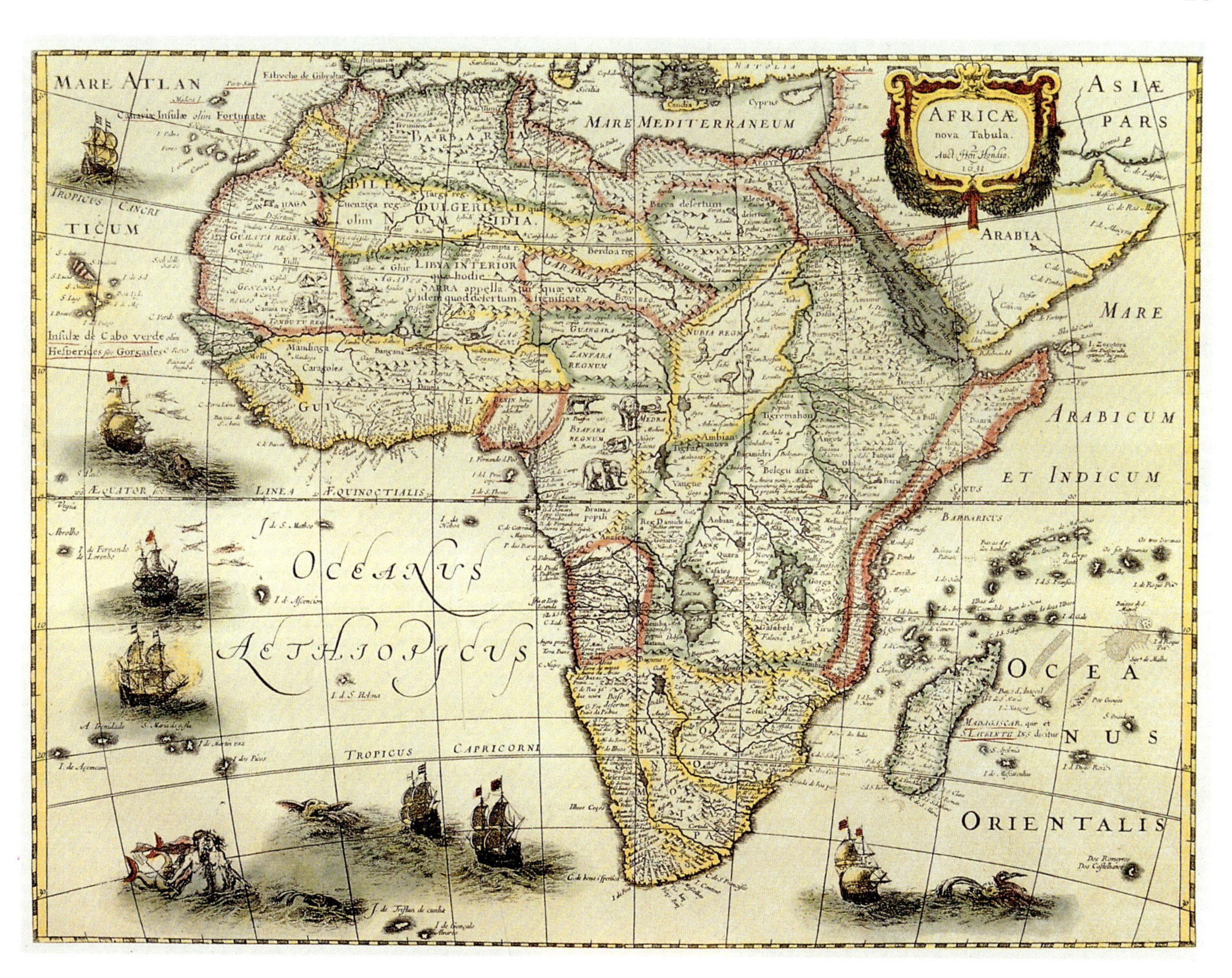
AFRICÆ
nova Tabula.
MARE ATLAN
TICUM
MARE MEDITERRANEUM
ASIÆ
PARS
ARABIA
BARBARIA
BILEDULGERID
NUMIDIA
LIBYA INTERIOR
GUINEA
MARE
ARABICUM
ET INDICUM
OCEANUS
AETHIOPICUS
TROPICUS CAPRICORNI
LINEA ÆQUINOCTIALIS
OCEANUS
ORIENTALIS
MADAGASCAR

Paolo Toscanelli, Karte einer Westfahrt von Europa nach Asien, 1474

Der gelehrte Mathematiker und Astronom Paolo dal Pozzo Toscanelli aus Florenz (1397–1482) übt einen bedeutenden Einfluß auf die Pläne des Christoph Kolumbus aus. Toscanelli bezieht sich auf die Berechnungen des Claudius Ptolemäus. Er ist davon überzeugt, daß der Erdumfang nicht sehr groß ist. Deshalb meint er, daß man bei einer Westfahrt von Europa aus in wenigen Tagen nach Asien gelangt. Toscanelli steht mit Kolumbus in Briefwechsel und schickt ihm eine eigenhändig gezeichnete Karte. Diese nimmt Kolumbus bei seiner ersten Reise mit an Bord.

Leider ist diese Karte nicht mehr erhalten. Sie ist auf der Grundlage von Toscanellis Aufzeichnungen rekonstruiert worden.

J. S.

Handzeichnung nach rekonstruierter Karte (Sylvia Jeromenko), 56 x 42 cm
Karte ist enthalten in Kretschmer, K., Die Entdeckung Amerikas
in ihrer Bedeutung für die Geschichte des Weltbildes, Berlin 1892.
Foto M. G.

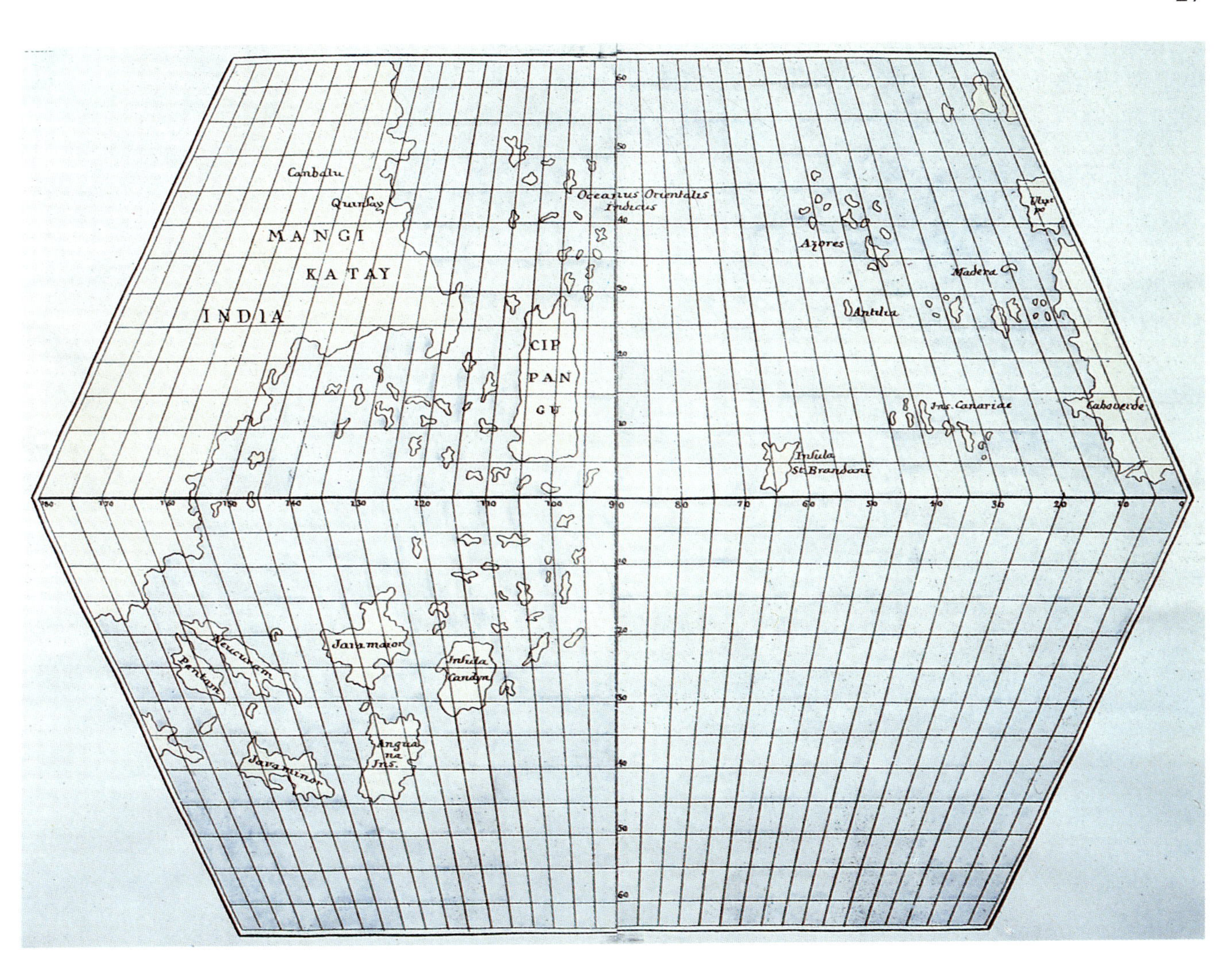
Canbalu
Quinsay
MANGI
KATAY
INDIA
Oceanus Orientalis Indicus
CIP PAN GU
Azores
Madera
Antilia
Ins. Canariae
Cabo verde
Insula St. Brandani
Java maior
Insula Candyn
Neucuram
Pentam
Angua na Ins.
Java minor

Willem Janszoon Blaeu, Karte von Westindien, 1634

Als Ergänzung zu den Kartenwerken von Ortelius und Mercator gibt Willem Janszoon Blaeu 1630 einen eigenen Kartenband heraus. Es folgt 1635 eine zweibändige Ausgabe unter der Mitherausgeberschaft seines Sohnes Joan. Dieser erweitert das Werk nach dem Tode des Vaters nach und nach bis auf 12 Bände („Atlas Major").

Die hier abgebildete Karte von Westindien ist 1634 in der letzten von W. J. Blaeu allein herausgegebenen Ausgabe des Kartenwerkes erschienen. Sie wird dann in sämtlichen weiteren Ausgaben des anwachsenden Werkes übernommen.

E. K., J. S.

Reproduktion vom Kupferstich, 40 x 30 cm
Original in der Sächsischen Landesbibliothek Dresden.
Foto M. G.

28

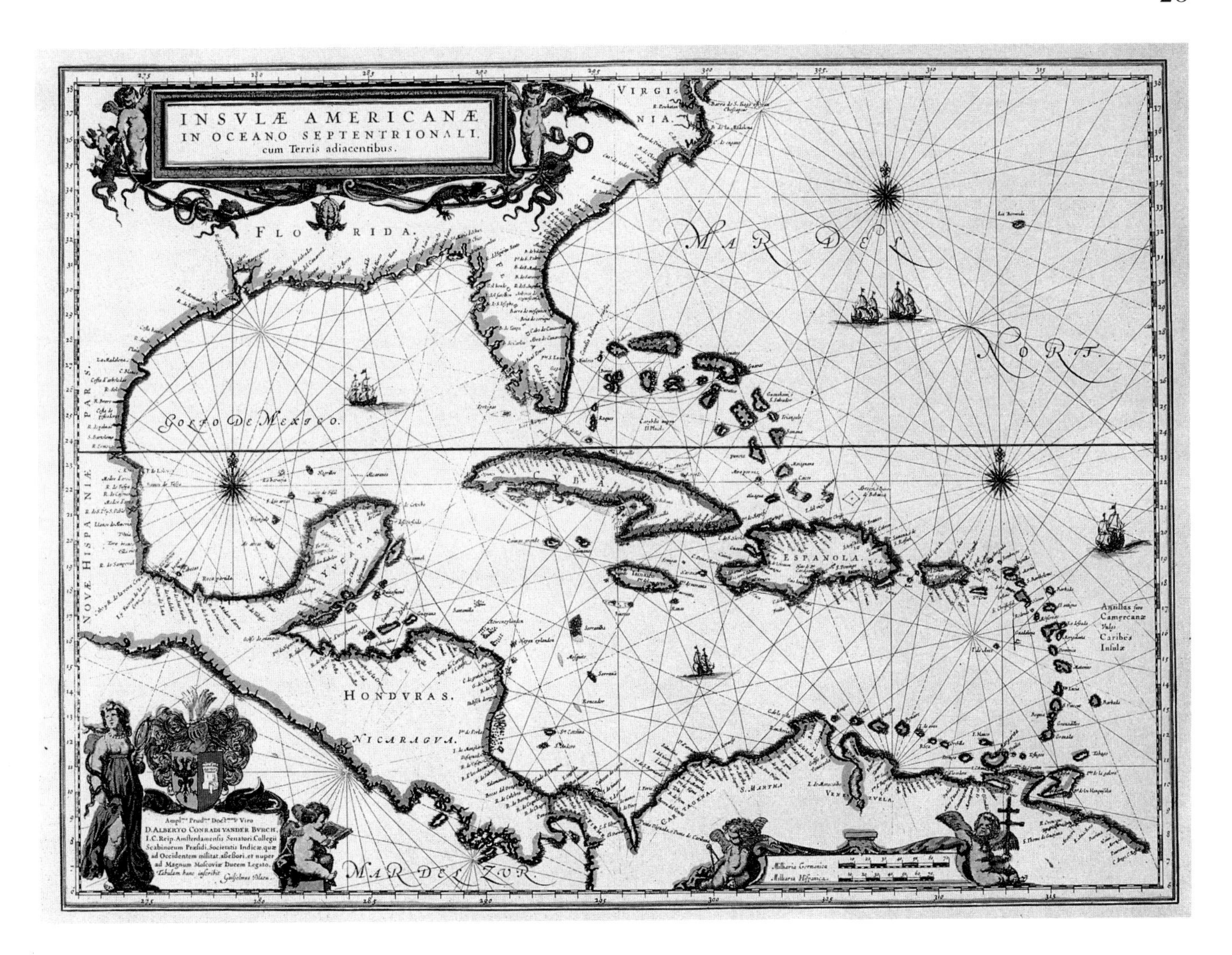
INSVLÆ AMERICANÆ
IN OCEANO SEPTENTRIONALI,
cum Terris adiacentibus.
VIRGINIA
FLORIDA.
MAR DEL NORT.
GOLFO DE MEXICO.
NOVÆ HISPANIÆ PARS.
CVBA
YVCATAN
ESPANOLA.
HONDVRAS.
NICARAGVA.
CARTAGENA.
S. MARTHA
VENEZVELA.
MAR DEL ZVR
Antillas sive Camercanæ Vulgo Caribes Insulæ
Ampl. Prud. Doct. Viro
D. ALBERTO CONRADI VANDER BVRCH,
I.C. Reip. Amsterdamensis Senatori, Collegii
Scabinorum Præsidi, Societatis Indicæ, quæ
ad Occidentem militat, asessori, et nuper
ad Magnum Moscoviæ Ducem Legato,
Tabulam hanc inscribit
Guilielmus Blaeu.
Milliaria Germanica
Milliaria Hispanica

Joseph Smith Speer, Karte von Westindien, 1771

Die Originalkarte, von der hier ein Ausschnitt gezeigt wird, stammt von dem Engländer Joseph Smith Speer. Er hat sich durch die Herausgabe mehrerer Karten von Westindien verdient gemacht. Bereits 1766 erscheinen sein „West Indian Pilot“ sowie 1771 die 11 Blätter umfassende „Chart of the West Indies“.

Südöstlich von Florida liegen die Bahama-Inseln. Zu ihnen gehört die Insel San Salvador (Guanahani). Hier betritt 1492 Christoph Kolumbus in der Annahme, daß es sich um eine Insel auf dem Weg nach Asien handelt, amerikanischen Boden. Von hier aus wendet er sich weiter nach Süden. Dort muß nach seiner Meinung das reiche Indien liegen. Dabei entdeckt er die Nordküste Kubas.

Als Monat der Entdeckung wird auf der Karte der September angegeben. Dies beruht auf einem Irrtum des Kartographen.

E. K., J. S.

Reproduktion vom Kupferstich, 40 x 30 cm
Original in der Sächsischen Landesbibliothek Dresden.
Foto M. G.

29

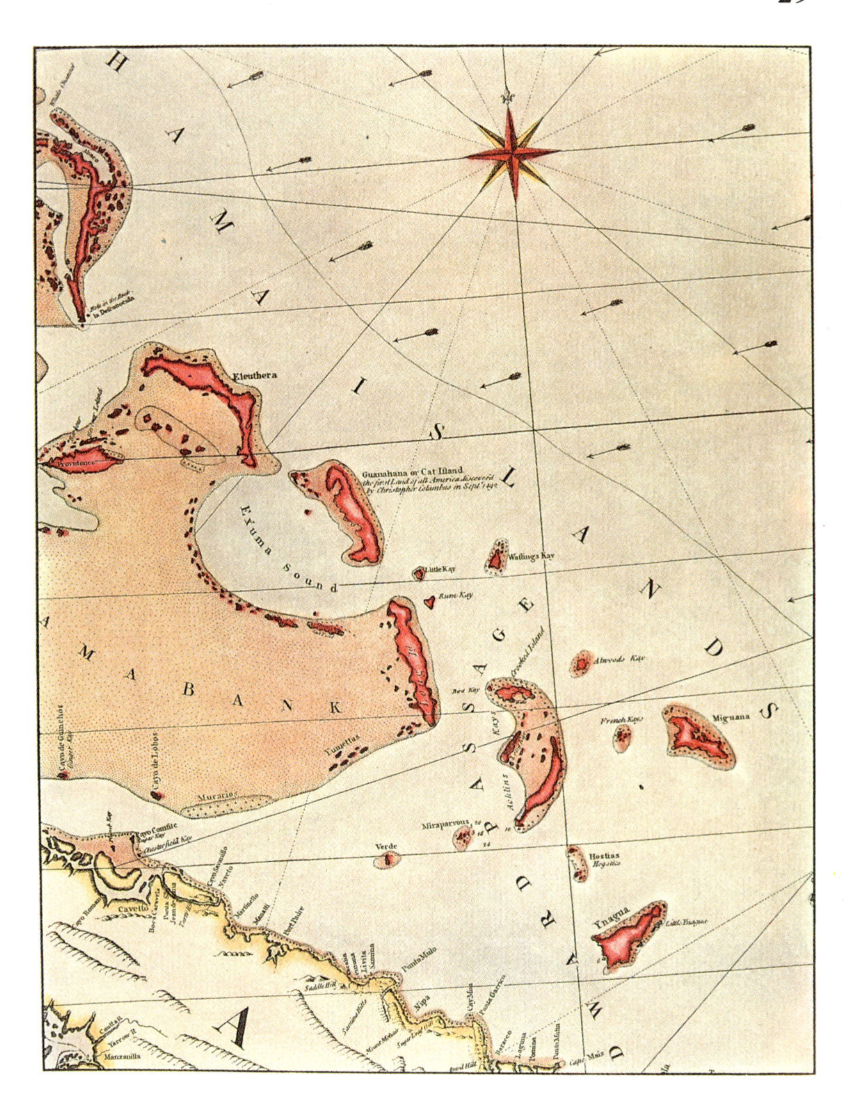
Eleuthera
Guanahana or Cat Iſland
the first Land of all America discover'd by Christopher Columbus in Sept.r 1492
Exuma Sound
Watlings Kay
Little Kay
Rum Kay
Crooked Island
Atwoods Kay
Acklins
French Kays
Miguana
Miraparvous
Verde
Hostias
Ynagua
Cayo de Lobos
Yumettas
Mucarios
Cavello
B A N K

Martin Waldseemüller, Weltkarte „Universalis cosmographia“, 1507

Seine berühmte Weltkarte „Universalis cosmographia“ gibt Waldseemüller 1507 zusammen mit dem Gelehrten Matthias Ringmann heraus. Die Karte vereint das ptolemäische Weltbild mit den spanisch-portugiesischen Entdeckungen in Amerika und Afrika.

Waldseemüller meint, daß Amerigo Vespucci der Entdecker Amerikas sei. Dieser Gedanke beherrscht die Karte, wie auch der Titel und die Bilder des Ptolemäus und Vespucci zeigen. Deshalb verleiht Waldseemüller dem neuen Kontinent auch den Namen „Amerika“.

Der Karte beigegeben ist ein Begleittext, die „Cosmographiae introductio“. Die Ausschnittkarte zeigt in Vergrößerung den Namensgeber des neuen Erdteils, Amerigo Vespucci.

J. S.

Faksimile vom Holzschnitt, 70 x 52 cm
Original in der Schloßbibliothek Wolfegg/Württemberg.
Foto M. G.

30/31

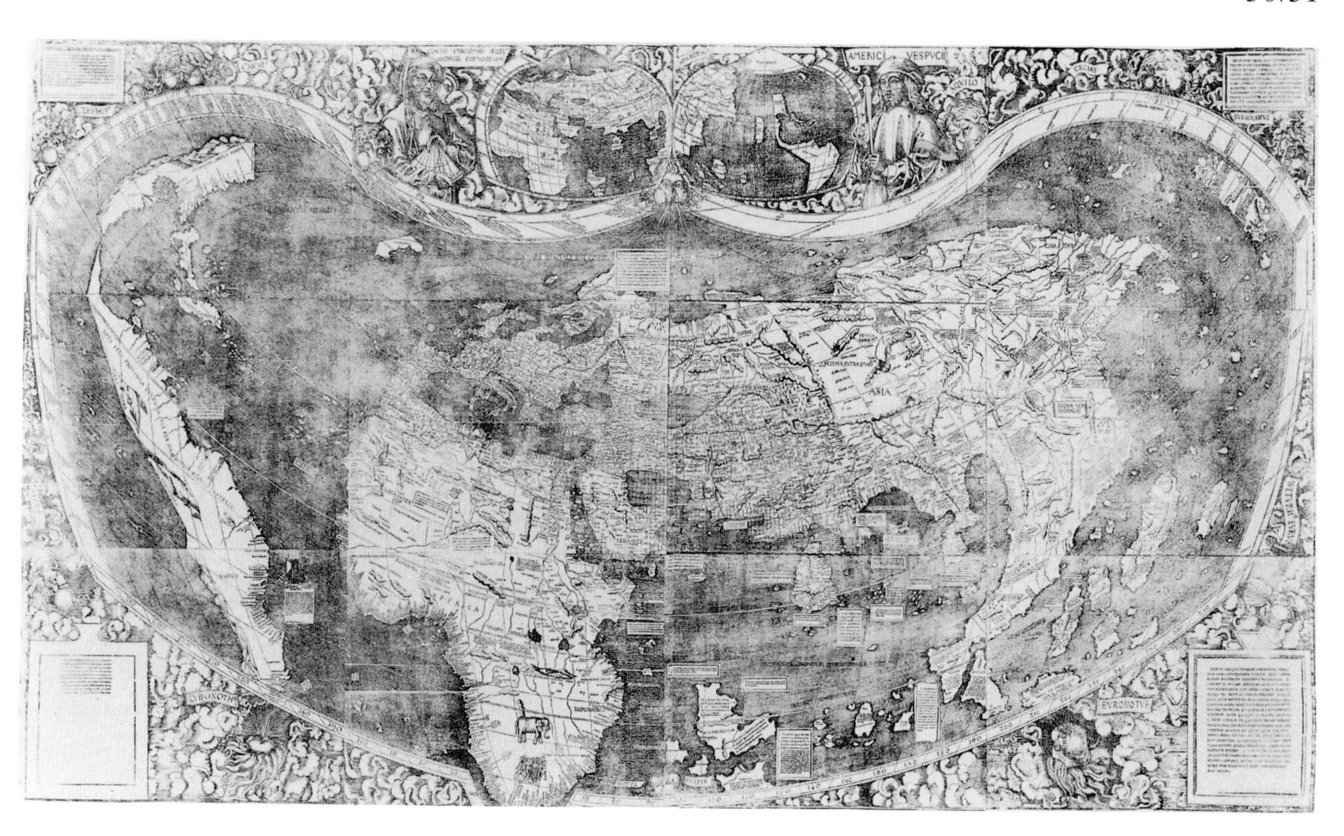
AMERICI VESPVCII
AQVILO
CECIAS
ASIA
SVBSOLARVS
LYBONOTH
EVRONOTVS

Martin Waldseemüller, Weltkarte „Carta Marina“, 1516

Auf seiner zweiten Weltkarte, der „Carta Marina“ von 1516, hat Martin Waldseemüller seinen Irrtum hinsichtlich der Entdeckung des neuen Kontinents durch Vespucci erkannt. Er nimmt den Namen „Amerika“ zurück. Der neue Kontinent trägt nun den Namen „Terra Nova“. Trotzdem ist der Name Amerika bereits von anderen Kartographen aufgegriffen und veröffentlicht worden.

Die Insel Kuba nennt Waldseemüller noch genau wie Kolumbus „Terra de Cuba Asie Partis“. Dies ist ein auffälliger Widerspruch zu seinen ansonsten zur Darstellung kommenden Kenntnissen über den neuen Kontinent.

J. S.

Faksimile vom Holzschnitt, 70 x 52 cm
Original in der Schloßbibliothek Wolfegg/Württemberg.
Foto M. G.

32

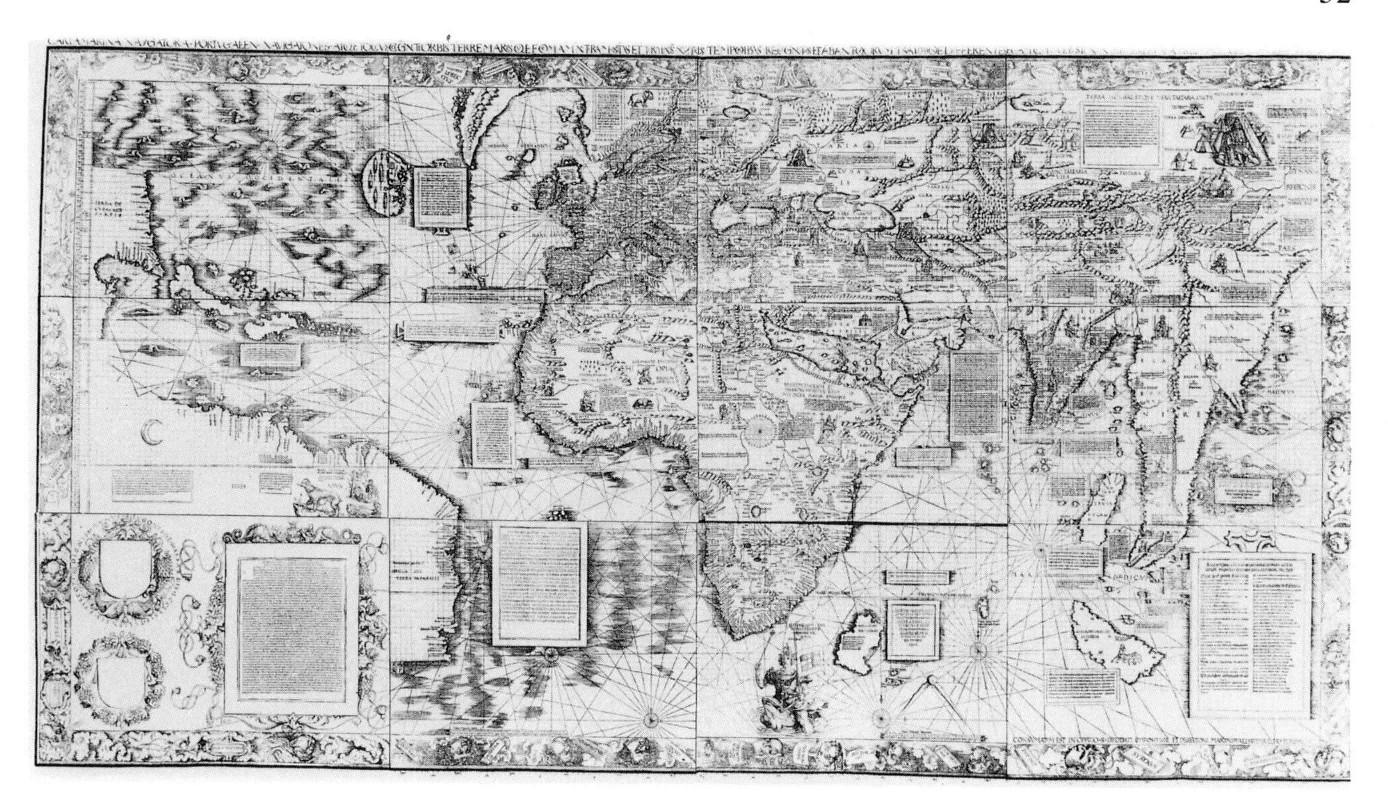

Juan de la Cosa, Weltkarte mit ältester Darstellung von Amerika, 1500

Der Autor der Karte begleitet Kolumbus als Kartograph und Lotse auf dessen erster und zweiter Reise. Seine Weltkarte von 1500 dokumentiert die „Neue Welt“ bereits in bemerkenswert realistischen Proportionen.

Noch ungeklärt ist für de la Cosa die Frage, ob es eine zentralamerikanische Passage zum Pazifik gibt. Das Gebiet des heutigen Panama überdeckt er deshalb geschickt mit einem Porträt des Heiligen Christophorus.

Die englischen Entdeckungen in Nordamerika unter Cabot und die spanischen Entdeckungen in Mittel- und Südamerika sind auf der Karte durch Wappenfähnlein kenntlich gemacht.

J. S.

Reproduktion von Handzeichnung,
2 Formate: 30 x 40 cm und 33 x 28 cm
Original im Marine-Museum Madrid.
Foto M. G.

33

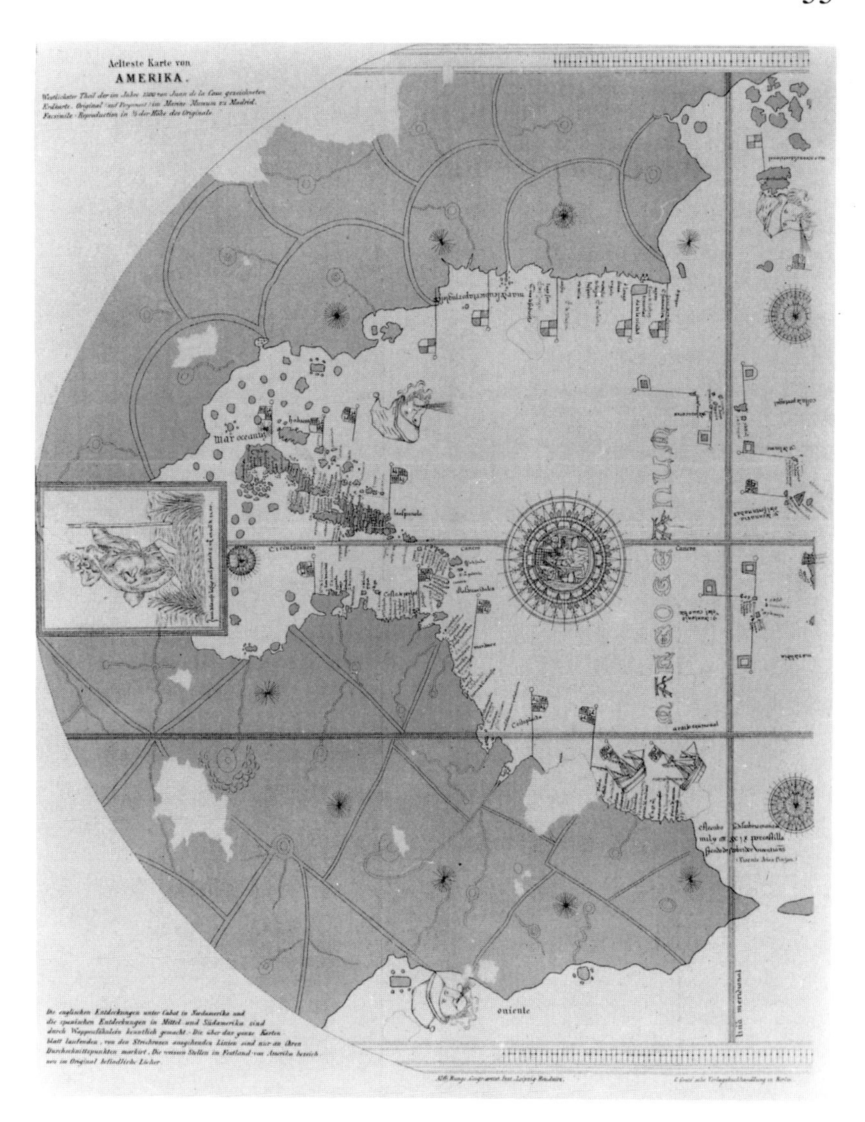
Aelteste Karte von
AMERIKA.
Westlichster Theil der im Jahre 1500 von Juan de la Cosa gezeichneten
Erdkarte. Original (auf Pergament) im Marine Museum zu Madrid.
Mar oceanus
oriente
Die englischen Entdeckungen unter Cabot in Nordamerika und
die spanischen Entdeckungen in Mittel und Südamerika sind
durch Wappenfähnlein kenntlich gemacht. Die über das ganze Karten-
blatt laufenden, von den Strichrosen ausgehenden Linien sind nur an ihren
Durchschnittspunkten markirt. Die weissen Stellen im Festland von Amerika bezeichnen im Original befindliche Löcher.

Piri Reis, Seekarte der Alten und der Neuen Welt auf Grund einer Amerika-Karte von Christoph Kolumbus und anderen Vorlagen gezeichnet, 1513

Die von dem türkischen Piratenkapitän Piri Reis im Portolanstil auf getrockneter Kamelhaut gezeichnete Weltkarte ist heute nur noch als Kartenfragment erhalten. Das Original überreicht er 1517 in Kairo an Sultan Selim I. Piri Reis soll als Kartengrundlage angeblich auch eine verschollene Kolumbuskarte herangezogen haben. Es wird aber vermutet, daß sich unter seinen spanischen Sklaven ein ehemaliger Teilnehmer an Kolumbus' Amerikafahrten befand. Von ihm stammen viele Angaben.

In seinem bekannten Segelhandbuch, dem „Bahrije", erläutert Piri Reis seine Karte. Er schreibt, daß er als Quellen zahlreiche ältere Karten herangezogen habe.

Hinsichtlich der kartographischen Darstellung Amerikas gibt die Karte noch zahlreiche Rätsel auf und verleitet Kartographen und Historiker zu Spekulationen.

J. S.

Reproduktion vom Faksimile,
Deutsche Staatsbibiliothek Berlin, 30 x 43 cm
Original im Topkapi-Serail-Museum Istanbul.
Foto M. G.

34

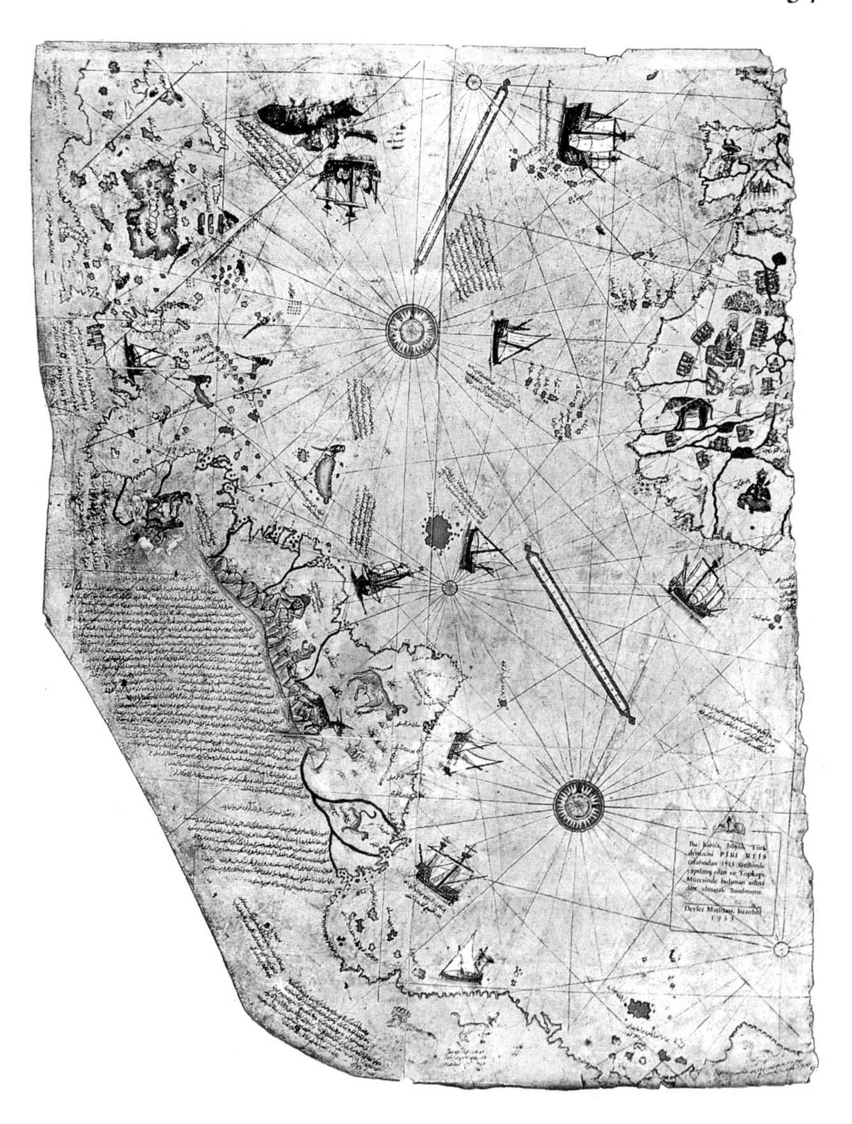

Petrus Apianus, Weltkarte, 1520

Die hier abgebildete Weltkarte in Holzschnittechnik ist ein Jugendwerk von Apianus, seine erste Karte überhaupt. Als Grundlage dient die aus zwölf Blättern bestehende große Weltkarte des Martin Waldseemüller von 1507. Apianus leitet seine Karte jedoch nicht unmittelbar von Waldseemüllers Karte ab. Als Ausgangsmaterial verwendet er deren verkleinerte Kopie von Laurentius Frisius.

J. S.

Reproduktion vom Faksimile, 40 x 30 cm
Faksimile im „Facsimile-Atlas till kartografiens äldsta historia“, Stockholm 1889.
Foto M. G.

35

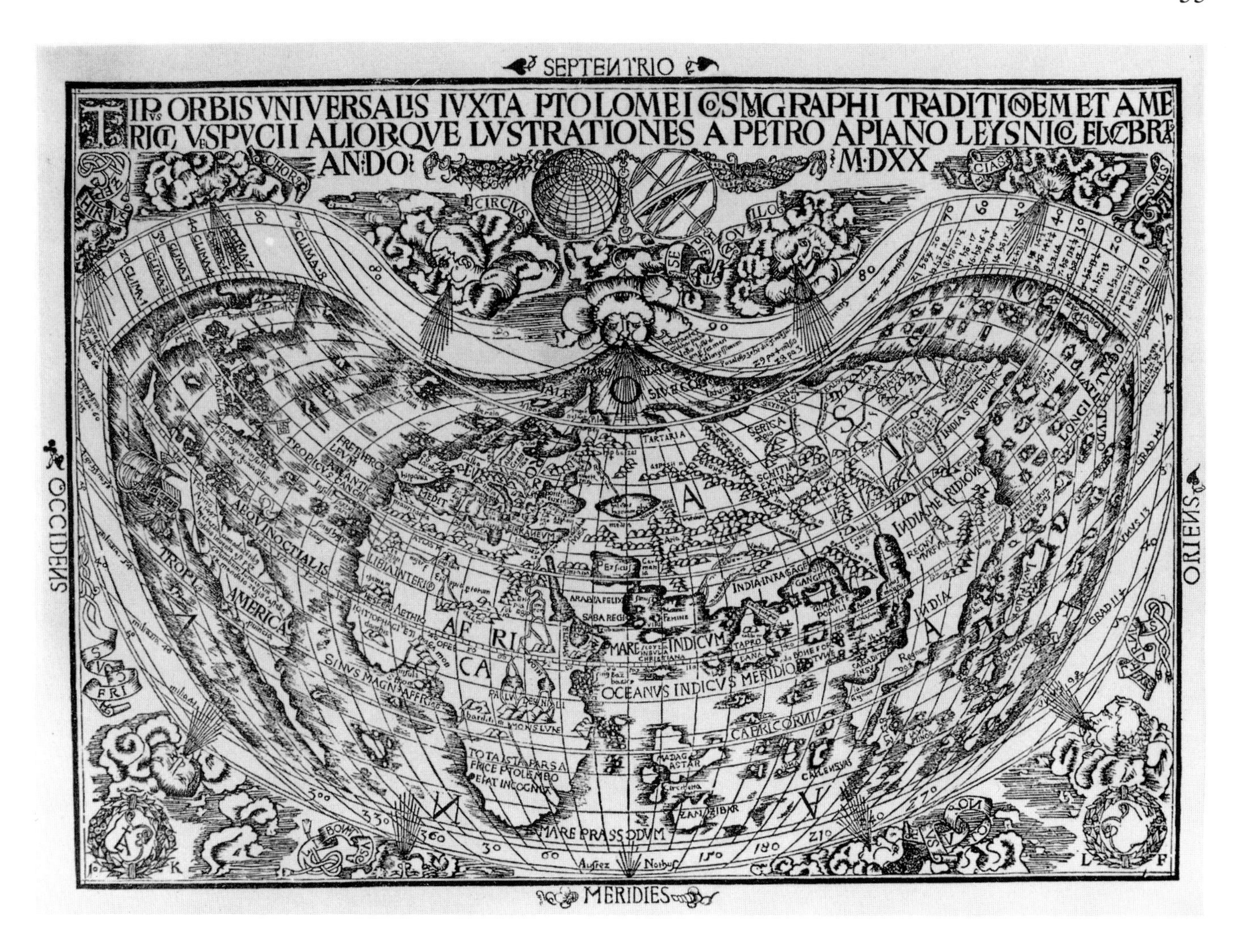
SEPTENTRIO
TIPVS ORBIS VNIVERSALIS IVXTA PTOLOMEI COSMGRAPHI TRADITIONEM ET AMERICI VESPVCII ALIORQVE LVSTRATIONES A PETRO APIANO LEYSNICO ELVCBRAT ANDO M·DXX
OCCIDENS
ORIENS
MERIDIES
AMERICA
TARTARIA
SERICA
INDIA SVPERIOR
INDIA MERIDIONA
ARABIA FELIX
SABA REGIO
MARE INDICVM
OCEANVS INDICVS
OCEANVS INDICVS MERIDIO
SINVS MAGNVS AFFRI
TOTA ISTA PARSA FRICE PTOLEMEO ERAT INCOGNITA
MARE PRASSODVM
CAPRICORNI
ZANZIBAR
MADAGASCAR
LIBIA INTERIOR
ETHIOPIA
INDIA INTRA GANGEM
AEQVINOCTIALIS
TROPICVS CANCRI
M.DXX

Diego Ribero, Weltkarte, 1529

Die Karte stellt das Weltreich Kaiser Karl V. dar. Die Demarkationslinie zwischen der spanischen und portugiesischen Interessensphäre (Vertrag von Tordesillas, 1494) wird durch die spanischen und die portugiesischen Fahnen am unteren Kartenrand verdeutlicht.

Der portugiesische Kosmograph Diego Ribero stellt in dieser Karte zum ersten Mal einen Teil der Westküste der „Neuen Welt“ kartographisch dar. Er verarbeitet dabei Angaben des Bartolomeo Ruiz. Dieser hat als Pilot (Navigator) Francisco Pizarro bei der Eroberung des Inkareiches in Peru begleitet. Auch die neu entdeckte Meeresstraße im Süden der „Neuen Welt“, die Magalhãesstraße ist bereits in die Karte eingezeichnet. Allerdings sind von Feuerland noch keine weiteren Umrisse zu sehen.

J. S.

Reproduktion von Handzeichnung, 40 x 24 cm
Original in der Biblioteca Apostolica, Vatikan.
Foto M. G.

36

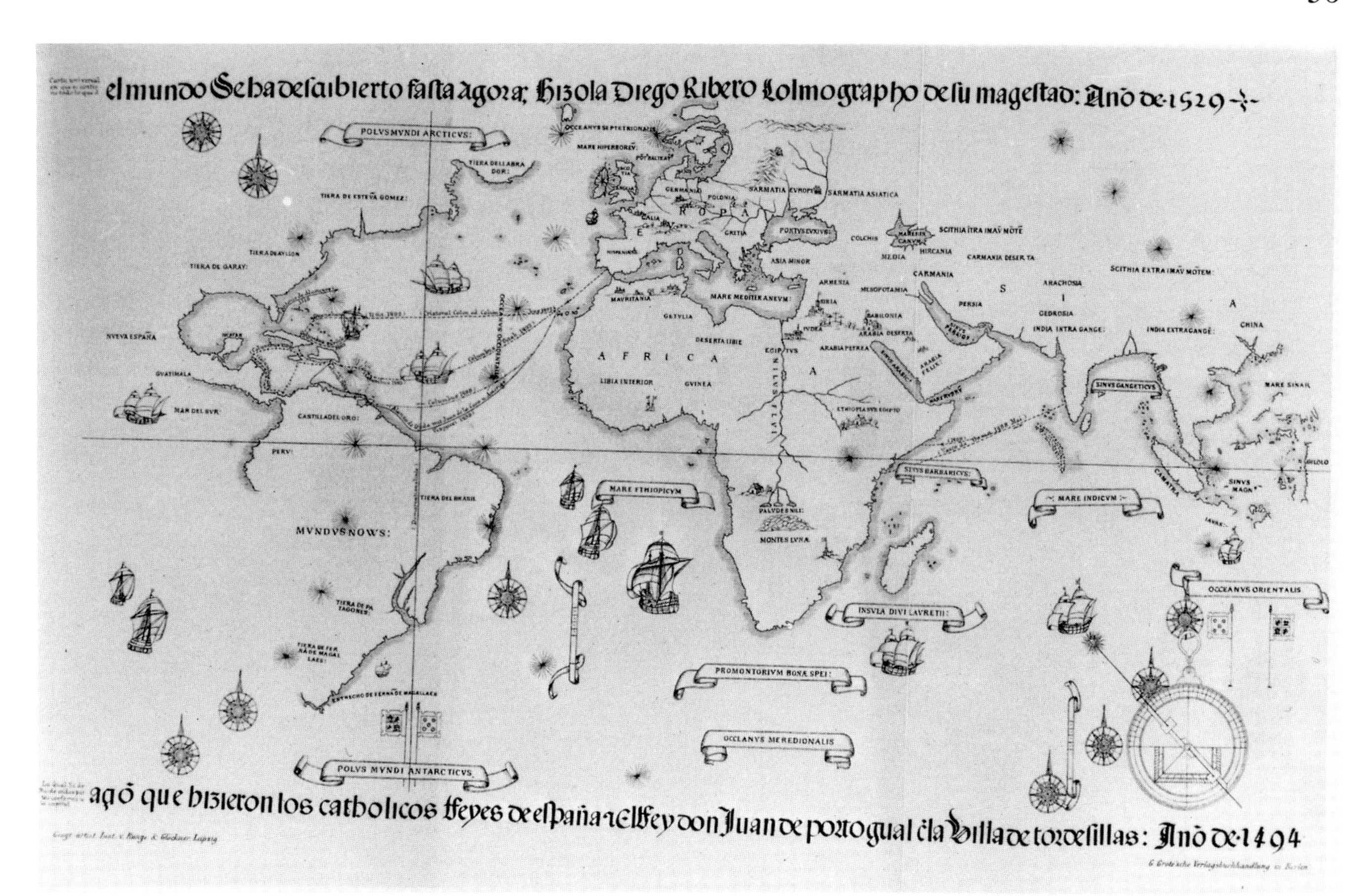
el mundo Se ha descubierto fasta agora; hizola Diego Ribero Cosmographo de su magestad: Año de 1529
POLVS MVNDI ARCTICVS:
OCCEANVS SEPTETRIONALIS
MARE HIPERBOREV:
TIERA DELLABRA DOR:
TIERA DE ESTEVA GOMEZ:
GERMANIA
POLONIA
SARMATIA EVROPEA
SARMATIA ASIATICA
TIERA DE AYLLON
TIERA DE GARAY:
PONTVS EVXINVS
ASIA MINOR
MARE MEDITERANEVM
ARMENIA
MESOPOTAMIA
CARMANIA
PERSIA
ARACHOSIA
GEDROSIA
INDIA INTRA GANGE:
INDIA EXTRAGANGE:
CHINA
SCITHIA EXTRA IMAV MOTEM
NVEVA ESPAÑA
GVATIMALA
MAR DEL SVR
MAVRITANIA
GETVLIA
DESERTA LIBIE
AFRICA
LIBIA INTERIOR
GVINEA
EGIPTVS
ARABIA PETREA
ARABIA DESERTA
ARABIA FELIX
SINVS GANGETICVS
MARE SINAR
CASTILLA DEL ORO
PERV
TIERA DEL BRASIL
MVNDVS NOVVS
MARE ETHIOPICVM
SINVS BARBARICVS
MARE INDICVM
PALVDES NILI
MONTES LVNÆ
TIERA DE PATAGONES
TIERA DE FERNÃDE MAGALLAES
INSVLA DIVI LAVRETII
OCCEANVS ORIENTALIS
PROMONTORIVM BONÆ SPEI
OCCEANVS MEREDIONALIS
POLVS MVNDI ANTARCTICVS
Año que hizieron los catholicos Reyes de España y el Rey don Juan de portogual ē la villa de tordesillas: Año de 1494

Gerard Mercator,
Weltkarte in Doppelherzprojektion, 1538

Der doppelherzförmige Netzentwurf dieser frühen Arbeit des Gerard Mercator ist einer Karte des französischen Arztes und Mathematikers Oronce Finé von 1531 abgesehen. Den Inhalt aber hat Mercator verändert.

Besonders der neue Kontinent Amerika ist als solcher dargestellt. Er ist nicht mehr Teil von Asien.

Seine Karte hat Mercator mit „Rupelmudan" nach seinem Geburtsort Rupelmonde in Flandern signiert. Auf seinen späteren Werken steht dann sein richtiger Name.

J. S.

Reproduktion vom Kupferstich, 40 x 30 cm
Original bei der Geographischen Gesellschaft New York.
Foto M. G.

37

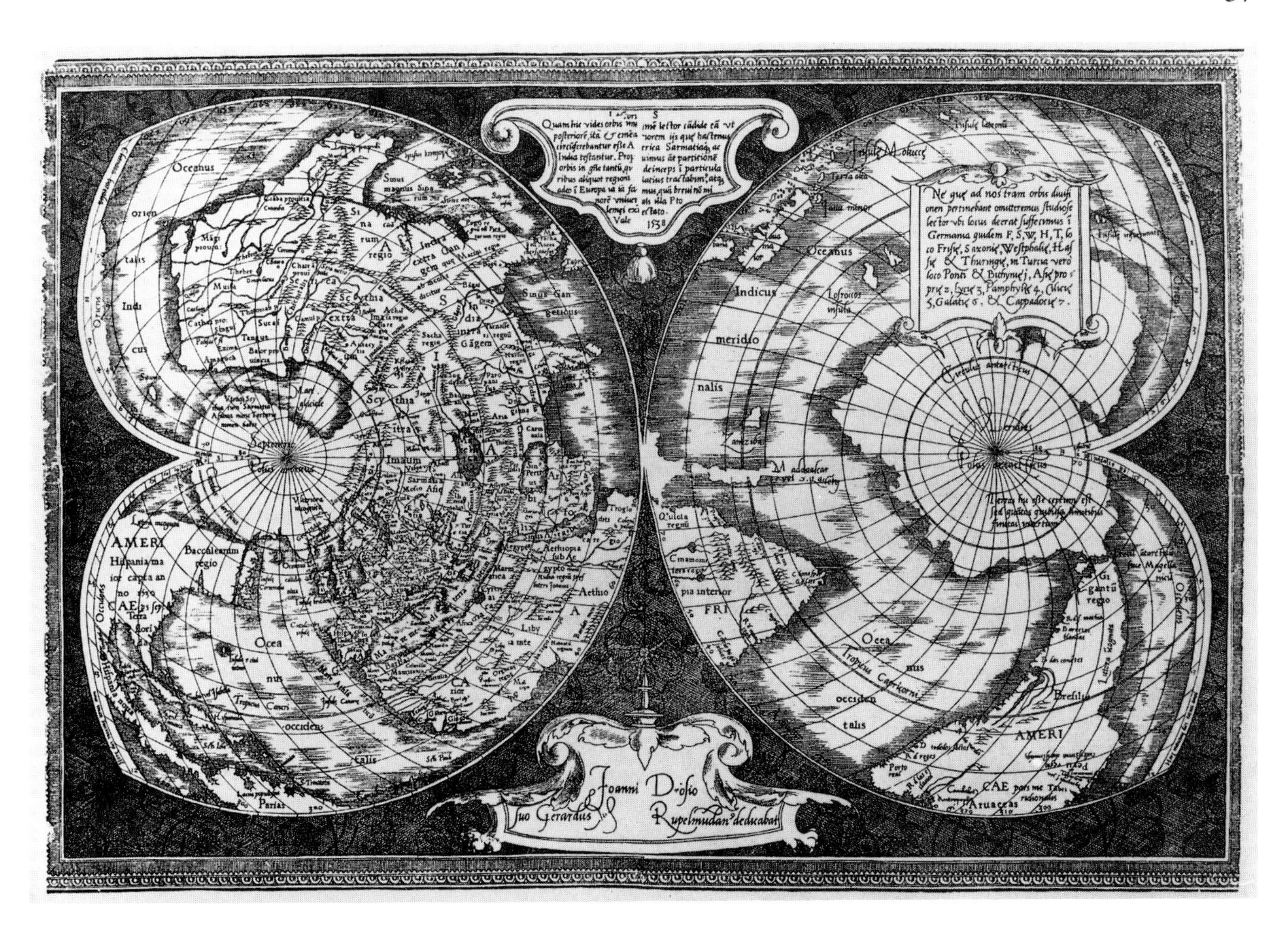
Oceanus
orien
talis
Indi
cus
Scythia
Imaum
AMERI
Baccalearum regio
Ocea
nus
occiden
talis
Vale 1538
Oceanus
Indicus
meridio
nalis
pia interior
Ocea
nus
Tropicus Capricorni
occiden
talis
AMERI
Brefilia
Joanni Drosio
suo Gerardus
Rupelmudan' dedicabat

Martin Waldseemüller, Weltkarte der Straßburger Ptolemäusausgabe, 1513

Die modernen Karten der Straßburger Ptolemäusausgabe von 1513 sind Arbeiten des Kartographen Martin Waldseemüller. Die gezeigte Karte entspricht weithin noch dem ptolemäischen Erdbild. Sie enthält aber schon Ergänzungen nach neuestem Material.

So ist z. B. Grönland schon dargestellt, aber als Halbinsel Europas aufgefaßt. Von den neuen Entdeckungen im Westen sieht man – unbenannt und nur angedeutet – die Küste Neufundlands, die Inseln Kuba (Isabella), Jamaica (unbenannt), Haiti (Spagnolla) und einen Teil der Festlandsküste Südamerikas, soweit sie zu diesem Zeitpunkt bereits entdeckt ist.

E. K., J. S.

Original aus der Sächsischen Landesbibliothek Dresden
(Leihgabe), Holzschnitt, 78 x 58 cm.
Foto M. G.

38

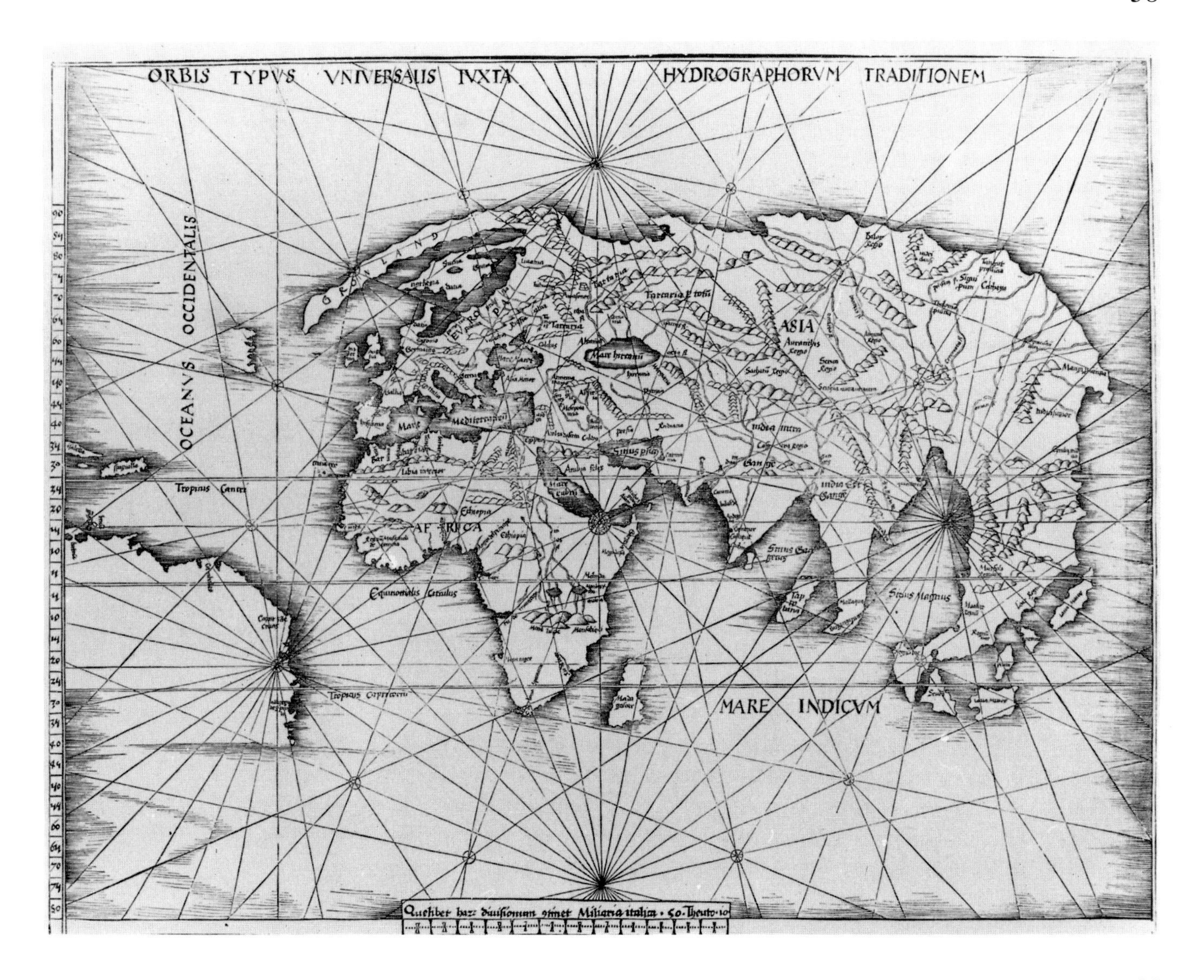
ORBIS TYPVS VNIVERSALIS IVXTA HYDROGRAPHORVM TRADITIONEM
OCEANVS OCCIDENTALIS
GRONLAND
EVROPA
ASIA
AFRICA
Tropicus Cancri
Equinoctialis Circulus
MARE INDICVM
Sinus Magnus

Martin Waldseemüller, Karte der Neuen Welt, aus: Claudius Ptolemaeus, Geographia, Strassburg 1513. Suppl. 2

Der deutsche Kosmograph Martin Waldseemüller stellt eine der ersten Karten Amerikas her. Sie erscheint 1513 als Supplement zu der in Straßburg verlegten Geographia des Ptolemäus.

Die Grundlage für die Karte bildet ein Bericht Amerigo Vespuccis über seine zweite Reise in die „Neue Welt“ (1501/1502) unter portugiesischer Flagge. Dabei hat Vespucci die brasilianische Küste bis etwa 25 Grad s. Br. erkundet. Allerdings verweist Waldseemüller in einer Anmerkung nahe dem Äquator darauf, daß „dieses Land mit den anliegenden Inseln von dem Genuesen Columbus im Auftrag des Königs von Kastilien gefunden worden ist“. Beachtenswert ist, daß Südamerika als „Terra incognita“ (unbekannte Welt) bezeichnet wird. Hatte Waldseemüller doch bereits 1507 in seiner Weltkarte dem Erdteil den Namen „Amerika“ gegeben.

Nord- und Südamerika sind auf der vorliegenden Karte durch eine geradlinig verlaufende Küste verbunden. „Isabella“ (Kuba) und die anderen westindischen Inseln sind irrigerweise nördlich statt südlich vom Wendekreis des Krebses eingezeichnet. Das Gradnetz reicht bis 35 Grad s. Br.. Es ist jedoch nicht zu erkennen, ob der Rio de la Plata eingezeichnet ist. Solís und Pinzón hatten bereits 1509 die Mündung des Flusses entdeckt.

E. K.

Original aus der Deutschen Staatsbibliothek Berlin (Leihgabe), Holzschnitt, 42 x 36 cm.
Foto S. B.

39

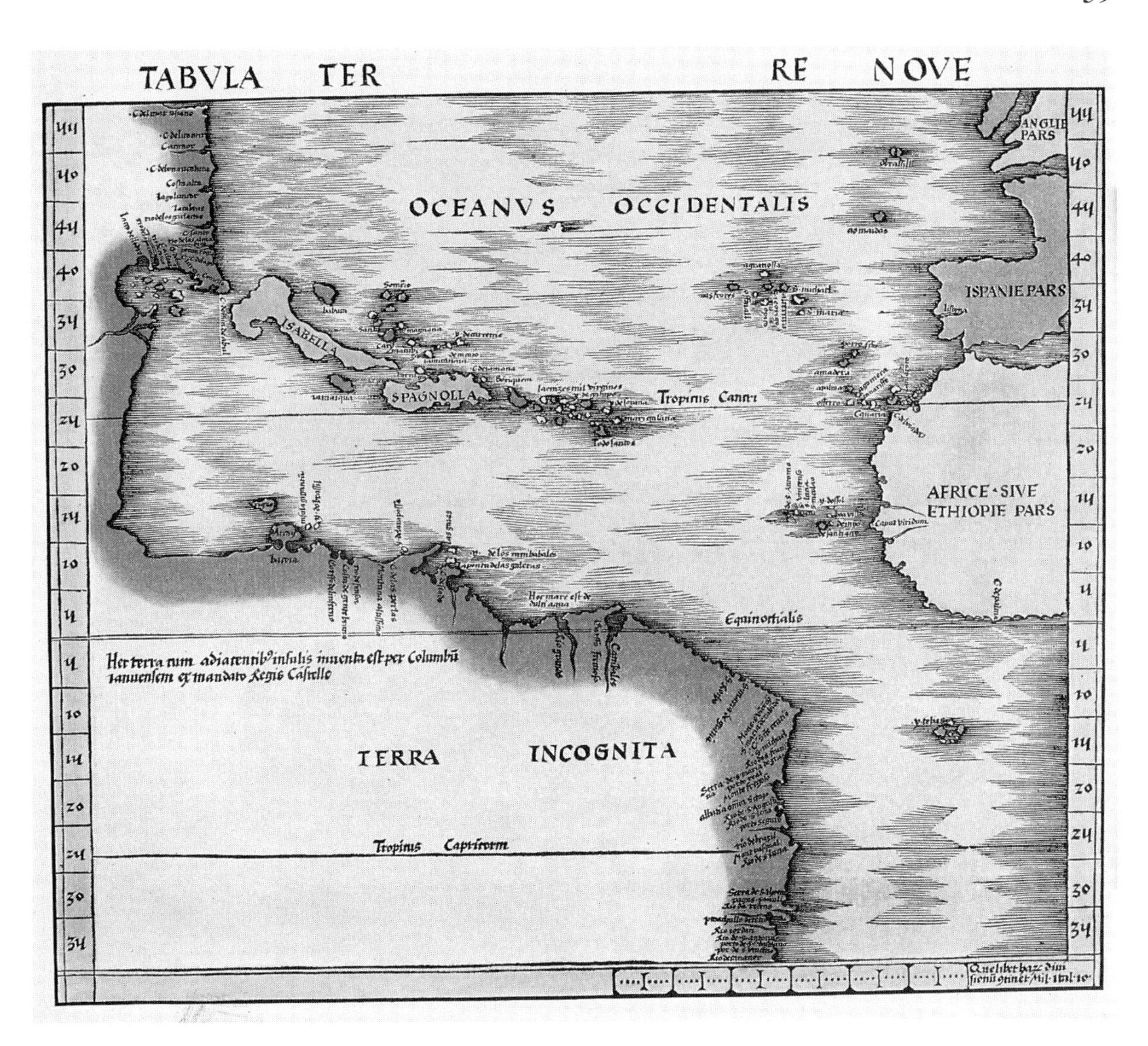
TABVLA TER RE NOVE
OCEANVS OCCIDENTALIS
ANGLIE PARS
ISPANIE PARS
ISABELLA
SPAGNOLLA
Tropicus Cancri
AFRICE SIVE ETHIOPIE PARS
Caput Viridum
Equinoctialis
Hec terra cum adiacentib9 insulis inuenta est per Columbũ ianuensem ex mandato Regis Castelle
TERRA INCOGNITA
Tropicus Capricorni

Laurentius Frisius,
Weltkarte aus der Straßburger Ptolemäusausgabe, 1522

Die Weltkarte aus der Straßburger Ptolemäusausgabe ist eine Arbeit von Laurentius Frisius (Lorenz Fries).

Im Mittelteil beruht die Karte noch auf Ptolemäus, ist also traditionsgebunden. In den Randteilen zeigt sie bereits moderne Züge. Für Ostasien ist der Reisebericht des Marco Polo verwertet worden. Für Südasien hat Frisius die Entdeckung der Portugiesen berücksichtigt. Auch die „Neue Welt" ist bereits dargestellt.

J. S.

Reproduktion vom Holzschnitt, 40 x 30 cm
Original in der Sächsischen Landesbibliothek Dresden.
Foto M. G.

40

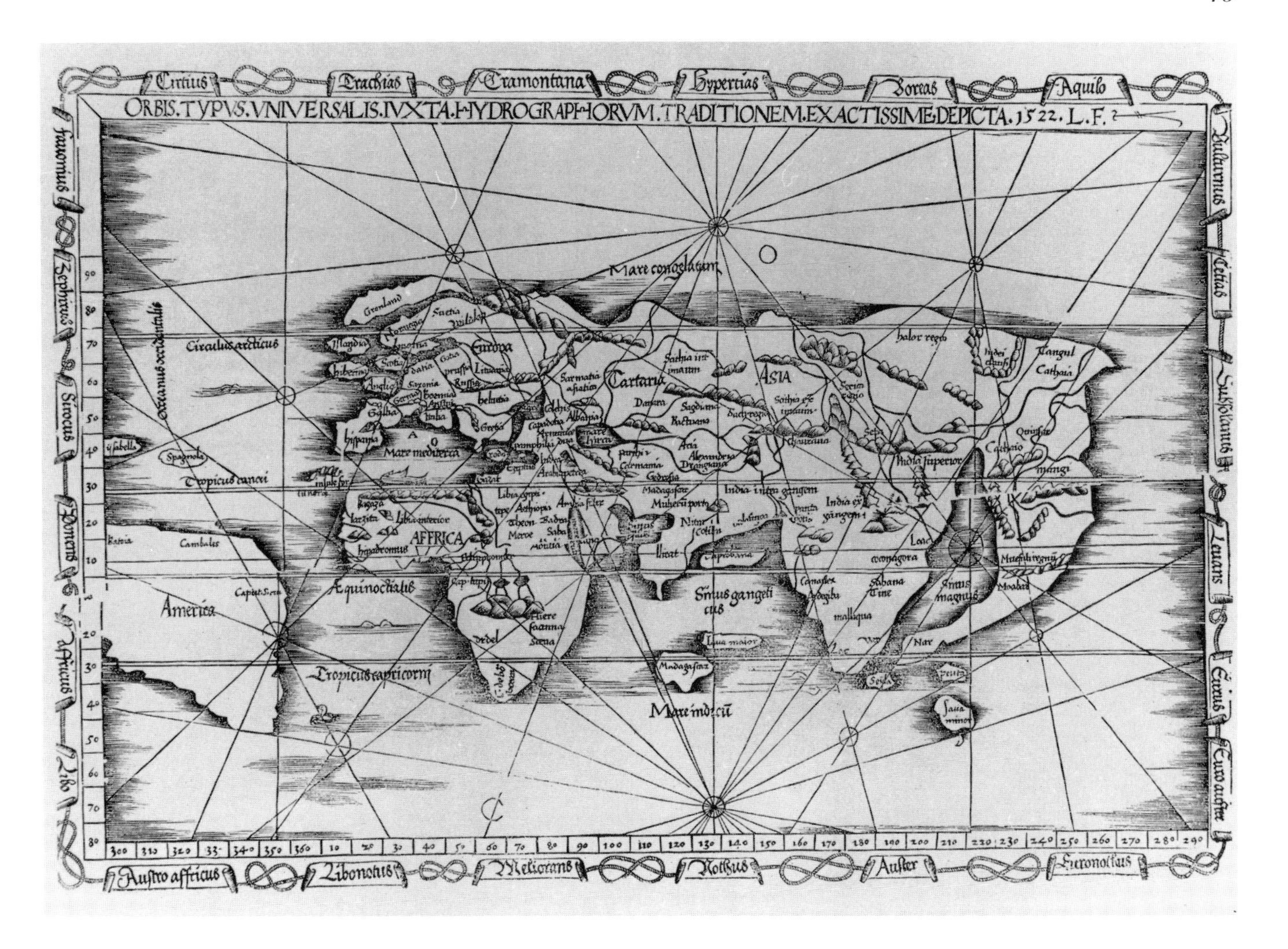
ORBIS.TYPVS.VNIVERSALIS.IVXTA.HYDROGRAPHORVM.TRADITIONEM.EXACTISSIME.DEPICTA.1522. L.F.
Tramontana
Hypertias
Boreas
Aquilo
Mare congelatum
Grenland
Europa
Tartaria
ASIA
Circulus arcticus
Mare mediterra
AFFRICA
Tropicus cancri
Aequinoctialis
America
Tropicus capricorni
Madagascar
Mare indicum
India superior
Sinus magnus
Austro affricus
Libonotus
Auster

Battista Agnese, Weltkarte mit der Reiseroute von Magalhães, 1579

Aus einem 1579 von Battista Agnese angefertigten Kartenwerk stammt die abgebildete Weltkarte. Sie hat gebogene Meridiane und Breitengrade gleichen Abstands, jedoch keine Gradangaben.

Die geographischen Entdeckungen der Portugiesen und Spanier sind berücksichtigt. Eine gewellte Linie zeigt die Reiseroute des Magalhães. 1519 umrundet das Schiff des portugiesischen Seefahrers die Erde. Er durchfährt erstmals die nach ihm benannte Meeresstraße zwischen Patagonien und Feuerland und überquert den Pazifik. Damit bringt er den Beweis, daß die Erde von kugelförmiger Gestalt ist.

E. K., J. S.

Reproduktion von einer handgezeichneten Pergamentkarte, 40 x 30 cm
Original in der Deutschen Staatsbibliothek Berlin.
Foto M. G.

41

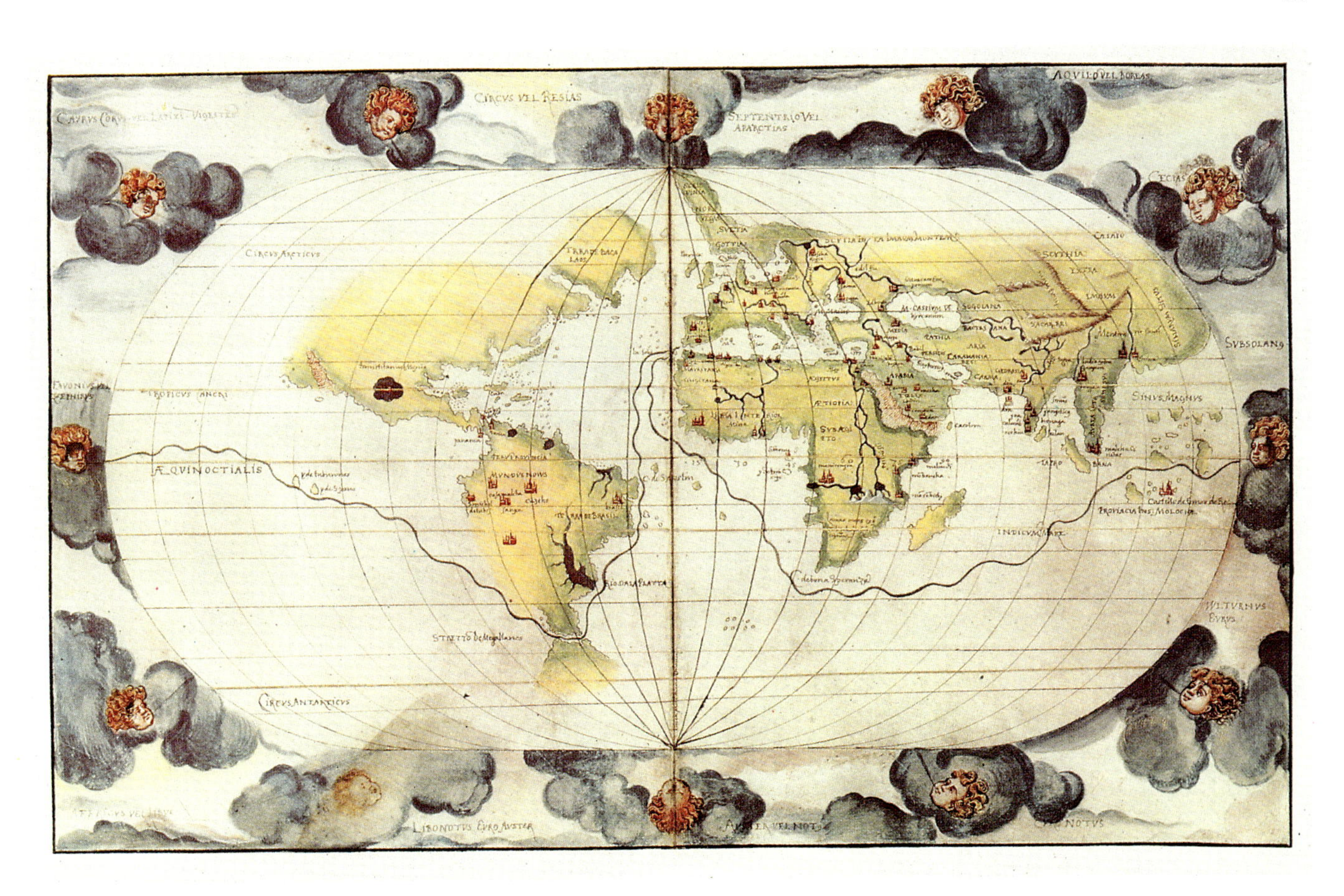
CIRCVS VEL RESIAS
SEPTENTRIO VEL APARCTIAS
AQVILO VEL BOREAS
CECIAS
CIRCVS ARCTICVS
TROPICVS CANCRI
ÆQVINOCTIALIS
SCYTHIA
CATAIO
SVBSOLANVS
SINVS MAGNVS
ARABIA
MVNDVS NOVVS
RIO DALA PLATTA
INDICVM MARE
VVLTVRNVS EVRVS
CIRCVS ANTARTICVS
LIBONOTVS EVRO AVSTER
AVSTER VEL NOTVS

Gerard Mercator, Karte des Nordpolargebiets mit Nordamerika, 1595

Im Laufe des 16. Jh. ist die Verteilung von Land und Meer auf der Erde in großen Zügen bekannt geworden. Die Polargebiete jedoch sind noch immer das Feld hypothetischer, an sagenhafte Berichte angelehnter Vorstellungen. So wird das Nordpolargebiet auf den Karten und Globen des 16. Jh. sehr verschieden dargestellt. Im allgemeinen aber nimmt man an, daß es sich um ein Meer mit einigen größeren Inseln darin handelt. Diesen Kenntnisstand setzt Gerard Mercator (1512–1594) in der hier gezeigten Karte um. Ein angeblich hoher Felsen am Pol wird von einem kreisrunden Meer umgeben. Aus dem Felsen entspringen vier Ströme, die den Polarkontinent in vier große Inseln teilen.

E. K., J. S.

Original aus der Sächsischen Landesbibliothek Dresden (Leihgabe), Kupferstich, 78 x 58 cm.
Foto M. G.

42

SEPTENTRIONALIUM
Terrarum descriptio.
Per
Gerardum Mercatorem
Cum Privilegio
California regio
sola fama Hispanis
notu
Circulus Arcticus
POLUS ARCTICUS
Oceanus Scythicus qui
et Mare Tabin
Oceanus Septentrionalis
Mare glaciale
Frisland insula
Farre insule
Scetland insulae
Aniau regnum
Berg regio
Agama
Desertum de Belgian are nosum
Circulus Arcticus
Gradus latitudinis
Nova Zembla
Petzorke Mare
Murmanskoi Mare
Groenland

Johannes Janßonius, Karte des Nordpolargebietes mit Nordamerika aus dem „Atlas Novus“, 1638

Unter den Verlegern des 17. Jh. ist Johannes Janßonius einer der bedeutendsten. Seit 1633 führt er zunächst mit seinem Schwager Henricus Hondius, dann allein den Mercator-Atlas weiter. Seit der niederländischen Ausgabe von 1638 wird im Titel Mercators Name weggelassen und das Werk als „Atlas Novus“ von Janßonius fortgesetzt.

In dieser Ausgabe erscheint die Karte des Nordpolargebiets mit Teilen Nordamerikas.

J. S.

Reproduktion vom Kupferstich, 40 x 30 cm
Original in der Sächsischen Landesbibliothek Dresden.
Foto M. G.

43

NOVA ET ACCVRATA
POLI ARCTICI
et terrarum Circum
Iacentium
DESCRIPTIO.
FRETUM ANIAN.
Circulus sub Circulo Arctico
A M E R I C Æ P A R S.
L O C A I N C O G N I T A.
A: S I Æ P A: R S.
New South Wales
Buttons Bay
New North Wales
NOVA BRITANNIA
Baffins Bay
Terra de Labrador
Terra de Corterealis
TERRA NOVA
GROEN LANDT.
MARE TARTA: RICUM.
NIAREN MORE
SIBIRIA
MOURMANSKOY MORE
LAPPONIA
OCEANUS SEPTEN: TRIONALIS.
Linea sub Circulo Arctico
RUSSIÆ PARS
AMSTELODAMI,
apud Ioannem
Ianßonium.

Willem Janszoon Blaeu, Karte von Virginia, 1630

Die Karte von Virginia springt wegen des reichen Schmuckwerkes im Stil der Spätrenaissance ins Auge.

Als Vorlage für seinen Kupferstich verwendet Blaeu eine Karte des Engländers John Smith. Dieser hat die britische Kolonie längere Zeit bereist. 1612 erscheint dann seine Karte zusammen mit einem Buch in Oxford. Dieser Vorlage sind auf Blaeus Karte auch die Darstellung der Residenz des Powhatan – Oberhäuptling mehrerer Indianerstämme – und die Wiedergabe eines Susquehanna-Kriegers entlehnt (bei Blaeu als Squaw dargestellt). Die Karten von Smith und Blaeu bilden lange Zeit die wichtigsten Quellen zu diesem nordamerikanischen Territorium. Auf der Karte sind die Lebensgebiete von 10 Indianerstämmen und die Lage von 165 Siedlungen eingezeichnet.

E. K., J. S.

Reproduktion vom Kupferstich, 40 x 30 cm
Original in der Wissenschaftlichen Allgemeinbibliothek Erfurt.
Foto M. G.

44

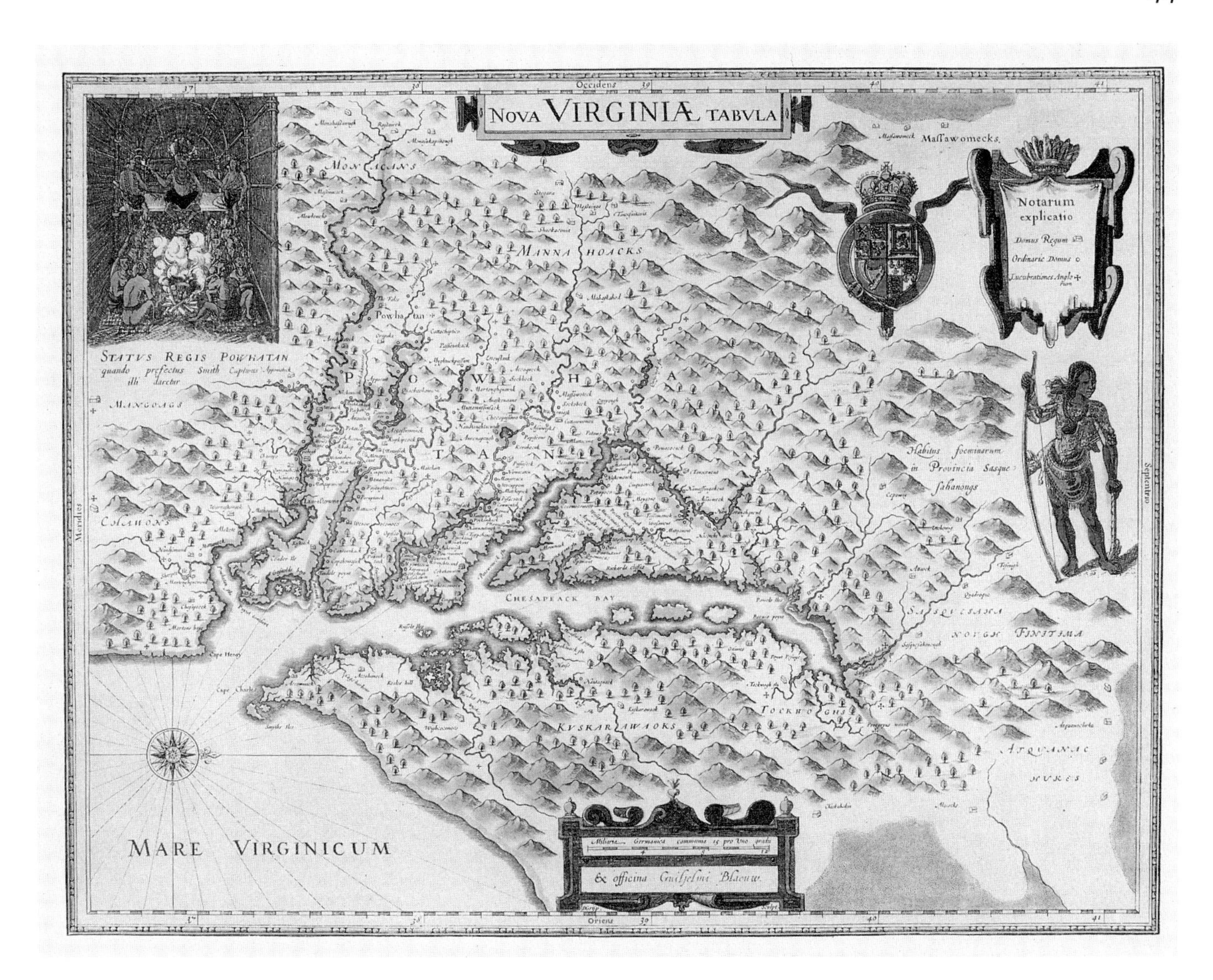
Nova VIRGINIÆ TABVLA
Massawomecks
Notarum explicatio
Domus Regum
Ordinarie Domus
Lucubrationes Anglorum
MONACANS
MANNAHOACKS
POWHATAN
STATVS REGIS POWHATAN quando præfectus Smith Captivus illi ducebatur
Habitus fœminarum in Provincia Sasquesahanongs
CHESAPEACK BAY
SASQUESAHANOUGH FINITIMA
TOCKWOGHS
KUSKARAWAOKS
ATQUANACHUKES
MARE VIRGINICUM
Miliaria Germanica communia 15 pro Uno gradu
Ex officina Guiljelmi Blaeuw.
Occidens
Oriens
Meridies
Septentrio

Matthäus Merian, Weltkarte in Mercator-Projektion um 1648

Die Weltkarte in Mercator-Projektion des Matthäus Merian ist vom Inhalt her eine Wiedergabe der Weltkarte in Willem Janszoon Blaeus Atlas von 1648.

Die noch unbekannten Gebiete im Innern des Doppelkontinentes hat der Kartograph nicht weiß belassen, sondern mit einem großformatigen Schriftblock über die Umstände der Entdeckung Amerikas und seiner Namensgebung versehen.

J. S.

Reproduktion vom Kupferstich, 40 x 30 cm,
Original in der Sächsischen Landesbibliothek Dresden.
Foto M. G.

45

NOVA TOTIUS TERRARUM ORBIS GEOGRAPHICA AC HYDROGRAPHICA TABULA
Wahre Biltnüß des Gantzen Erden Krayßes mit allen seinen theilen.
Das Eüsserste Mitternächtische Theil Americæ Welches noch zur Zeit Unbekandt.
Das Eyss Meer
Das Grosse Tartarische Meer
AMERICA Von Christophoro Columbo In Nahmen des Königs In Castilien Erstlich Erfünden im Jahr 1492, Und von Americo Vespütio den Nahmen emp fangen A. 1499
Mitternächtische AMERICA
Circulus Arcticus
Tropicus Cancri
MAR DEL
Circulus Æquinoctialis
ZUR
Tropicus Capricorni
NORT
See
ATLAN TISCHE MEER
ÆTHIO PISCHE MEER
Indianische Meer
Das Stille Meer
Fretum Magalanicum
MAGALLANICA
Psittacorum regio
Circulus Antarcticus
Terra Australis Incognita
Unbekandt Landt.
NOVA ZEMLA
NOVA FRANCIA
MAGALLANICA
TERRA AUSTRALIS INCOGNITA
MERIDIES
SEPTENTRIO
AMERICA SEPTENTRIONALIS
M. Merian fecit

Henricus Hondius, Weltkarte, 1641

Die dekorative Weltkarte mit der Darstellung der beiden Planigloben ist eine Arbeit von Henricus Hondius (1597–1651).

In der Randverzierung hat er seinen Vater Jodocus Hondius geehrt. Sein Bildnis zeigt er zusammen mit Gerard Mercator. Interessant sind die symbolhaften Darstellungen der vier Elemente Feuer, Erde, Wasser und Luft.

J. S.

Reproduktion vom Kupferstich, 40 x 30 cm
Original in der Sächsischen Landesbibliothek Dresden.
Foto M. G.

46

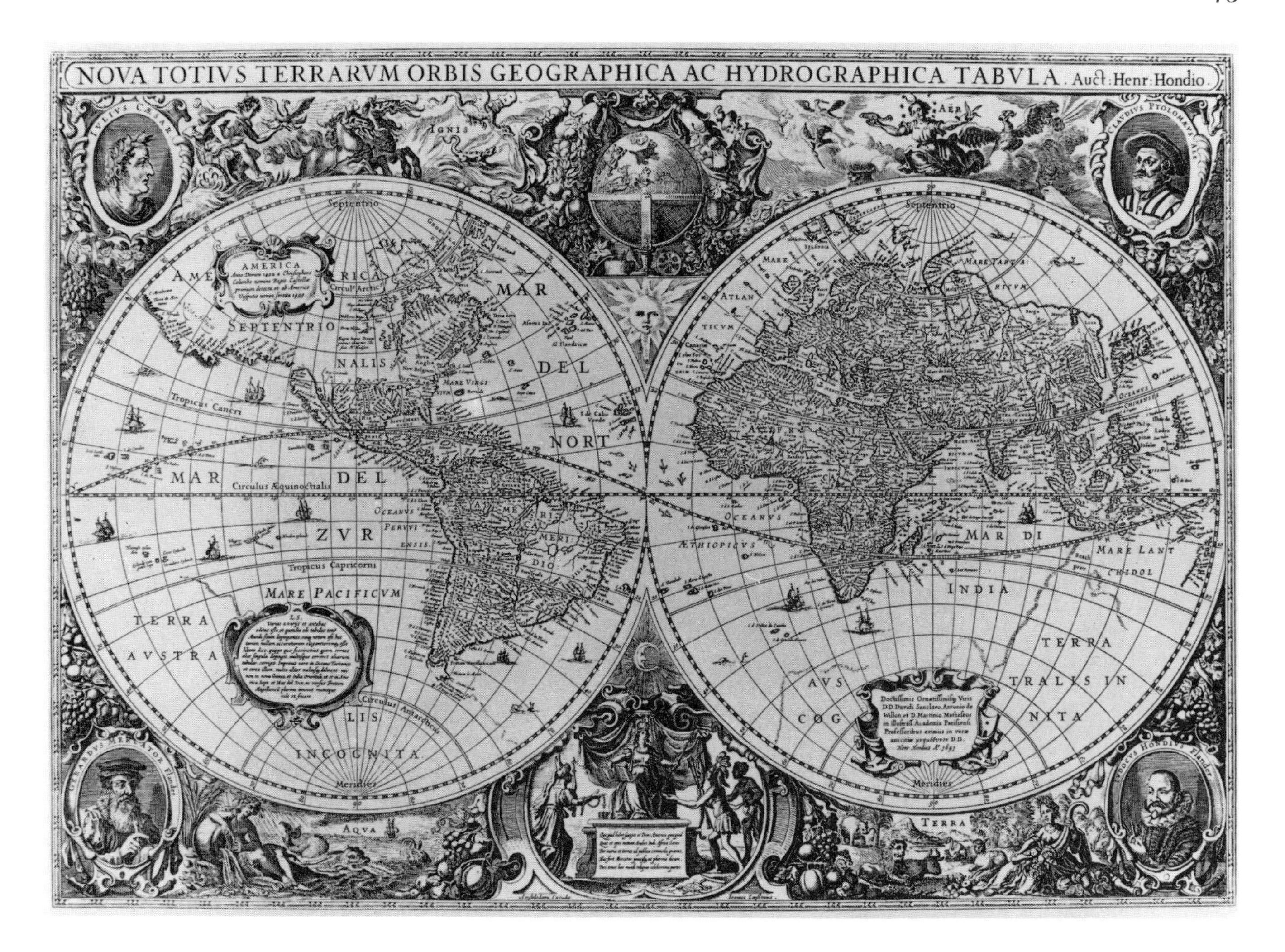
NOVA TOTIVS TERRARVM ORBIS GEOGRAPHICA AC HYDROGRAPHICA TABVLA. Auct: Henr: Hondio.
IVLIVS CÆSAR
CLAVDIVS PTOLOMÆVS
IGNIS
AER
AQVA
TERRA
Septentrio
Meridies
AMERICA
SEPTENTRIO
NALIS
MAR
DEL
NORT
MAR DEL ZVR
Tropicus Cancri
Tropicus Capricorni
Circulus Æquinoctialis
MARE PACIFICVM
TERRA
AVSTRA
LIS
INCOGNITA
Circulus Antarcticus
OCEANVS
ÆTHIOPICVS
MAR DI
INDIA
TERRA
AVS
TRALIS IN
COG
NITA

Mercator-Hondius, Karte der Meeresstraßen südlich von Südamerika, 1633

Im Herbst 1520 findet der Portugiese Magalhães auf seiner Weltumsegelung die Meeresstraße zwischen Patagonien und Feuerland. Sie wird später nach ihm benannt. Im Jahre 1616 entdecken Jacob Le Maire und Willem Schouten die heutige „Le-Maire-Straße“ zwischen der Ostspitze von Feuerland und dem zunächst noch nicht als Insel erkannten „Statenland“. Sie befahren danach auch das Südkap des neuen Erdteils. Es wird von ihnen nach der Geburtsstadt Schoutens „Kap Hoorn“ benannt.

Die neuentdeckten Meeresstraßen werden natürlich auch kartographisch dargestellt. Die hier vorgestellte Karte ist in der Ausgabe 1633 des Atlas von Mercator-Hondius enthalten.

E. K., J. S.

Reproduktion vom Kupferstich, 40 x 30 cm
Original in der Sächsischen Landesbibliothek Dresden.
Foto M. G.

47

FRETI MAGEL-LANICI ac novi FRETI vulgo LE MAIRE exactissima delineatio
MAR DEL NORTE
MAR DEL ZUR
NOVUM MARE AUSTRALE
TIERRA DEL FUEGO
Fretum Magellanicum
L'es troict de Magellanes
Fretum le Maire
Straet le Maire
Staten Lant
Notitia Locorum circa Fretum Magell
Lectori Mco.
Afbeelding der Straet Magellanes
Pingwini Aves
NASSAUSCHE VOERD
C. de Horen
I. de Diego Ramires
Miliaria Germanica communia
Miliaria Gallica communia

Johannes Janßonius, Die Herausbildung von Meeresnamen an der mittelamerikanischen Landbrücke, 1633

Als am 25. 9. 1513 der spanische Konquistador Balboa nach mühevoller Durchquerung der Landenge von Darién als erster Europäer den Pazifik erblickt, sieht er ihn im Süden. Er erhält deshalb den Namen „Mar del Zur“ – Südsee. Diese Bezeichnung wird dann später zeitweise auf den ganzen Ozean angewendet.

Das „gegenüberliegende“ Karibische Meer, von dem die Expedition des Balboa ausgeht, erhält dann konsequenterweise den Namen „Mar del Norte“. Dieser Name gilt in der Folgezeit für den Atlantik. Er wird erst im 18. Jh. durch den ursprünglich nur für den europäischen Meeresteil gebrauchten Namen „Atlantischer Ozean“ verdrängt.

E. K., J. S.

Reproduktion vom Kupferstich, 40 x 30 cm
Original in der Deutschen Staatsbibliothek Berlin.
Foto M. G.

48

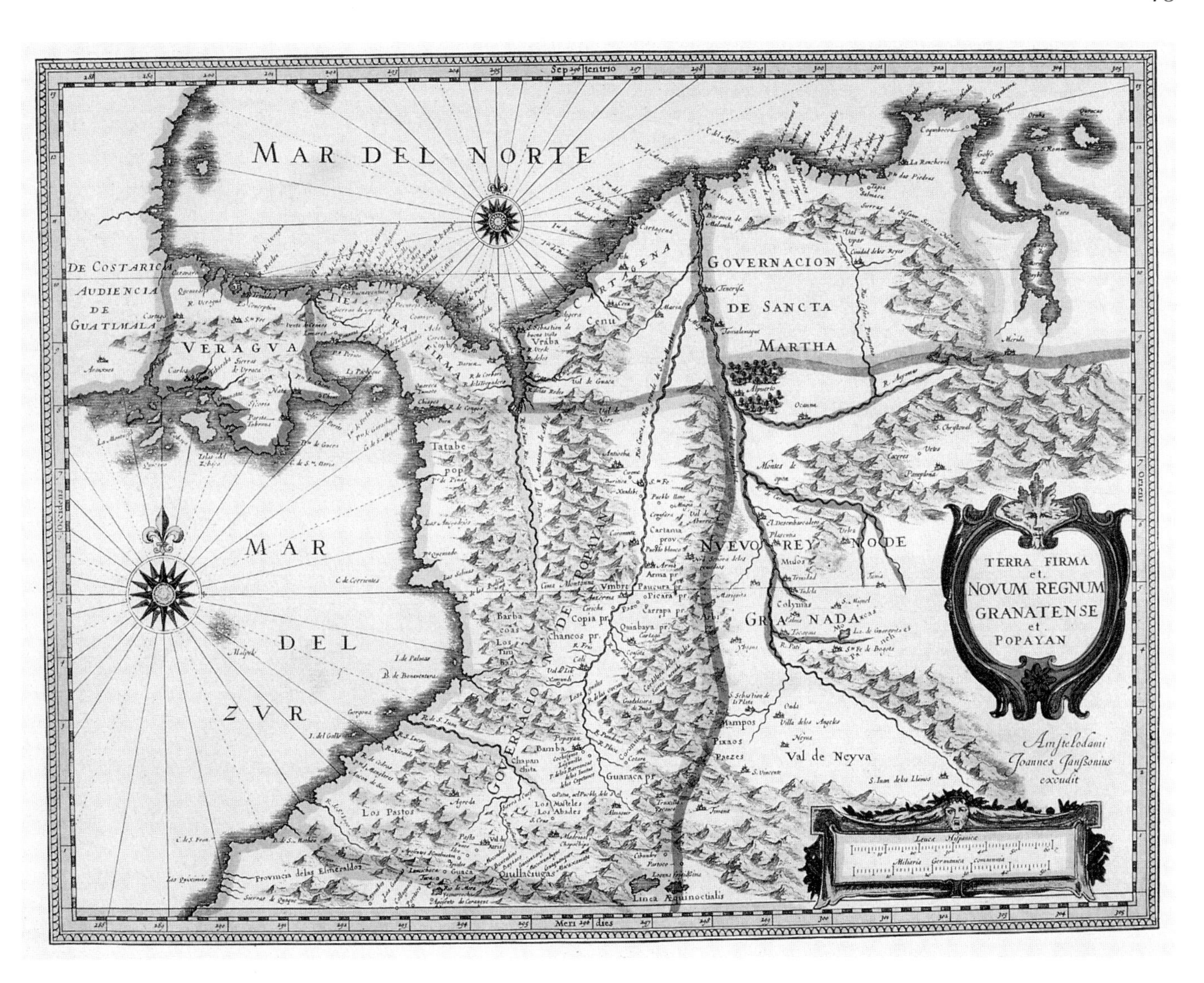
Septentrio
MAR DEL NORTE
DE COSTARICA
AUDIENCIA DE GUATIMALA
VERAGUA
TIERRA FIRMA
CARTAGENA
GOVERNACION DE SANCTA MARTHA
MAR DEL ZUR
NUEVO REYNO DE GRANADA
GOVERNACION DE POPAYAN
Val de Neyva
Los Pastos
Linea Æquinoctialis
Meridies
Occidens
Oriens
TERRA FIRMA et NOVUM REGNUM GRANATENSE et POPAYAN
Amstelodami Joannes Janssonius excudit
Leucæ Hispanicæ
Miliaria Germanica Communia

Henricus Hondius, Karte von Guayana, 1633

Diese Karte von Henricus Hondius erscheint 1633 in einem Anhang zum Atlas von Mercator-Hondius.

Die dargestellte Küste von Guayana wird früher als andere Küsten Südamerikas von europäischen Entdeckern erkundet. Schon Kolumbus erreicht auf seiner dritten Reise das Mündungsgebiet des Orinoco. 1499 erkundet Alonzo de Hojeda den westlichen Teil und 1500 Vincente Pinzón den Gesamtverlauf dieses Küstenbereiches.

Die Darstellung des Landesinneren bleibt jedoch lange der Phantasie der Kartographen überlassen. So wird dort z. B. ein „Parime-See" kartiert, den es gar nicht gibt. Dieser See hängt mit der Sage vom Goldland „El Dorado" zusammen. Er hält sich deshalb hartnäckig und lange Zeit in den Köpfen der Abenteurer und auch Kartographen.

E. K., J. S.

Reproduktion vom Kupferstich, 40 x 30 cm
Original in der Deutschen Staatsbibliothek Berlin.
Foto M. G.

49

Septentrio
MAR DEL NORT
GVIANA
siue
AMAZONVM
REGIO
PARIA.
Iwarepice
Amapaia
Muchikeri.
PARIME LACVS
Harrytiahans
LINEA ÆQVINOCTIALIS.
Epuremei
Milliaria Germanica communia.
Milliaria Gallica communia.
Arowaccas pop.
Rio de las Amazones
AMSTELODAMI.
Henricus Hondius
excudit.
Meridies
Occidens
Oriens

Matthäus Merian, Karte von Amerika aus dem „Vierzehenten Theil Amerikanischer Historien", 1630

In seiner Karte faßt Matthäus Merian alle bis dahin gewonnenen Erkenntnisse von Amerika kartographisch zusammen. So ergibt sich hinsichtlich der Küstengestalt ein bereits der Wirklichkeit recht nahe kommendes Kartenbild. Im Innern des Festlandes bleibt die Darstellung ungenauer und enthält noch Phantasieobjekte. Im hohen Norden ist der Küstenverlauf zwar noch verzerrt, aber doch grundsätzlich richtig dargestellt. Dort ist das Innere noch völlig unbekannt.

Die Karte ist Bestandteil des Merian-Werkes „Vierzehenter Theil Amerikanischer Historien, inhaltend erstlich warhafftige Beschreibung etlicher West-Indianischer Landen". Erschienen ist es 1630 in Hanau.

E. K., J. S.

Reproduktion vom Kupferstich, 40 x 30 cm
Original in der Forschungs- und Landesbibliothek Gotha.
Foto M. G.

50

AMERICA
nouiter delineata
AMERI
CA
SEPT ENTRIONALIS
NOVA
FRAN
CIA
Islandia
Frislant
OCEANUS
AT
LAN
TICUS
MAR
DEL
NORT
Tropicus Cancri
Circulus Æquinoctialis
MAR
DEL
ZUR
OCEANUS
PERUVIANUS
MA RE PA CIFICUM
Tropicus Capricorni
GUIANA
AME
RICA
MERI
DI
ONALIS
BRASI
LIA
CHICA
Fretum Magelanicum
Fretum le Maire
TERRA
AUSTRALIS
INCOGNITA
MAR DI INDIA
TERRA INCOGNITA
La Bermuda
I. de c. Verde
Acores Insula
Canariæ
LA FLORIDA
SINUS MEXICANUS
HISPANIA

Willem Janszoon Blaeu, Karte von Mexiko aus dem „Novus Atlas" Amsterdam, 1635

Nachdem die Westindischen Inseln durch Kolumbus entdeckt worden sind, beginnt die Eroberung Mittel- und Südamerikas. Die spanischen Konquistadoren brechen mit unersättlicher Gier nach Gold und Silber in diese Länder ein. Mit dem Zug von Hernán Cortés nach Mexiko im Jahre 1519 beginnt der Vernichtungskrieg gegen das Aztekenreich. 1521 wird Tenochtitlán (Mexiko), die Hauptstadt der Azteken, erobert.

Bereits 1545 ist Santa Cruz, der Kosmograph von Sevilla, imstande, das Landesinnere von Mexiko, die Richtung der Gebirgsketten sowie die Gestalt der Westküste darzustellen. Vermutlich nach einem Manuskript von Géronimo de Chaves, dem Kartographen des spanischen Königs, stellt Abraham Ortelius eine Karte von Neuspanien her. Diese Karte nimmt er 1579 auch in sein Theatrum auf. Sie stellt schon relativ genau die Städte, Seen und Flüsse sowie die Verteilung der verschiedenen Indianerstämme dar.

Der Amsterdamer Kartenverleger Willem (Guiljelmus) Blaeu kopiert Ortelius' Karte und fügt sie seinem Novus Atlas von 1635 bei. Lediglich bei der Dekoration nimmt er größere Veränderungen vor.

E. K.

Original in der Deutschen Staatsbibliothek Berlin.
(Leihgabe), Kupferstich, 48 x 36 cm.
Foto S. B.

51

NOVA HISPANIA, ET NOVA GALICIA.
CHAPALICVM MARE
Tepecuanes
Guachuchules
Chiapoli provincia
Cacatequas
Tecaxquines
Compostella
MEXICO
Coatalpanecas
SACATVLA

Vincenzo Coronelli,
Karte der Bahamas und der Antillen, 1688

Der Venezianer Pater Vincenzo Coronelli (1650–1718) nennt seine Karte „Archipel von Mexiko". Sie wird vom Pariser Geographen und Kartensammler Sieur de Tillemon durchgesehen und ergänzt. Sie erscheint dann bei Nolin in Paris. Zahlreiche Angaben zur Entdeckungsgeschichte des karibischen Raumes gehören zum Karteninhalt. Außer kartographischen Angaben enthält die Karte Informationen über die Tier- und Pflanzenwelt des Gebietes. Fliegender Fisch, Schildkröte, Passionsblume, Mombinpflaume, Bananenstaude, Maniokpflanze, Ananas, Acajou- oder Kaschubaum, Indigo und Ingwer zieren die Randleiste und Kartusche.

E. K., J. S.

Reproduktion vom Kupferstich, 40 x 30 cm
Original in der Sächsischen Landesbibliothek Dresden.
Foto M. G.

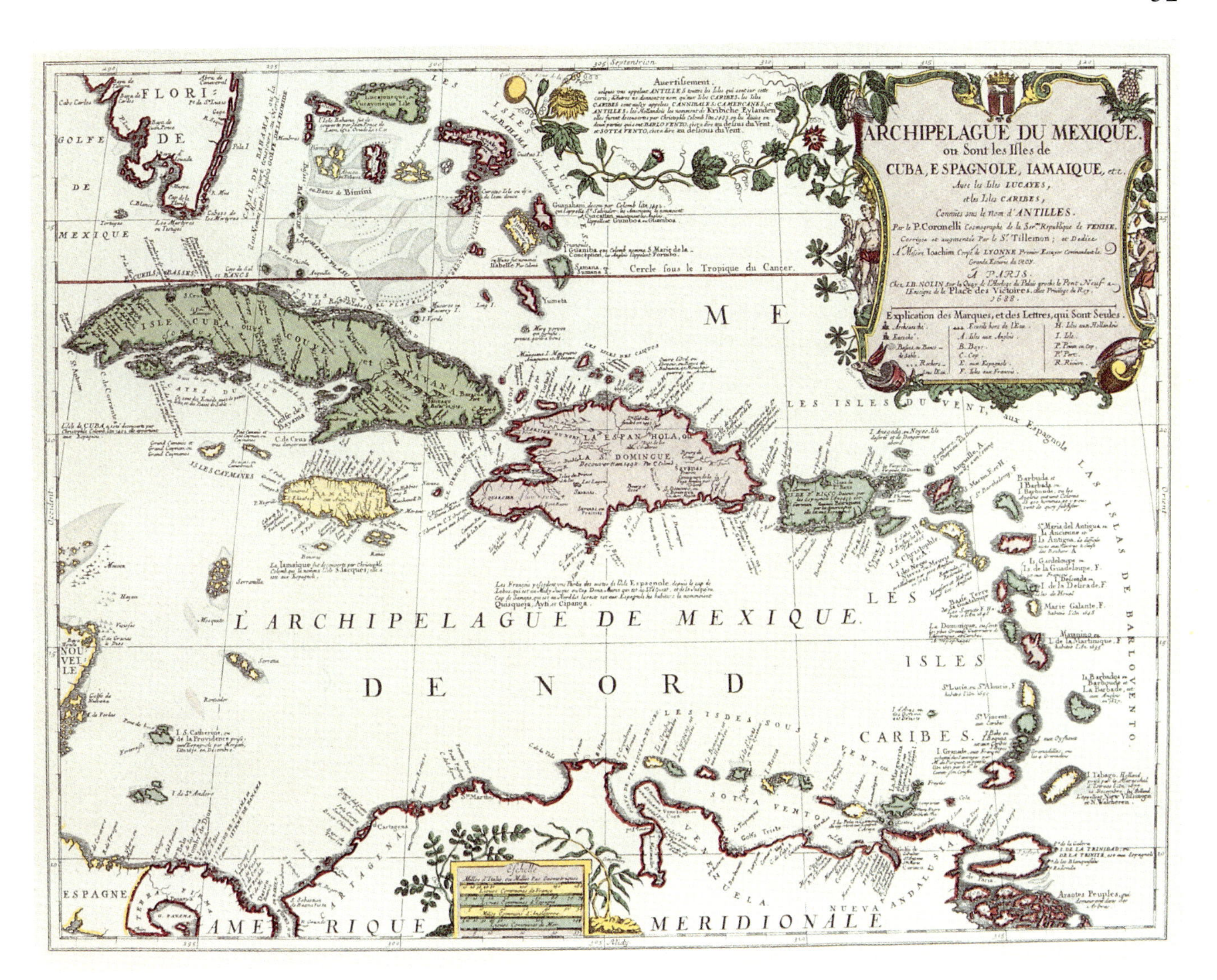
ARCHIPELAGUE DU MEXIQUE.
ou Sont les Isles de
CUBA, ESPAGNOLE, IAMAIQUE, etc.
Avec les Isles LUCAYES,
et les Isles CARIBES,
Connües sous le Nom d'ANTILLES.
Par le P. Coronelli Cosmographe de la Ser.me Republique de VENISE.
Corrigée et augmentée Par le S.r Tillemon; et Dediée
A PARIS.
Chez I.B. NOLIN sur le Quay de l'Horloge du Palais proche le Pont Neuf à l'Enseigne de la Place des Victoires. avec Privilege du Roy.
1688.
Explication des Marques, et des Lettres, qui Sont Seules.
A. Isles aux Anglois.
B. Baye.
C. Cap.
E. aux Espagnols.
F. Isles aux François.
H. Isles aux Hollandois
I. Isle.
P. Point ou Cap.
P.t Port.
R. Riviere.
Auertissement.
FLORI
DE
GOLFE
DE
MEXIQUE
ISLE CUBA
LA ESPANHOLA
LA S.T DOMINGUE
Cercle sous le Tropique du Cancer.
M E
LES ISLES DU VENT, aux Espagnols
LAS ISLAS DE BARLOVENTO
ISLES CAYMANES
L'ARCHIPELAGUE DE MEXIQUE.
DE NORD
LES ISLES
CARIBES.
LES ISLES SOUS LE VENT
SOTTA VENTO
NOUVELLE
ESPAGNE
AMERIQUE
MERIDIONALE
NUEVA ANDALUSIA
Cartagena
I. S. Catherine
I. de S.t Andero
Septentrion
Midy
Occident
Orient

Hubert Jaillot,
Karte von Nord- und Mittelamerika, 1694

Diese Karte des bedeutenden französischen Kartographen Hubert Jaillot vom Ende des 17. Jh. zeigt noch ein recht unvollständiges und fehlerhaftes Bild des Kontinents.

Mittelamerika ist schon fast richtig dargestellt. Auch das Kartenbild vom südlichen Teil der atlantischen Küstengebiete Nordamerikas hält schon einem Vergleich mit unseren modernen Karten stand. Im Bereich der Westküste wird die Halbinsel Kalifornien noch als Insel dargestellt. Sie ist viel zu groß gezeichnet. Im Landesinneren stößt man dann allerdings auf noch gröbere Fehler.

E. K., J. S.

Reproduktion vom Kupferstich, 40 x 30 cm
Original in der Sächsischen Landesbibliothek Dresden.
Foto M. G.

53

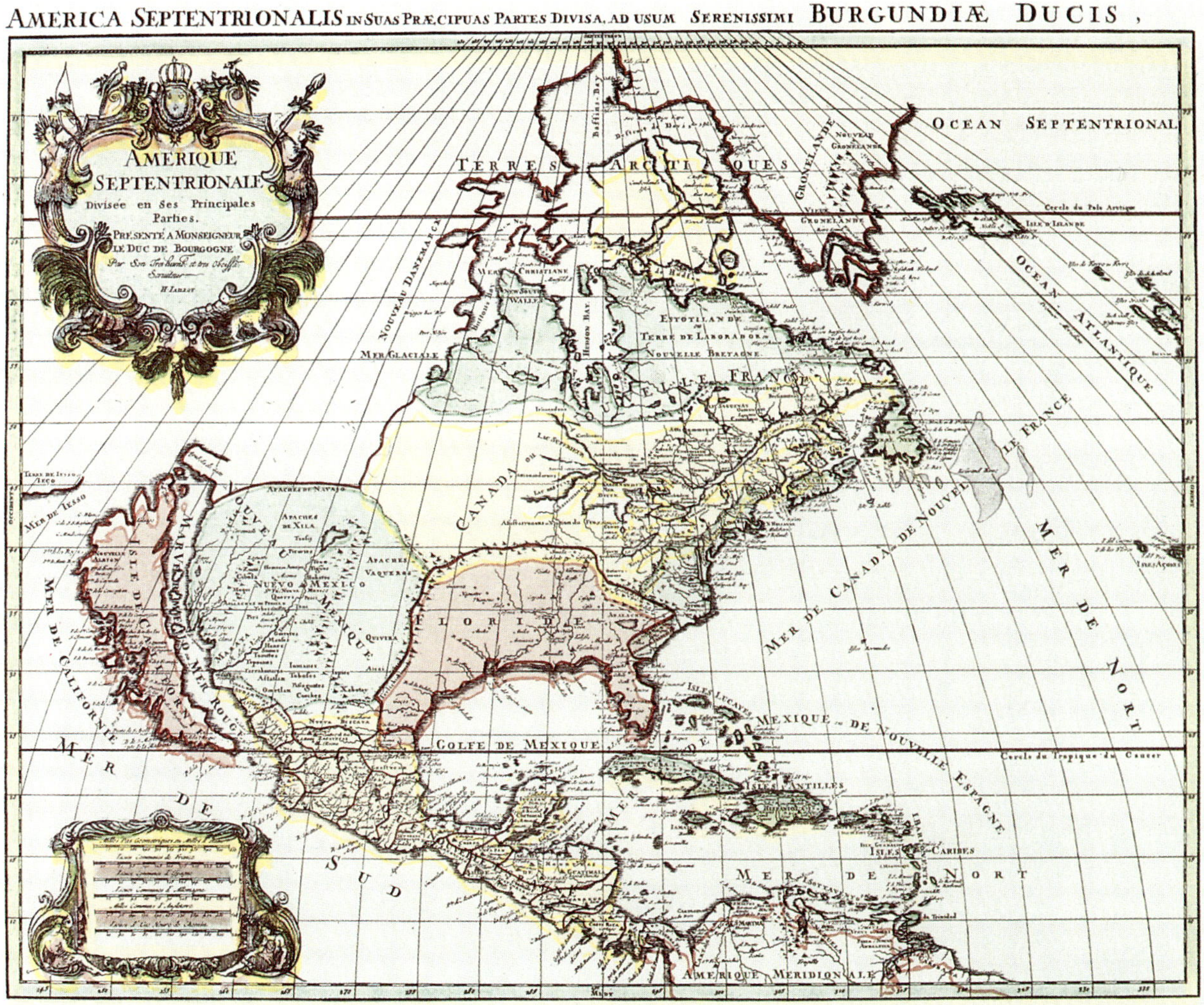
AMERICA SEPTENTRIONALIS IN SUAS PRÆCIPUAS PARTES DIVISA, AD USUM SERENISSIMI BURGUNDIÆ DUCIS,
AMERIQUE SEPTENTRIONALE
Divisée en ses Principales Parties.
PRESENTÉ A MONSEIGNEUR LE DUC DE BOURGOGNE
OCEAN SEPTENTRIONAL
TERRES ARCTIQUES
GRONELANDE
ISLE D'ISLANDE
OCEAN ATLANTIQUE
NOUVEAU DANEMARC
MER GLACIALE
HUDSON BAY
ESTOTILANDE
TERRE DE LABRADOR
NOUVELLE BRETAGNE
NOUVELLE FRANCE
CANADA
MER DE CANADA OU DE NOUVELLE FRANCE
MER DE NORT
NOUVEAU MEXICO
FLORIDE
ISLE DE CALIFORNIE
MER DE CALIFORNIE
MER ROUGE
GOLFE DE MEXIQUE
ISLES LUCAYES
MER DE MEXIQUE OU DE NOUVELLE ESPAGNE
Cercle du Tropique du Cancer
ISLES ANTILLES
ISLES CARIBES
MER DE SUD
MER DE NORT
AMERIQUE MERIDIONALE

Justus Danckerts, Karte des Nordostens der heutigen USA, mit der Siedlung Nieuw Amsterdam (New York), nach 1683

Mit dieser Karte kopiert und aktualisiert Justus Danckerts eine Karte von C. J. Visscher.

Die Siedlung Nieuw Amsterdam auf Manhattan geht 1664 vom holländischen in britischen Besitz über. Sie erhält den Namen New York. Im Titel der Stadtansicht ist die Umbenennung berücksichtigt. In der Karte selbst ist dies noch nicht der Fall. Berücksichtigung findet aber die 1683 erfolgte Gründung von Philadelphia durch William Penn. Die freien Stellen der Karte sind mit der Darstellung der einheimischen Tierwelt gefüllt. Gezeigt werden z. B. Bären, Hirsche, Fischotter, Hasen und der Truthahn.

E. K., J. S.

Reproduktion vom Kupferstich, 40 x 30 cm
Original in der Sächsischen Landesbibliothek Dresden.
Foto M. G.

54

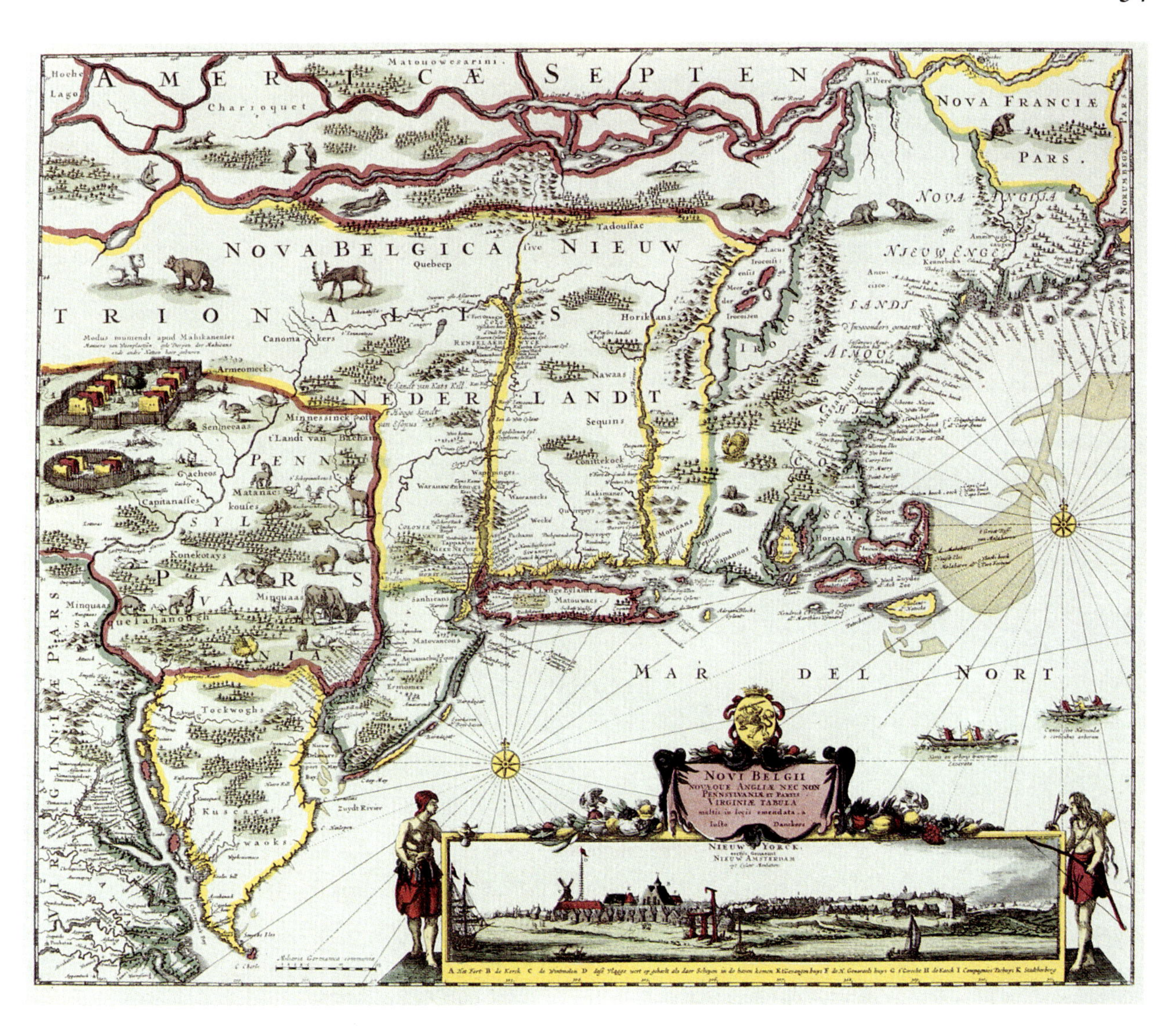
A M E R I C Æ S E P T E N
T R I O N A L I S
NOVA BELGICA sive NIEUW
NEDERLANDT
NOVA FRANCIÆ
PARS.
NOVA ANGLIA
PENN SYL VANIA
MAR DEL NORT
Tadoussac
Quebecq
Minquaas
Tockwoghs
Kuscaras
Sequins
Horikans
Matouwacs
Zuydt Rivier
NOVI BELGII
NOVÆQUE ANGLIÆ NEC NON
PENNSYLVANIÆ ET PARTIS
VIRGINIÆ TABULA
multis in locis emendata a
Iusto Danckers
NIEUW YORCK
NIEUW AMSTERDAM

Pierre Du-Val,
Karte der überseeischen Handelsrouten, 1677

Mit der Erkundung des Seeweges nach Indien um das Kap der Guten Hoffnung und der Entdeckung Amerikas nimmt der Handel nach den überseeischen Erdteilen ganz neue Wege. Zuerst sind Spanien und Portugal führend, dann treten die Niederlande, England und Frankreich als Konkurrenten auf.

Angeregt durch die Wirtschaftspolitik seiner Regierung schafft der Franzose Pierre Du-Val (1619–1683) diese Karte der überseeischen Handelsrouten. Er ist Neffe und Schüler des bekannten Kartographen Nicolas Sanson.

E. K., J. S.

Reproduktion vom Kupferstich, 40 x 30 cm
Original in der Sächsischen Landesbibliothek Dresden.
Foto M. G.

55

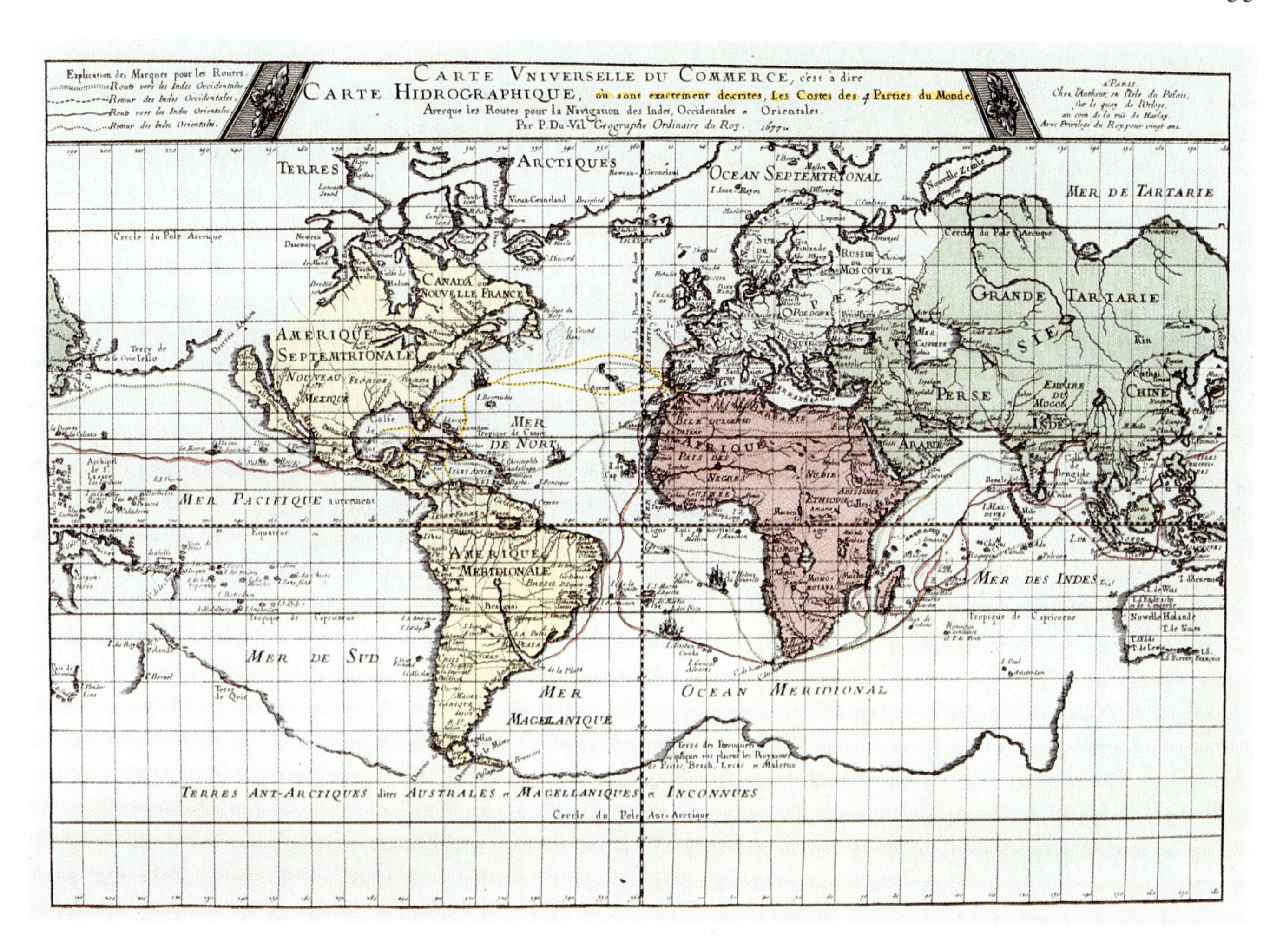
Explication des Marques pour les Routes.
Route vers les Indes Occidentales
Retour des Indes Occidentales
Route vers les Indes Orientales
Retour des Indes Orientales
CARTE VNIVERSELLE DU COMMERCE, c'est à dire
CARTE HIDROGRAPHIQUE, où sont exactement decrites, Les Costes des 4 Parties du Monde,
Avecque les Routes pour la Navigation des Indes, Occidentales et Orientales.
Par P. Du-Val Geographe Ordinaire du Roy. 1677
a PARIS
Chez l'Autheur, en l'Isle du Palais,
sur le quay de l'Orloge,
au coin de la rue de Harlay.
Avec Privilege du Roy pour vingt ans.
TERRES ARCTIQUES
OCEAN SEPTEMTRIONAL
MER DE TARTARIE
Cercle du Pol Arctique
CANADA ou NOUVELLE FRANCE
AMERIQUE SEPTEMTRIONALE
NOUVEAU MEXIQUE
MER DE NORT
RUSSIE ou MOSCOVIE
GRANDE TARTARIE
ASIE
PERSE
CHINE
INDE
ARABIE
AFRIQUE
MER PACIFIQUE autrement
Equateur
AMERIQUE MERIDIONALE
MER DES INDES
Tropique de Capricorne
MER DE SUD
MER MAGELLANIQUE
OCEAN MERIDIONAL
TERRES ANT-ARCTIQUES dites AUSTRALES et MAGELLANIQUES et INCONNUES
Cercle du Pol Ant-Arctique

Henricus Hondius, Karte von Brasilien, 1633

In einem Anhang zum Atlas von Mercator-Hondius erscheint 1633 diese Karte von Brasilien.

Nach dem Vertrag von Tordesillas aus dem Jahre 1494 gehört Brasilien zur portugiesischen Interessensphäre. Als der Portugiese Cabral 1500 dieses bis dahin unerforschte Gebiet erreicht, nimmt er es für Portugal in Besitz. Die erste Darstellung der brasilianischen Küste finden wir auf der berühmten Cantino-Karte von 1502. Sie berücksichtigt bereits die Entdeckungen des Cabral. Das Land wird zunächst „Terra da Santa Cruz“ genannt und Mitte des 16. Jh. nach einer Holzart in „Terra do Brazil“ umbenannt. Um 1633 ist das Landesinnere noch relativ unbekannt. Auf der Karte füllt man es deshalb kurzerhand mit kannibalischen Greuelszenen der Eingeborenen.

E. K., J. S.

Reproduktion vom Kupferstich, 40 x 30 cm
Original in der Sächsischen Landesbibliothek Dresden.
Foto M. G.

56

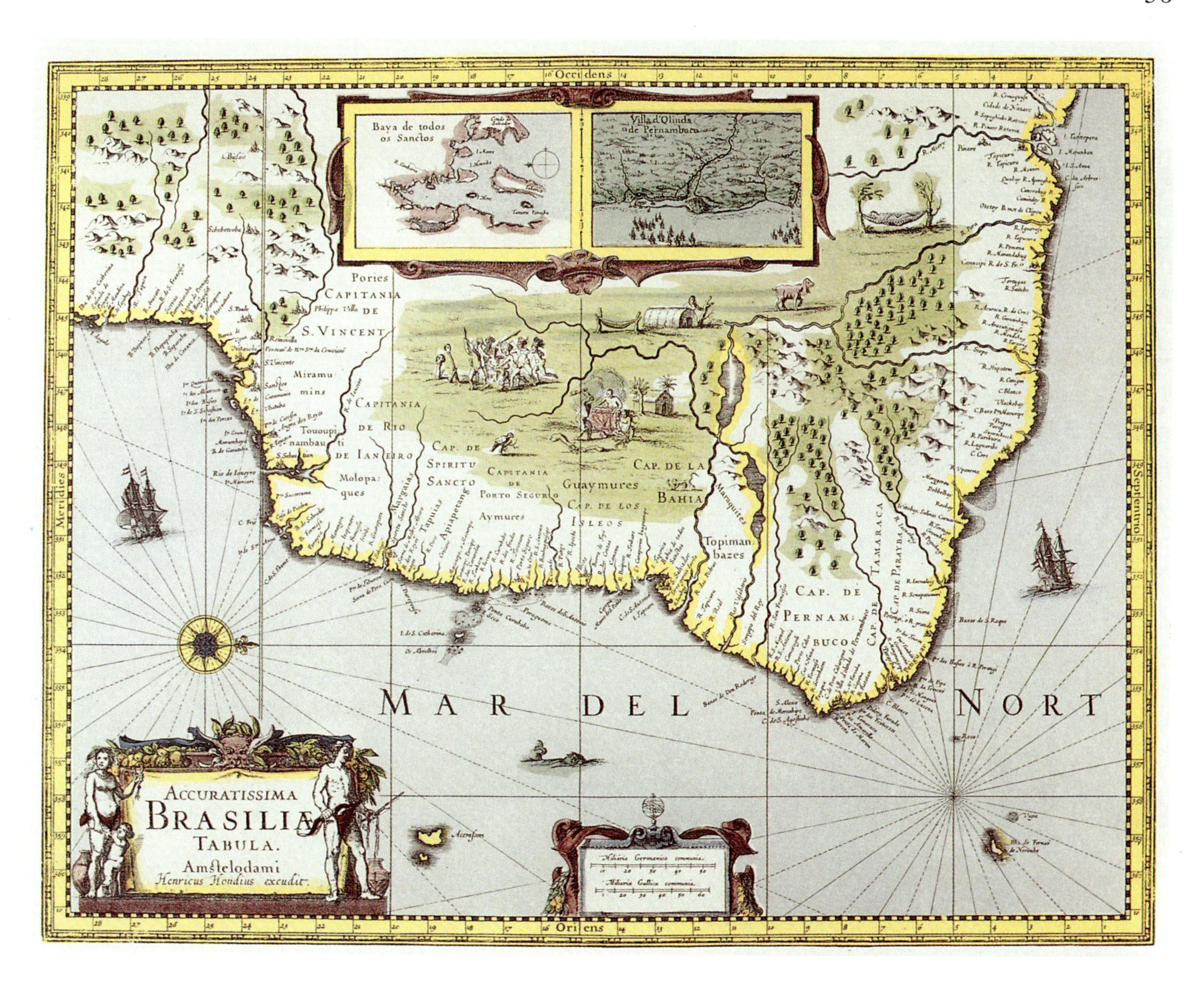

Occidens
Oriens
Meridies
Septentrio
Baya de todos os Sanctos
Villa d'Olinda de Pernambuco
Pories
Capitania de S. Vincent
Philippa Ville
Miramumins
Capitania de Rio de Ianeiro
Tououpinambauti
Molopaques
Cap. de Spiritu Sancto
Margaias
Tapuias
Apiaperang
Capitania de Porto Seguro
Aymures
Guaymures
Cap. de los Isleos
Cap. de la Bahia
Marquites
Topimanbazes
Cap. de Pernambuco
Tamaraca
Cap. de Tamaraca
Cap. de Parayba
Mar del Nort
Accuratissima Brasiliæ Tabula.
Amstelodami
Henricus Hondius excudit.
Milliaria Germanica communia
Milliaria Gallica communia

Justus Danckerts, Weltkarte, um 1660

Auf dieser mehr dekorativen Karte wird der sachliche Inhalt fast durch das ausfüllende allegorische Beiwerk erdrückt. Dieses besteht aus Sinnbildern der vier Elemente Feuer, Erde, Wasser und Luft.

Die auf zwei Planigloben und zwei Polarkarten verteilte geographische Darstellung ist trotzdem von bemerkenswert kritischer Art. Südamerika hängt nicht mehr mit dem sagenhaften Südkontinent zusammen. Antarktika stellt man nicht dar, da man von seiner Existenz noch nichts weiß.

E. K., J. S.

Reproduktion vom Kupferstich, 40 x 30 cm
Original in der Sächsischen Landesbibliothek Dresden.
Foto M. G.

57

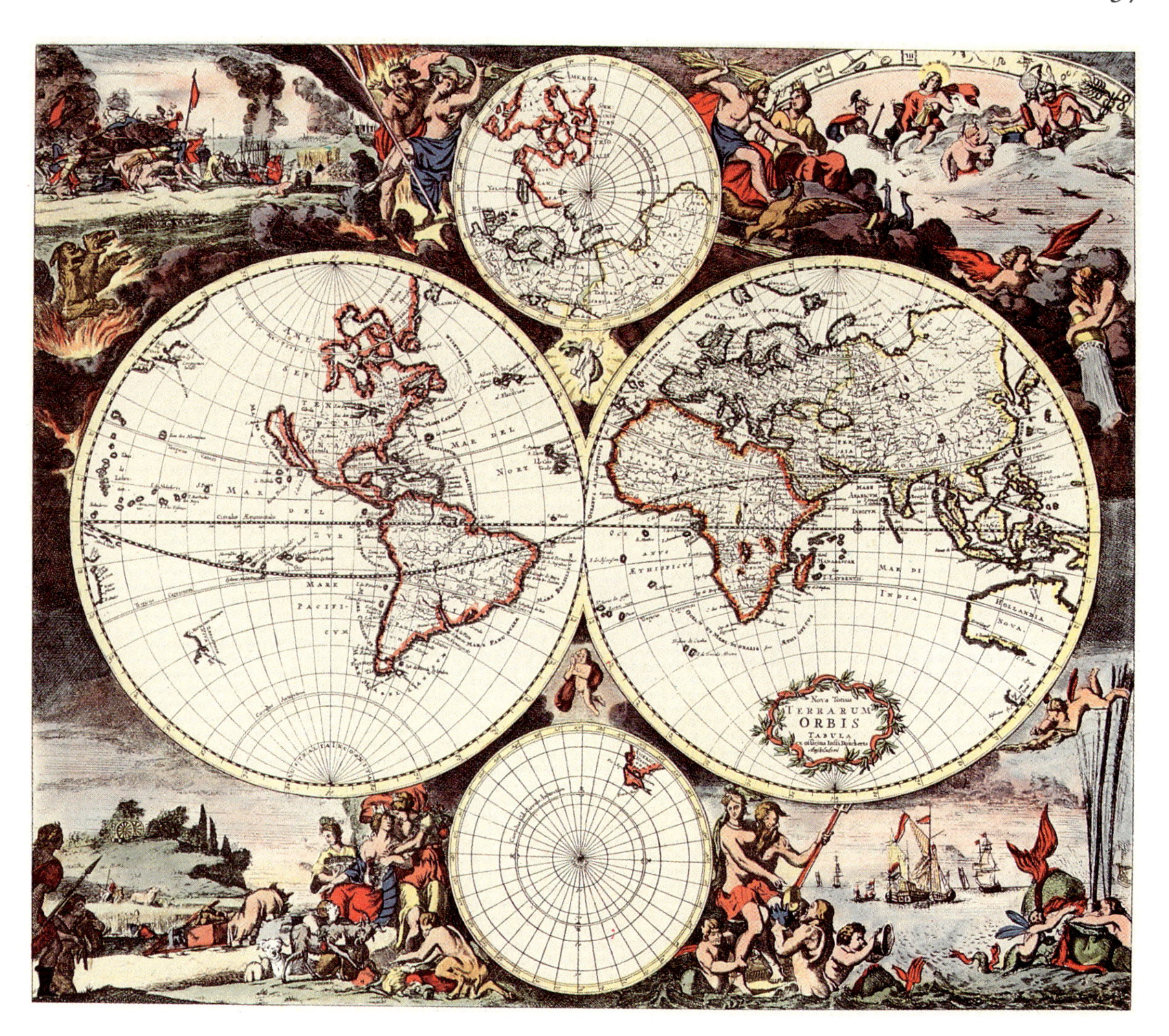
Nova Totius
TERRARUM
ORBIS
TABULA
MARE DEL NORT
MARE PACIFI-CUM
ÆTHIOPICUS
MAR DI INDIA
HOLLANDIA NOVA

Jodocus Hondius,
Karte der Magalhãesstraße, 1606

Mit dieser Karte ergänzt Jodocus Hondius 1606 den Atlas des Gerard Mercator. Die südorientierte Karte zeigt rechts den Pazifischen Ozean unter dem damals üblichen Namen „Mar del Zur". Links liegt der als „Mar del Nort" bezeichnete Atlantische Ozean.

Die Meeresstraße zwischen Patagonien und Feuerland entdeckt der unter spanischer Flagge segelnde Portugiese Fernão de Magalhães. Er wählt im Jahre 1519 auf seiner Reise zu den Molukken den Westkurs und segelt polwärts längs der südamerikanischen Küste. Die Durchfahrt gelingt ihm ab dem 21. Oktober 1520 in 21 Tagen unter zum Teil nicht ungefährlichen Umständen. Von der Existenz einer solchen Meeresstraße sind schon vor Magalhães viele Seefahrer überzeugt gewesen.

E. K., J. S.

Original aus der Sächsischen Landesbibliothek Dresden (Leihgabe), Kupferstich, 54 x 46 cm.
Foto M. G.

58

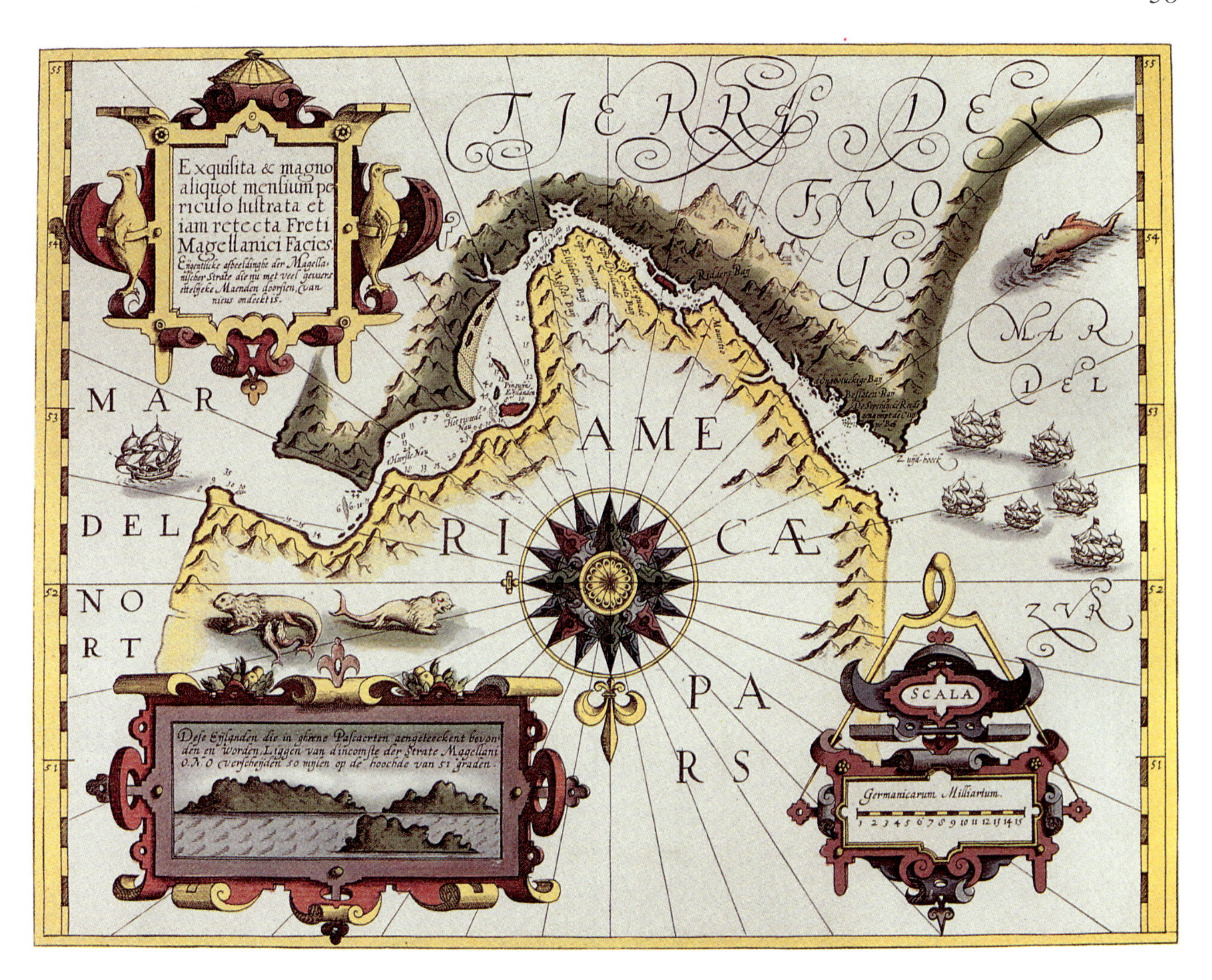
Exquisita & magno aliquot mensium periculo lustrata et iam retecta Freti Magellanici Facies.
Eygentlicke afbeeldinghe der Magellanischer Strate die nu met veel gevaers ettelycke Maenden doorsien, ende van nieus ondeckt is.
TIERRA DEL FVOGO
MAR DEL NORT
MAR DEL ZVR
AMERICÆ PARS
Ridders Bay
Mauritius
Pinguyns Eylanden
Zuyd hoeck
Dese Eylanden die in ghene Pascaerten aengeteeckent bevonden en worden, Liggen van d'incomste der Strate Magellani O.N.O verscheyden 50 mylen op de hoochde van 51 graden.
SCALA
Germanicarum Milliartum.
1 2 3 4 5 6 7 8 9 10 11 12 13 14 15
55
54
53
52
51

Willem Janszoon Blaeu,
Karte der Ostküste Nordamerikas, 1635

Anfang des 17. Jh. entstehen mehrere europäische Niederlassungen an der Ostküste der heutigen Vereinigten Staaten von Amerika. Zu ihnen gehört u. a. die auf der Insel Manhattan 1614 gegründete Siedlung Neu Amsterdam, das heutige New York. Ihr Hinterland heißt Neu Niederland (Nova Belgica). Englische Puritaner, die mit der „Mayflower" auswandern, landen 1620 in der Massachusettsbucht und gründen die Siedlung Plymouth. Weitere Siedlungen schließen sich unter dem Begriff Neuenglandstaaten zusammen.

1616 veröffentlicht John Smith in London eine Neuenglandkarte. Willem Janszoon Blaeu gibt 1635 in Amsterdam die hier gezeigte Karte mit den niederländischen und englischen Kolonien heraus

E. K., J. S.

Reproduktion vom Kupferstich, 30 x 40 cm
Original in der Sächsischen Landesbibliothek Dresden.
Foto M. G.

59

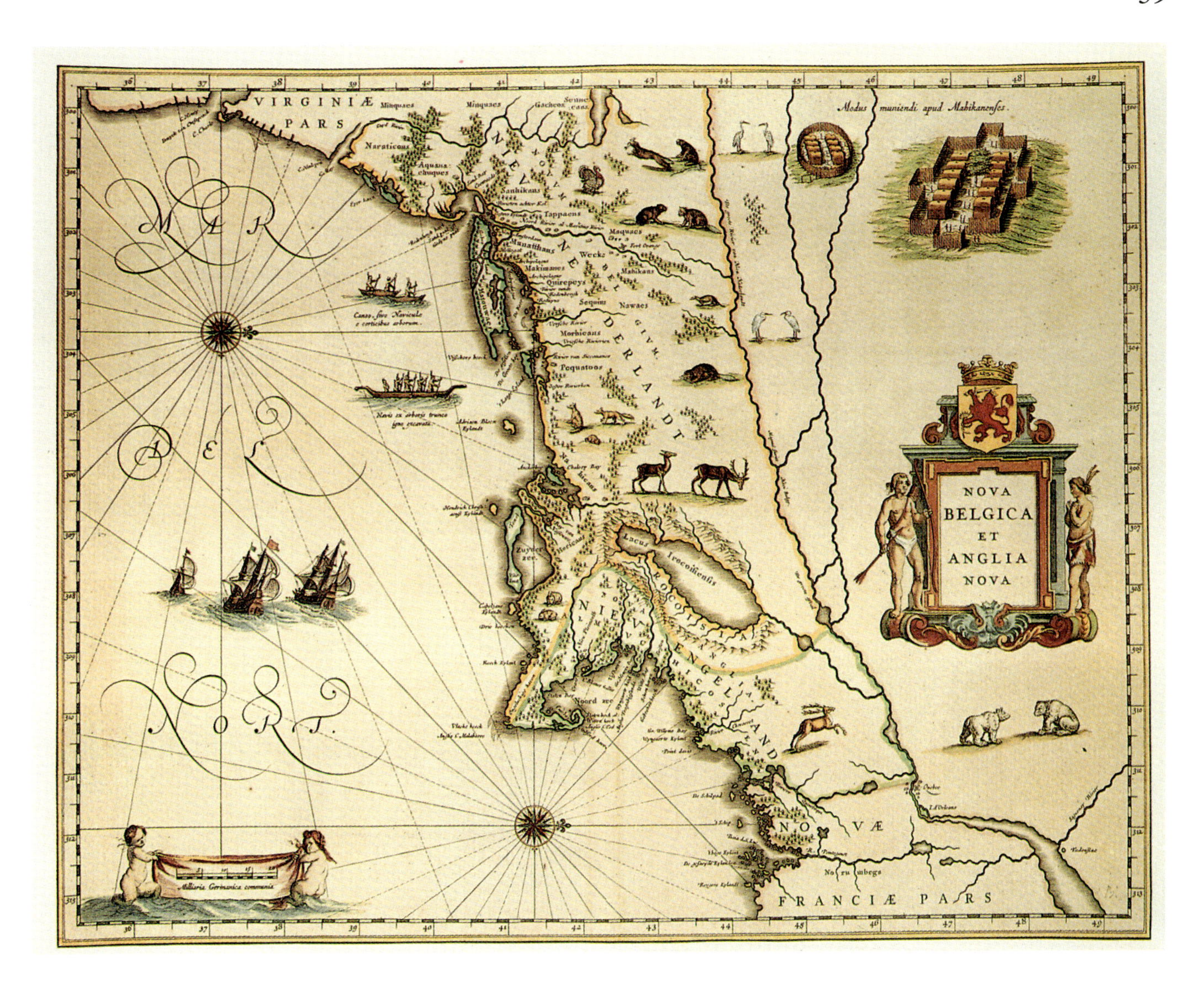
VIRGINIÆ PARS
NOVA BELGICA ET ANGLIA NOVA
NIEU NEDERLANDT
BELGIUM NOVUM
MAR DEL NORT
NIEU ENGELAND
ANGLIA NOVA
Lacus Irocociensis
NOVÆ
FRANCIÆ PARS
Modus muniendi apud Mahikanenses.
Canoa, sive Navicula e corticibus arborum.
Navis ex arboris trunco igne excavata.
Milliaria Germanica communia
Minquaes
Naraticons
Sanhikans
Tappaens
Manatthans
Makimanes
Quiripeys
Morhicans
Pequatoos
Maquaes
Mahikans
Nawaes
Zuyder zee
Noord zee
Norumbega

Joan Blaeu,
Karte der Präfektur Sergipe in Brasilien, 1663

Die Holländisch-Westindische Handelskompanie erobert 1630 die Nordostküste Brasiliens mit Pernambuco als Verwaltungssitz.

1647 gibt der Amsterdamer Kartenverleger Joan Blaeu eine Wandkarte von „Brasilia Belgica“ (holländisch Brasilien) heraus. 1663 folgen in seinem „Atlas Major“ sechs Stiche der einzelnen Präfekturen dieses Gebietes. Eine solche Karte stellt den heutigen Staat Sergipe dar, der nach dem Küstenfluß „Civig“ (Krebswasser) benannt ist.

E. K., J. S.

Reproduktion vom Kupferstich, 30 x 40 cm
Original in der Sächsischen Landesbibliothek Dresden.
Foto M. G.

60

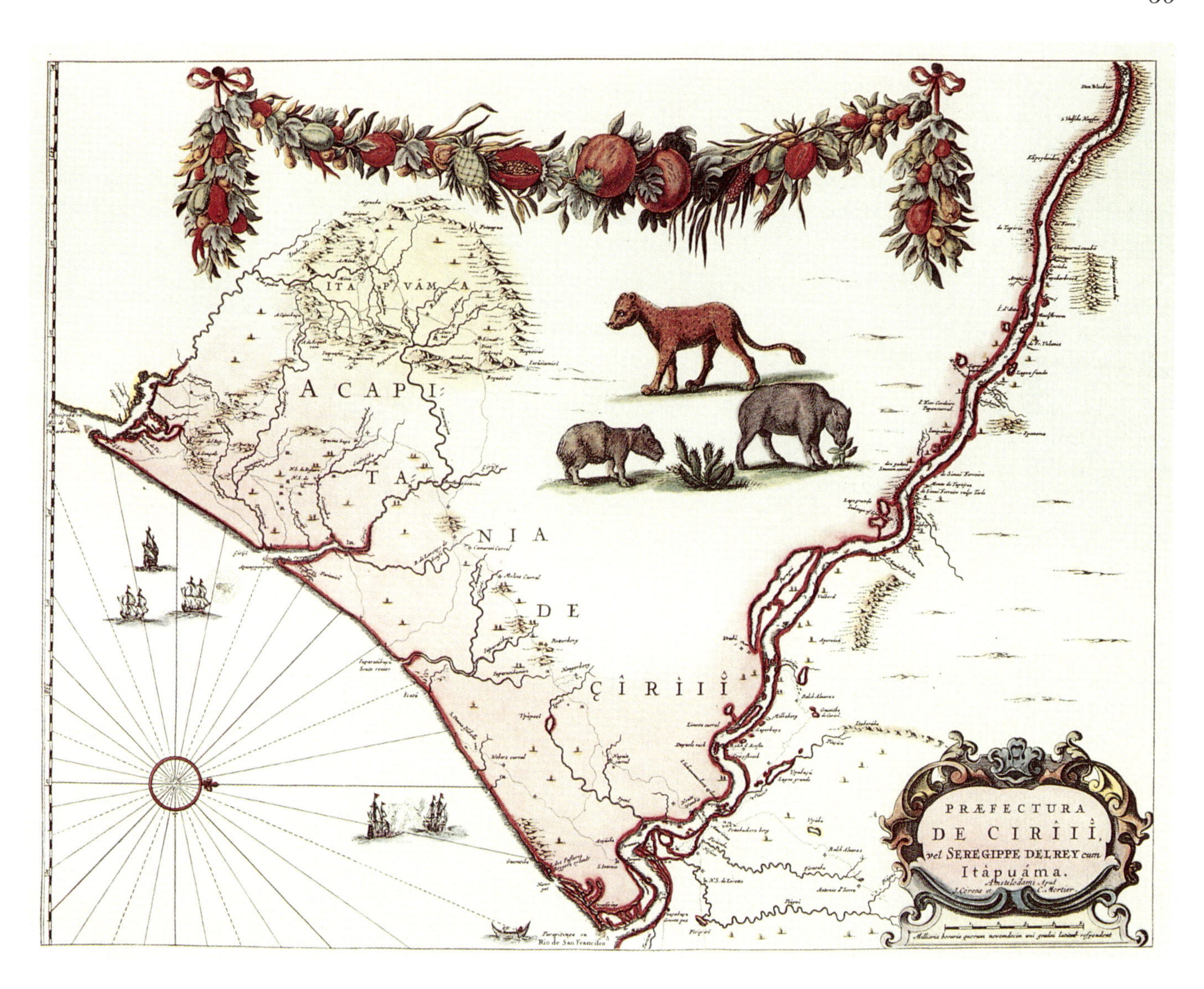
PRÆFECTURA
DE CIRÎIÎ,
vel SEREGIPPE DEL REY cum
Itâpuáma.
Amstelodami Apud
J. Covens et C. Mortier.
ACAPI
TA
NIA
DE
ÇÎRÎIÎ
ITA P VÁM A
Rio de San Francisco

Willem Janszoon Blaeu, Karte von Brasilien aus dem „Novus Atlas“, 1630

Die gezeigte Karte wird von Willem Janszoon Blaeu in Amsterdam gedruckt. Als Vorlage dient ihm die Brasilienkarte des Jodocus Hondius.

Die Entdeckung Brasiliens geht auf den Portugiesen Cabral und den Spanier Pinzón zurück. Im Vertrag von Tordesillas 1494 fällt das Land an Portugal. Schon bald danach beginnen die Portugiesen das Landesinnere zu erkunden. Das Kartenbild Brasiliens zeigen zuerst die Arbeiten der portugiesischen Kartographen Domingo und Luiz Teixeira.

G. Sch., J. S.

Original aus der Sächsischen Landesbibliothek Dresden
(Leihgabe), Kupferstich, 57 x 47 cm.
Foto M. G.

61

OCCIDENS
Baya de todos os Sanctos
Pories
CAPITANIA DE S. VINCENT
Miramu mins
CAPITANIA DE RIO DE IANEIRO
Molo: paques
CAP. DE SPIRITU SANTO
CAPITANIA DE PORTO SEGVRO
Aymures
Guaymures
CAP. DE LOS ISLEOS
CAP. DE LA BAHIA
Tupinambazes
CAP. DE PERNAMBVC
TAMARACA
MERIDIES
SEPTENTRIO
MAR DEL NORT
NOVUS BRASILIÆ TYPUS
Miliaria Germanica Communia
Miliaria Gallica Communia
Amstelodami Judocus Hondius excudit
ORIENS

Vincenzo Coronelli, Karte von Neufundland, 1692

Der Autor der Karte ist der wegen seiner Globen berühmte venezianische Kosmograph Vincenzo Coronelli (1650–1718). Er stellt den Stich als Beilage zu seiner Publikation „Mare del Nord“ her.

Als Entdecker der Insel Neufundland werden im Titel der venezianische Seefahrer Giovanni Caboto und dessen Sohn Sebastiano erwähnt. Die unter englischer Flagge segelnden Cabotos versuchen 1497 einen kürzeren Seeweg nach China zu finden. Dabei erreichen sie Neufundland und fahren an dessen Nordostküste entlang. Das Ergebnis dieser Fahrt ist als die erste sichere Entdeckung des amerikanischen Festlandes nach der Normannenzeit zu werten.

E. K., J. S.

Reproduktion vom Kupferstich, 40 x 30 cm
Original in der Sächsischen Landesbibliothek Dresden.
Foto M. G.

62

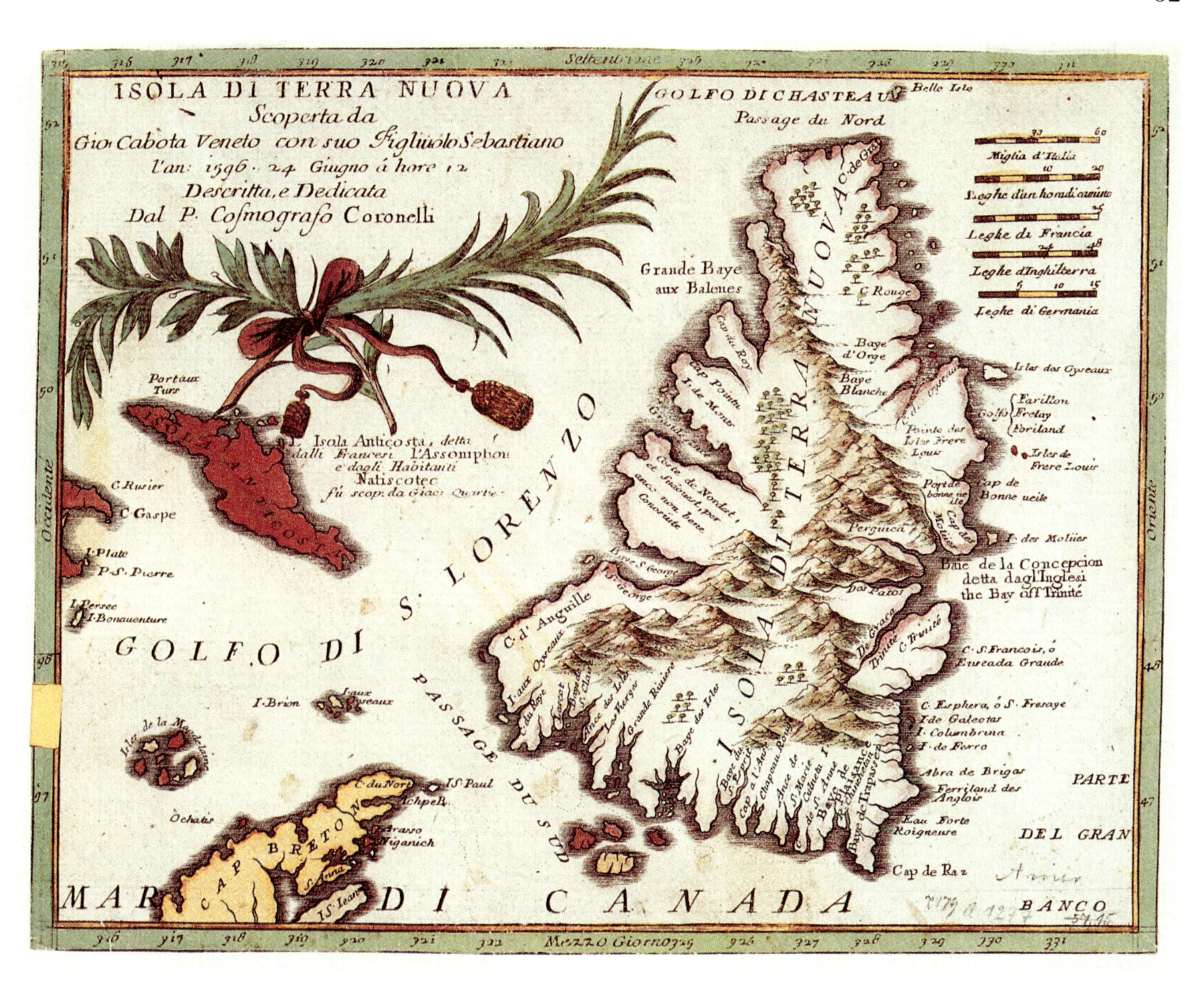
ISOLA DI TERRA NUOVA
Scoperta da
Gio: Cabota Veneto con suo Figliuolo Sebastiano
l'an: 1596 · 24 Giugno á hore 12
Descritta, e Dedicata
Dal P. Cosmografo Coronelli
GOLFO DI CHASTEAUX
Passage du Nord
Miglia d'Italia
Leghe di Francia
Leghe d'Inghilterra
Leghe di Germania
Grande Baye aux Baleues
ISOLA DI TERRA NUOVA
GOLFO DI S. LORENZO
PASSAGE DU SUD
Isola Anticosta, detta dalli Francesi l'Assomption e dagli Habitanti Natiscotec
fú scop: da Giac: Quartie
C. Gaspe
Baie de la Concepcion detta dagl'Inglesi the Bay off Trinité
Cap de Raz
CAP BRETON
MAR DI CANADA
PARTE DEL GRAN BANCO
Settentrione
Mezzo Giorno
Occidente
Oriente

Frederic de Wit, Karte des Nordpolargebietes aus dem „Orbis Maritimus ofte Zee Atlas“, 1675

Die erste Nordpolarkarte wird 1595 von Gerard Mercator herausgegeben. 1636 folgt die Karte „Poli Arctici“ von Henricus Hondius. Sie spiegelt bereits die geographischen Entdeckungen wider.

Die hier gezeigte Karte aus dem Atlas des Frederic de Wit (1630–1706) entspricht in ihrem Wissensstand noch der Hondius-Karte von 1636. Weiter westlich gelegene Teile von Nordamerika sind noch unerforscht. Sie werden als „unbekanntes Nordamerika“ bezeichnet.

G. Sch., J. S.

Original aus der Sächsischen Landesbibliothek Dresden (Leihgabe), Kupferstich, 79 x 58 cm.
Foto M. G.

63

POLI ARCTICI, ET CIRCUMIACENTIUM TERRARUM DESCRIPTIO NOVISSIMA, PER F. DE WIT.
MARE TARTARICUM
AMERICÆ SEPTENTRIONALIA INCOGNITA
TARTARIÆ MARITIMA INCOGNITA
TARTARIÆ PARS
POLUS ARCTICUS
CIRCULUS ARCTICUS
NOVA BRITTANNIA
GROEN LANDIA
OCEANUS SEPTENTRIONALIS
OCEANUS DEUCALEDONIUS
MARE GERMANICUM
ISLANDIA
MOURMANSKOY MORE
LAPPONIA
SVECIA
NORVEGIA
SCOTIA
ANGLIA
Buttons Bay
Baffins Bay
New North Wales
New South Wales
Canada
Spitsberge
Terra Nova

Jodocus Hondius, Karte der Ostküste Nordamerikas bei Kap Hatteras, 1606

Im Jahre 1585 unternimmt Sir Walter Raleigh den ersten Versuch, an der nordamerikanischen Küste einen Stützpunkt der englischen Seemacht zu errichten. Im heutigen Nordkarolina, nahe dem Kap Hatteras, läßt er die Kolonie Virginia anlegen. Sie muß allerdings bald wieder aufgegeben werden. Der Expeditionsteilnehmer John White liefert die erste Karte der Gegend. Sie wird von Theodor de Bry in seinen „Great Voyages“ (1590) veröffentlicht.

Whites Karte ist die Quelle für das hier abgebildete Werk von J. Hondius in dem von ihm fortgesetzten Atlas des G. Mercator, Amsterdam 1606. Dargestellt wird das Küstengebiet der jetzigen Unionsstaaten Virginia, Nord- und Südkarolina. Im Innern des Landes müssen ornamentale Schriften über mangelnde Kenntnisse hinwegtäuschen. Die langgestreckte Gebirgskette der Appalachen erscheint als regellose Anhäufung gleichförmiger Einzelberge. In dieser Zeit fehlt noch ein kartographisches Ausdrucksmittel für ein Gebirge in seiner Gesamtheit. Geschmückt ist die Karte mit bildlichen Darstellungen von Dörfern, der Tracht der Indianer und einem ihrer typischen Boote.

J. S.

Reproduktion vom Kupferstich, 40 x 30 cm
Original in der Sächsischen Landesbibliothek Dresden.
Foto M. G.

64

VIRGINIAE Item et FLORIDAE Americæ Provinciarum, nova DESCRIPTIO.
Civitatum Floridæ imitatio.
Civitatum Virginiæ forma.
AMERICÆ PARS.
FLORIDÆ PARS
VIRGINIA
SECOTAN

Jodocus Hondius, Karte von Südamerika mit der Inkahauptstadt Cuzco, 1630

In der von Jodocus Hondius 1606 durch eigene Stiche erweiterten Ausgabe des Mercator-Atlas ist die hier gezeigte Darstellung von Südamerika enthalten. Diese Reproduktion ist allerdings einer späteren Ausgabe von Mercator-Hondius entnommen, die sein Sohn Henricus 1630 veröffentlicht.

Hondius' Südamerikakarte kommt der Wirklichkeit schon sehr nahe. Aber auch auf dieser Karte ist Feuerland noch mit dem unbekannten Südland verbunden. Aus dem legendären See „Eupana Lacus“ entspringen sowohl der Paraguay als auch der Rio São Francisco und ein Nebenarm des Amazonas. Zum wiederholten Male tritt der auf irrigen Angaben beruhende, am Äquator eingezeichnete See „Parime Lacus“ auf. Dagegen ist der Titicaca-See in annähernd richtiger Lage wiedergegeben.

E. K., J. S.

Reproduktion vom Kupferstich, 40 x 30 cm
Original in der Sächsischen Landesbibliothek Dresden.
Foto M. G.

65

MAR DEL
ZUR quod et
MARE
PACIFICUM
ÆQVINOCTIALIS LINEA
TROPICUS
CAPRICORNI
MAR DEL
NORT
OCCIDENS
AMERICA MERIDIONALIS
BRASILIA
Medius Meridianus est 320 reliqui ad hunc incurratur ratione sphæri ca.
Cusco metropolis Peru
AMERICA
MERIDIO:
NALIS
TIERRA DEL FOGO
Rio de la Plata
Fretum Magellanicu
CHICA
REGIO
Moxos provincia
Leucæ Hispanicæ
Milliaria German

Pieter Mortier, Seekarte des Nordatlantischen Ozeans mit den Küsten Amerikas, um 1700

Mehr und mehr verlassen die Seefahrer die europäischen Gewässer. Sie wagen sich immer weiter auf das offene Meer hinaus. Immer notwendiger werden dabei Kompaß und Karte, um den richtigen Kurs zu halten.

Aber erst die 1569 von Gerard Mercator angewendete rechtwinklige Zylinderprojektion bietet den Seefahrern die Möglichkeit, die eingeschlagene Richtung zu halten. Ein gutes Beispiel für eine Karte in Mercatorprojektion ist die Seekarte des Amsterdamer Kartenverlegers Pieter Mortier.

E. K., J. S.

Reproduktion vom Kupferstich, 40 x 30 cm
Original in der Sächsischen Landesbibliothek Dresden.
Foto M. G.

66

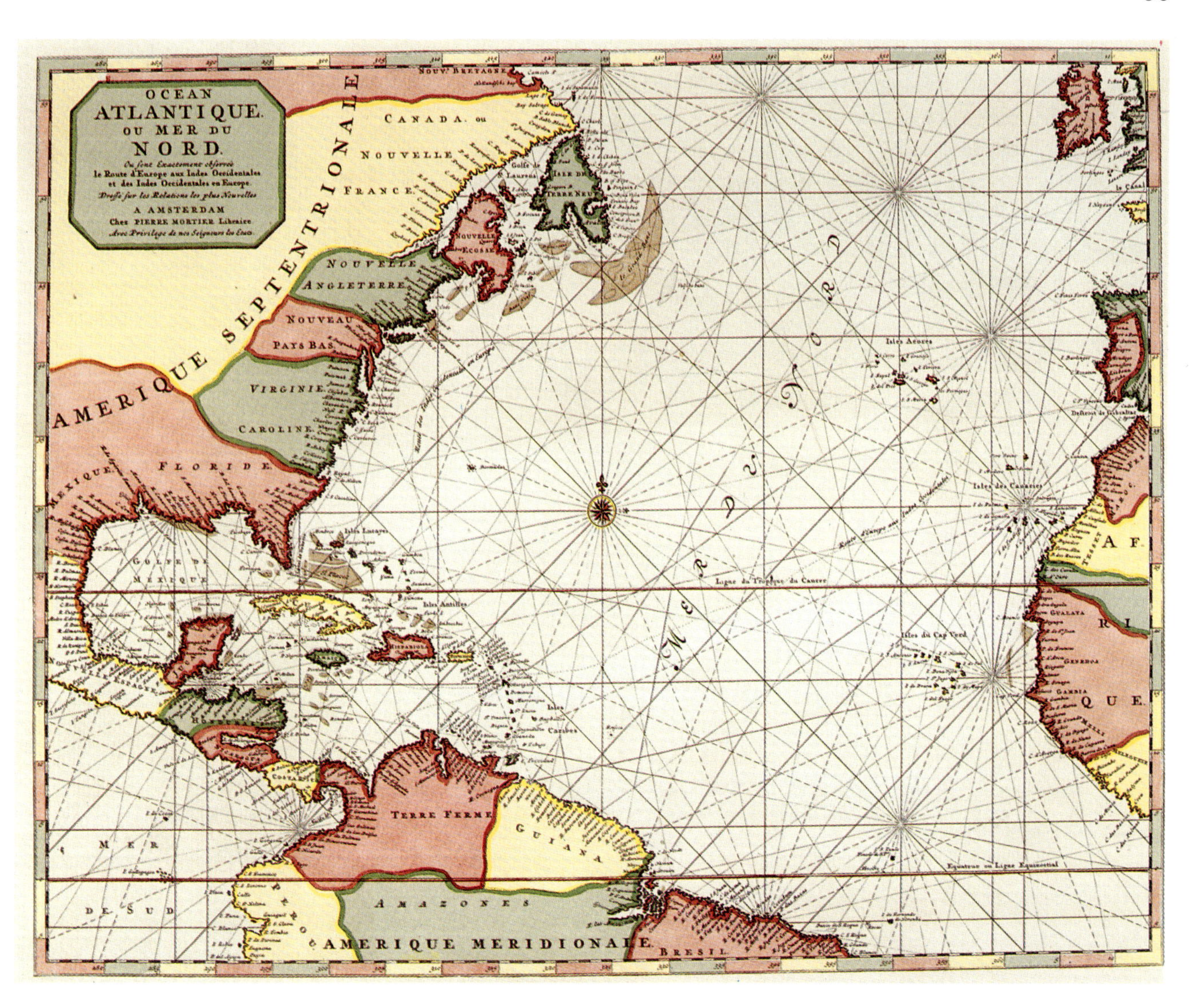
OCEAN
ATLANTIQUE.
OU MER DU
NORD.
Ou sont Exactement observée
le Route d'Europe aux Indes Occidentales
et des Indes Occidentales en Europe.
Dressé sur les Relations les plus Nouvelles
A AMSTERDAM
Chez PIERRE MORTIER Libraire
Avec Privilege de nos Seigneurs les Etats
AMERIQUE SEPTENTRIONALE
CANADA. ou
NOUVELLE
FRANCE
NOUVELLE ANGLETERRE
NOUVEAU
PAYS BAS
VIRGINIE
CAROLINE
FLORIDE
MEXIQUE
GOLFE DE MEXIQUE
Isles Lucayes
Isles Antilles
Isles Acores
Isles des Canaries
Isles du Cap Verd
Ligne du Tropique du Cancer
Equateur ou Ligne Equinoctial
MER DU NORD
TERRE FERME
GUIANA
AMAZONES
AMERIQUE MERIDIONALE
BRESIL
MER DE SUD
AFRIQUE
GUALATA
GENEHOA
GAMBIA
Isle de Terre Neuf
Golfe de Laurens
Nouvelle Ecosse

Pieter Mortier, Karte des Sankt-Lorenz-Golf, um 1710

Den Sankt-Lorenz-Strom in Kanada entdeckt 1534 der Franzose Cartier. Seit dieser Zeit erhebt die französische Krone Besitzansprüche auf „Nova Francia“, wie die Kolonie später genannt wird.

Zwischen 1603 und 1612 erkundet der französische Forscher und Kartograph Champlain das Gebiet. Alle Kanada-Darstellungen dieser Zeit basieren auf seinen Arbeiten. Dies gilt auch für das 1710 vom Amsterdamer Kartenverleger Pieter Mortier (1661–1724) herausgegebene Blatt, das hier gezeigt wird.

G. Sch., J. S.

Original aus der Sächsischen Landesbibliothek Dresden
(Leihgabe), Kupferstich, 64 x 53 cm.
Foto M. G.

67

Septentrio
GROEN LAN
DIA
FRETUM DAVIS
EXTREMA AMERICÆ
Versus Boream, ubi
TERRA NOVA
NOVA FRANCIA, Adjacentiaq.
TERRA
DE
LABRADOR
TERRA
DE CORTE
REALIS.
NOVA
FRAN
GOLFE DE S. LAURENS.
TERRA
Amstelędami P. Mortier Exc.
Meridies

Johann Baptist Homann und Christoph Weigel, Weltkarte, um 1720

Diese dekorative Weltkarte in Form von Planigloben stammt aus dem Nürnberger Verlag von Johann Baptist Homann. Gestochen hat sie der Graveur Christoph Weigel.

Johann Baptist Homann, geboren 1663 in Oberkammlach bei Mindelheim (Bayern), gestorben 1724 in Nürnberg, ist Begründer des bedeutendsten deutschen Kartenverlages des 18. Jh. Er lernt den Kupferstich und sticht 1692 seine erste Landkarte. In den folgenden Jahren führt er die Sticharbeiten zu mehreren fremden Werken aus. Im Jahre 1702 gründet Homann in Nürnberg eine eigene Offizin und beginnt mit selbständigen kartographischen Unternehmungen.

Auf seiner hier gezeigten Weltkarte wird Kalifornien noch als Insel aufgefaßt. Es reicht fast bis nach Kanada, also viel zu weit nach Norden. Nördlich der Großen Seen wird die Karte zunehmend ungenau. Die Umrisse des nördlichsten Teils des Kontinentes Amerika sind noch unbekannt.

J. S.

Original aus der Sächsischen Landesbibliothek Dresden (Leihgabe), Kupferstich, 76 x 58 cm.
Foto M. G.

68

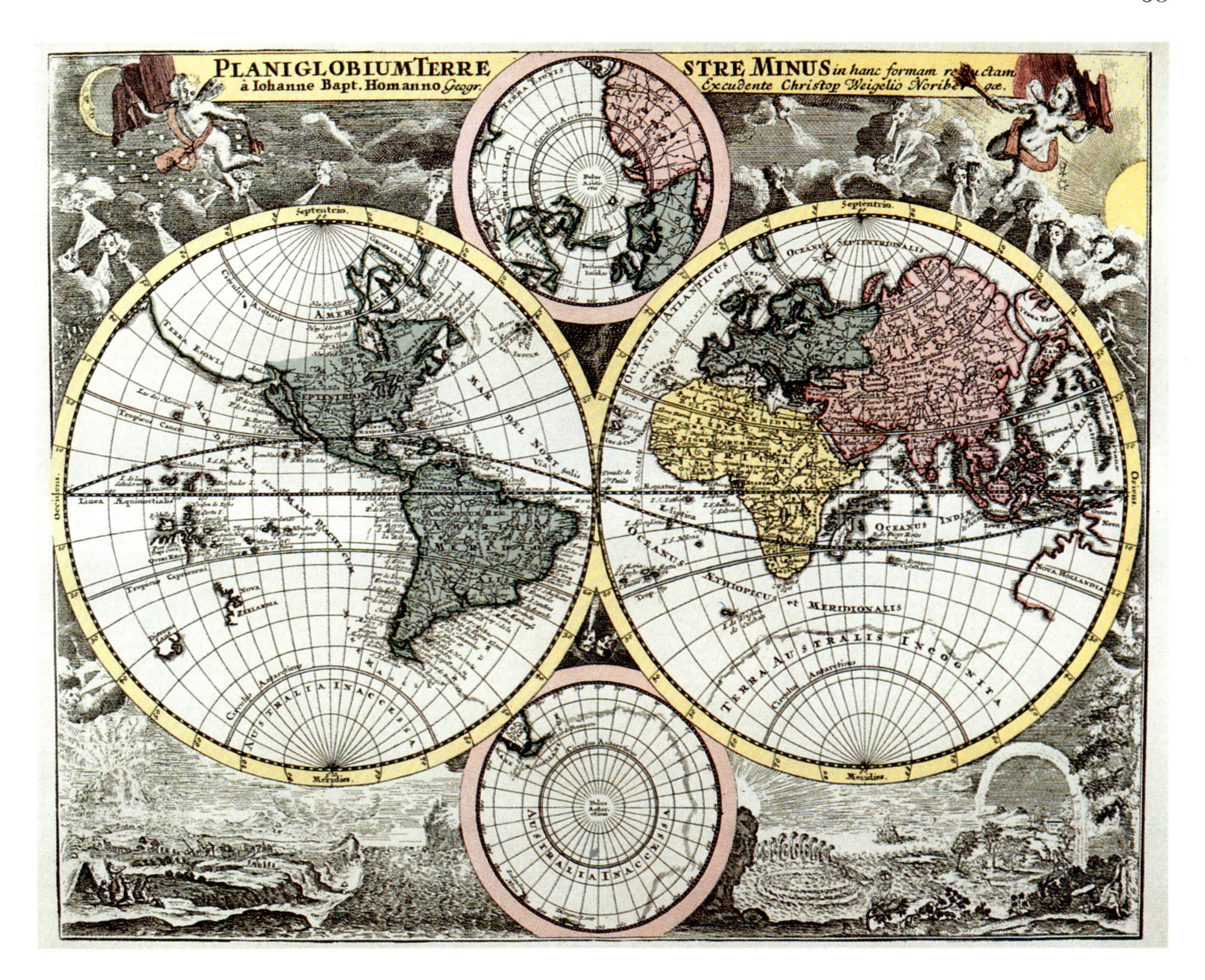
PLANIGLOBIUM TERRE
STRE MINUS in hanc formam re
à Iohanne Bapt. Homanno Geogr.
Excudente Christop Weigelio Noribe
Septentrio.
Septentrio.
AMERICA SEPTENTRIONALIS
MAR DEL NORT
Tropicus Cancri
Linea Æquinoctialis
Tropicus Capricorni
NOVA ZEELANDIA
Circulus Antarcticus
AUSTRALIA INACCESSA
Meridies.
Meridies.
Occidens
Oriens
OCEANUS SEPTENTRIONALIS
OCEANUS ATLANTICUS
OCEANUS INDICUS
OCEANUS ÆTHIOPICUS et MERIDIONALIS
NOVA HOLLANDIA
TERRA AUSTRALIS INCOGNITA
Circulus Antarcticus
AUSTRALIA INACCESSA

Louis Renard,
Seekarte der brasilianischen Küste, 1715

Renards Seekarte der brasilianischen Küste ist als Portolan angelegt und ostorientiert.

Der Amsterdamer Kartenverleger versieht seine Seekarten gern mit dekorativen Kartuschen. Auch der hier gezeigte Stich der brasilianischen Küste aus seinem Seeatlas von 1715 enthält ein derartiges Motiv. Im oberen Teil der Kartusche erkennt man einen zweirädrigen Wagen der Konquistadoren. Darunter ist ein Indianerzug mit Lamas zu sehen. Der linke Rand zeigt ein großes Kreuz. Es weist auf die Missionstätigkeit der Jesuiten hin. Daneben sind portugiesische Soldaten mit Hunden und getöteten Indios zu ihren Füßen dargestellt. Auf der rechten Seite befinden sich Ureinwohner mit Federschmuck vor einer Hütte.

E. K., J. S.

Original aus der Sächsischen Landesbibliothek Dresden
(Leihgabe), Kupferstich, 64 x 53 cm.
Foto M. G.

69

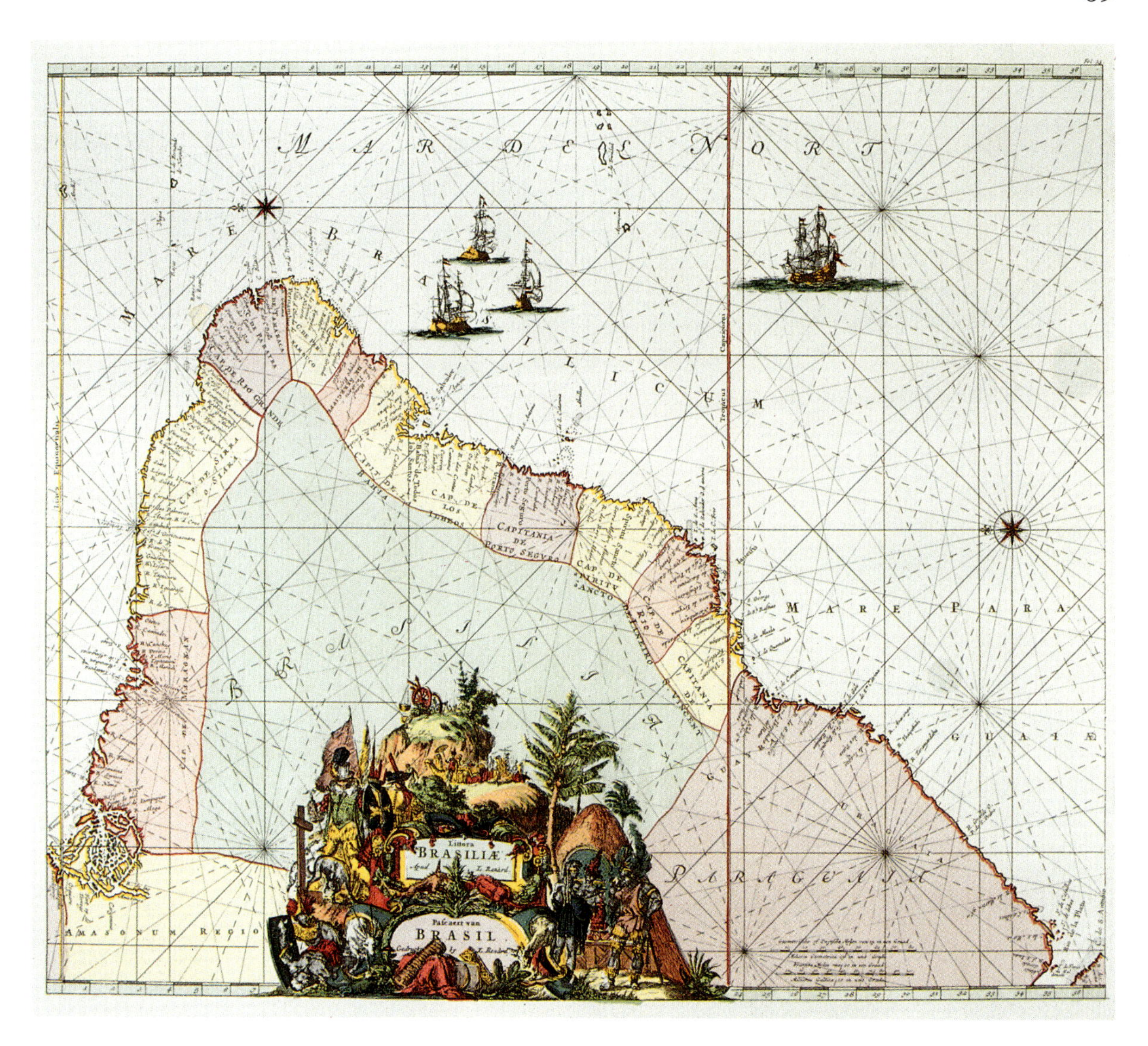
MAR DEL NORT
MARE BRASILICUM
MARE PARA
GUAIÆ
PARAGUAIA
BRASILIA
AMASONUM REGIO
CAPITANIA DE PORTO SEGVRO
Littora BRASILIÆ
Pascaert van BRASIL

Johann Baptist Homann,
Karte um das Nordpolargebiet, 1701

Diese Karte des Nordpolargebiets ist Bestandteil des 1703 veröffentlichten Atlas Novus des Münchener Mathematikprofessors Heinrich Scherer (1628 – 1704). Sie gibt einen guten Überblick über den Stand der Erkundungen Ende des 17. Jh. Graviert ist die Karte von dem Nürnberger Kupferstecher und späteren Verleger Johann Baptist Homann.

Im 17. Jh. tragen zahlreiche englische und niederländische Kapitäne von Wal- und Robbenfangschiffen zur Erweiterung der Kenntnisse der nördlichen Meere und Länder bei. Die Fahrten beschränken sich aber auf das Europäische Nordmeer und die benachbarten Gewässer. Der Osten Sibiriens und der amerikanische Nordwesten bleiben zunächst noch unentdeckt.

E. K., J. S.

Reproduktion vom Kupferstich, 40 x 30 cm
Original in der Deutschen Staatsbibliothek Berlin.
Foto M. G.

70

Solem adorant, & DEVM, qui fecit Solem, ignorant
FOL. Z. I
Similes
Facti sunt illis
POL. ARCTICVS
CIRCULUS ARCTICUS
LAPPEN MARCKT
I ISLAND
BAFFINS BAY
SPITZBERG
Veterum Frislandia
POLARIVM
ET GROENLANDIÆ
NOVA DESCRIPTIO
1701

Guillaume Delisle, Karte von Südamerika, 1708

Im Jahre 1700 veröffentlicht Guillaume Delisle (1675–1726), Mitglied der französischen Akademie der Wissenschaften, erstmals eine Karte von Südamerika. Diese erscheint bald darauf in einer revidierten Form. Korrekturen erfolgen insbesondere im Gebiet südlich des 40. Breitengrades. Patagonien und Feuerland, die in der ersten Ausgabe zu weit nach Westen ragen, werden nach Osten verlegt. Die im Pazifischen Ozean eingezeichneten Reiserouten von Drake, Olivier, Mendana, Le Maire, Magellan und Sarmiento finden sich in beiden Ausgaben.

Im Landesinneren werden trotz vieler Verbesserungen doch noch manche Irrtümer dargestellt. Die Flüsse sind zum Teil mit geradlinigem Lauf eingezeichnet. Nur an der Küste werden sie genauer wiedergegeben. Der legendäre See „Parima“ fehlt. Es wird lediglich vermerkt, daß ihn andere Kartenzeichner an dieser Stelle angeben.

Delisles Karte findet weite Verbreitung und wird mehrmals nachgestochen. Im Jahre 1708 veröffentlicht sie Peter Schenk in Amsterdam.

E. K.

Original aus der Deutschen Staatsbibliothek Berlin
(Leihgabe), Kupferstich, 57 x 43 cm.
Foto S. B.

71

MER DU NORD
AVERTISSEMENT
Je rends raison dans ma Nouvelle Introduction a la Geographie des changemens que jay faits sur cete carte
Equateur ou Ligne Equinoctiale
MER DU SUD OU MER PACIFIQUE
Tropique du Capricorne
TERRE FERME
GUIANE
PAYS DES AMAZONES
PEROU
BRESIL
CHACO
PROVINCES DE RIO DE LA PLATA
CHILI
TERRE MAGELLANIQUE
NOUVELLE MER DU SUD
Premier Meridien
L'AMERIQUE MERIDIONALE
Dressée sur les Observations de Mrs. de l'Academie Royale des Sciences & quelques autres, & sur les Memoires les plus recens
Par G. DE L'ISLE Geographe.
a Amsterdam
chéz PIERRE SCHENK.
Avec Privilege.
1708.
ECHELLE
[Etwa 1:18 000 000]

Joshua Fry und Peter Jefferson, Karte von Virginia, Maryland und den benachbarten Provinzen, 1755

Mit der Konsolidierung der englischen Kolonien an der Ostküste Nordamerikas und der weiteren Expansion der Siedler nach Westen wächst der Bedarf an genauen Karten. Für Virginia, Maryland und die benachbarten Provinzen stellen Joshua Fry (um 1700–1745) und Peter Jefferson (um 1707–1757) eine neue Karte zusammen. Fry ist zwischen 1710 und 1720 aus England eingewandert. Er ist als Mathematiklehrer am College von Williamsburg sowie als Landmesser tätig. Gemeinsam mit Peter Jefferson, dem Vater des späteren Präsidenten Thomas Jefferson, nimmt er das Quellgebiet des Rappahannok und des Potomac, ferner den Grenzverlauf zwischen Virginia und Nordkarolina auf. Im Jahre 1753 stellt Peter Jefferson den Kupferstich her, auf dem zum ersten Mal auf einer nordamerikanischen Karte der Nullmeridian durch Philadelphia gezogen wird. Die dekorative Titelkartusche mit einer Hafenszene aus der Kolonie Virginia entwirft Francis Hayman.

In den folgenden Jahren wird die Karte weiter ergänzt. Dabei wird das Straßennetz vervollständigt, der Verlauf des Ohio korrigiert und die Gradeinteilung nach dem Nullmeridian von London angegeben. In der Folgezeit erscheinen mehrmals inhaltlich unveränderte Nachdrucke, die letzte Ausgabe 1794 bei Laurie und Whittle in London.

Bis Anfang des 19. Jh. gilt die Karte als das bedeutendste kartographische Dokument für Virginia.

E. K.

Original aus der Deutschen Staatsbibliothek Berlin
(Leihgabe), Kupferstich in 2 Blättern, Gesamtgröße 121 x 75 cm.
Foto S. B.

72

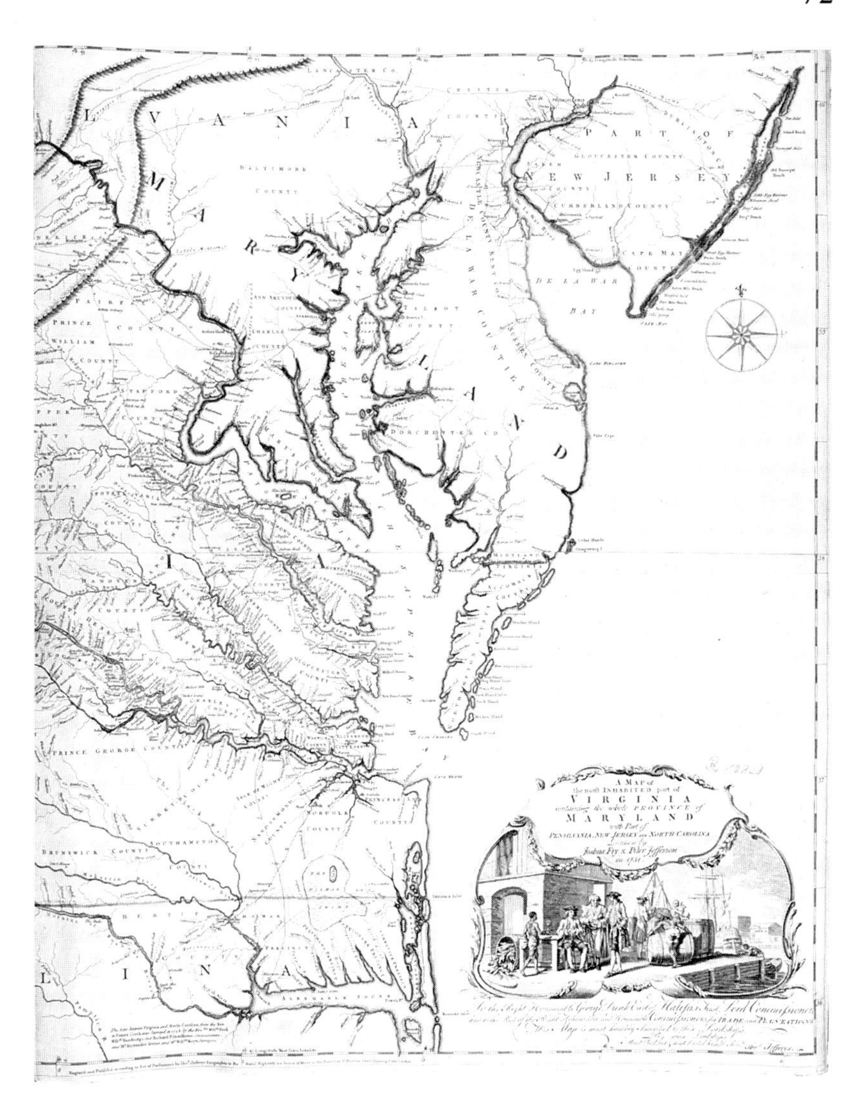
A MAP of
the most INHABITED part of
VIRGINIA
containing the whole PROVINCE of
MARYLAND
with Part of
PENSILVANIA, NEW JERSEY and NORTH CAROLINA
Joshua Fry & Peter Jefferson
PART OF
NEW JERSEY
GLOUCESTER COUNTY
CUMBERLAND COUNTY
CAPE MAY
DE LA WAR
BAY
BALTIMORE
COUNTY
PRINCE
WILLIAM
STAFFORD
DORCHESTER CO
PRINCE GEORGE COUNTY
BRUNSWICK COUNTY
SOUTHAMPTON

Jean Baptiste Bourguignon d'Anville, Karte von Süd-Amerika, 1786.

Nach neuesten Entdeckungen verbessert und hrsg. von Franz Anton Schraembl, aus: Schraembl, Allgemeiner Großer Atlas, Wien 1786

Der französische Kartograph Jean Baptiste Bourguignon d'Anville (1697–1782) zählt zu den kritischen Gelehrten des 18. Jh. Durch sorgfältige Prüfung und Auswertung aller Informationsquellen hält er seine Karte möglichst von Fehlern frei. Stehen keine glaubwürdigen Unterlagen zur Verfügung, beläßt er es bei weißen Stellen. Ein Beispiel auf dieser Karte ist das Gebiet südlich des Amazonas.

1748 stellt d'Anville seine große dreiblättrige Südamerikakarte her. Das Gradnetz der Karte ist annähernd richtig berechnet, obwohl damals erst wenige astronomische Ortsbestimmungen vorliegen. Der Autor stützt sich hauptsächlich auf Vermessungen von La Condamine und Bouguer während ihrer Expedition nach Ekuador und Peru und der Rückfahrt auf dem Rio Magdalena und dem Amazonas.

Für Patagonien wertet Schraembl, der d'Anvilles Karte 1786 in seinen Atlas aufnimmt, die Beschreibung von Thomas Falkner aus. Der englische Jesuitenmissionar lebt 38 Jahre im La-Plata-Gebiet und in Patagonien als Arzt und Missionar.

E. K.

Original aus der Deutschen Staatsbibliothek Berlin
(Leihgabe), Kupferstich in 3 Blättern, 88 x 155 cm Gesamtgröße.
Foto S. B.

73

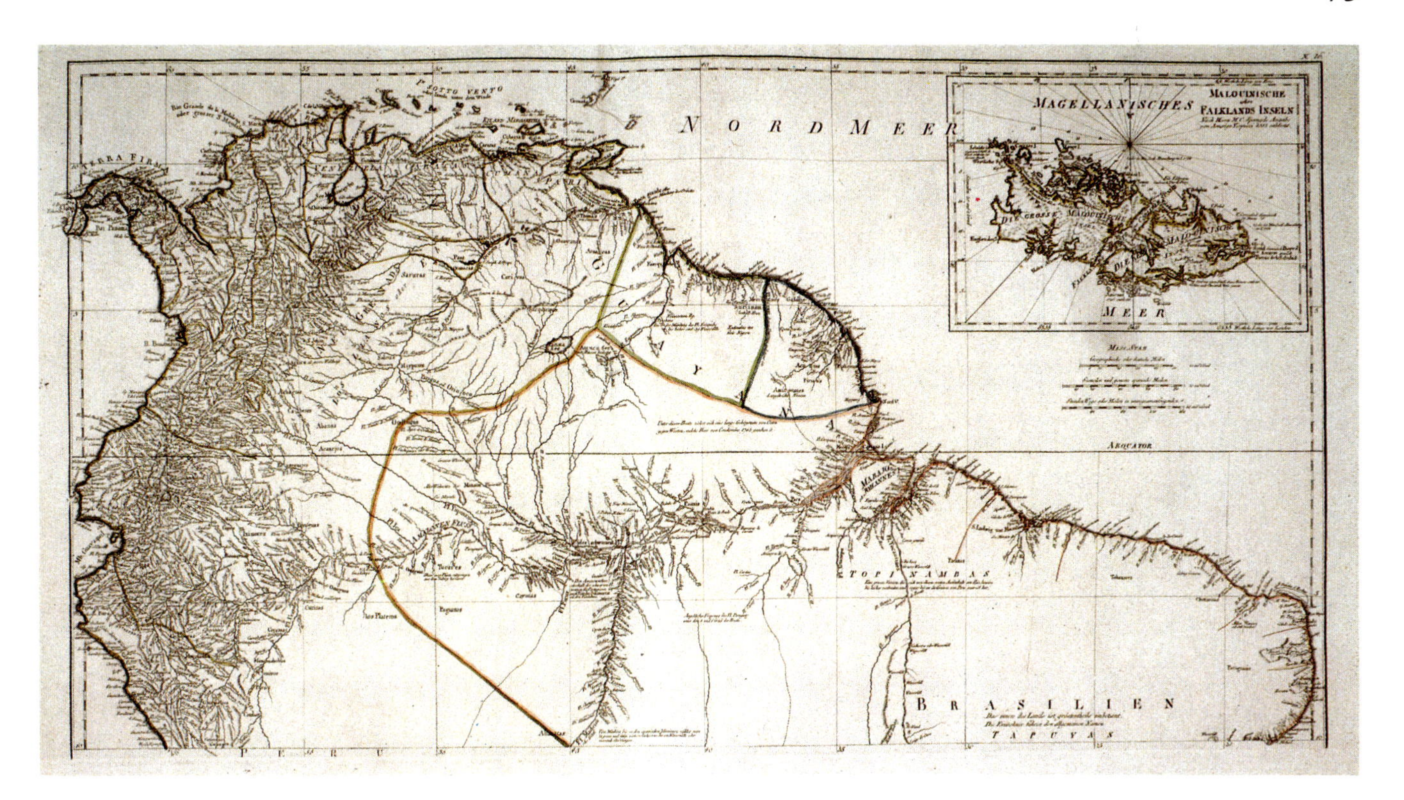
N O R D M E E R
MAGELLANISCHES
MALOUINISCHE oder FALKLANDS INSELN
MEER
AEQUATOR
TOPINAMBAS
B R A S I L I E N
TAPUYAS
P E R U

Guillaume Delisle, Karte von Südamerika, 1703, aus: Delisle, Atlas de Geographie, Paris 1703

Original aus der Deutschen Staatsbibliothek Berlin
(Leihgabe), Kupferstich, 63 x 47 cm.
Foto S. B.

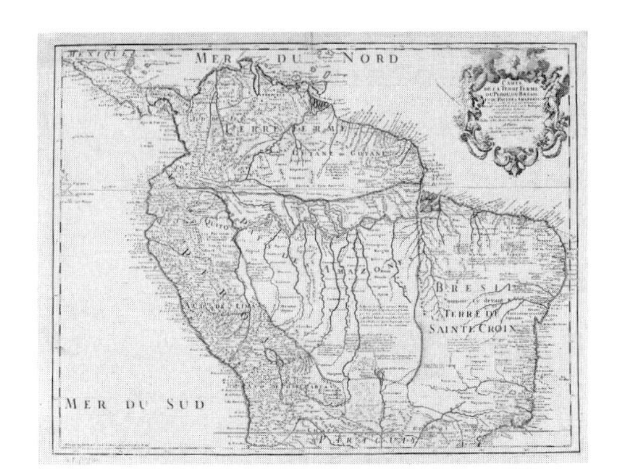

Guiljelmus Blaeu, Karte von Peru, 1635, aus: Blaeu, Novus Atlas, Amsterdam 1635

Original aus der Deutschen Staatsbibliothek Berlin
(Leihgabe), Kupferstich 47 x 36 cm.
Foto S. B.

Pieter Schenck, Karte von Mexiko und Florida, um 1700, aus: Schenck, Atlas contractus sive mapparum geographicarum, Amsterdam um 1700

Original aus der Deutschen Staatsbibliothek Berlin
(Leihgabe), Kupferstich, 61 x 47 cm.
Foto S. B.

Rizzi-Zannoni, Karte des Golf von Mexiko, 1762, aus: Bonne, Rigobert, Atlas moderne, Paris 1762

Original aus der Deutschen Staatsbibliothek Berlin
(Leihgabe), Kupferstich, 44 x 30 cm.
Foto S. B.

Homännische Erben, Karte der englischen Kolonien auf den Inseln von Amerika, 1740

Original aus der Deutschen Staatsbibliothek Berlin (Leihgabe),
Kupferstich – fünf Karten auf einem Blatt, 59 x 52 cm.
Foto S. B.

74–78

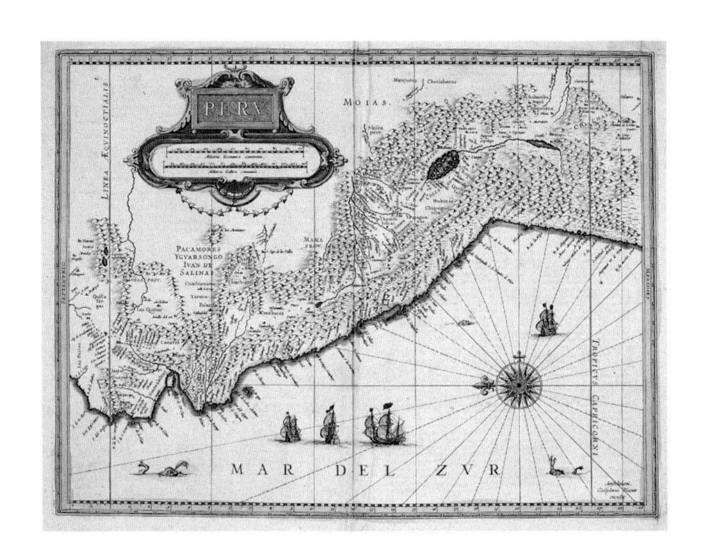
PERV
MOIAS
LINEA ÆQVINOCTIALIS
TROPICVS CAPRICORNI
MAR DEL ZVR

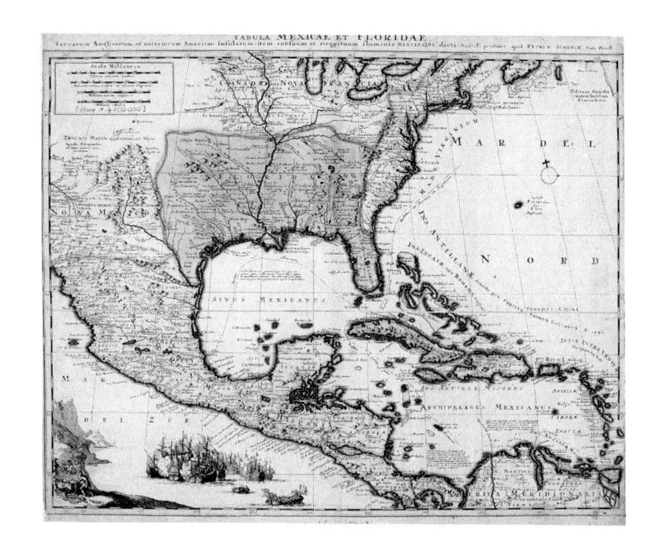
TABULA MEXICAE ET FLORIDAE
MAR DEL NORD
SINUS MEXICANUS
ARCHIPELAGUS MEXICANUS
MAR DEL ZUR

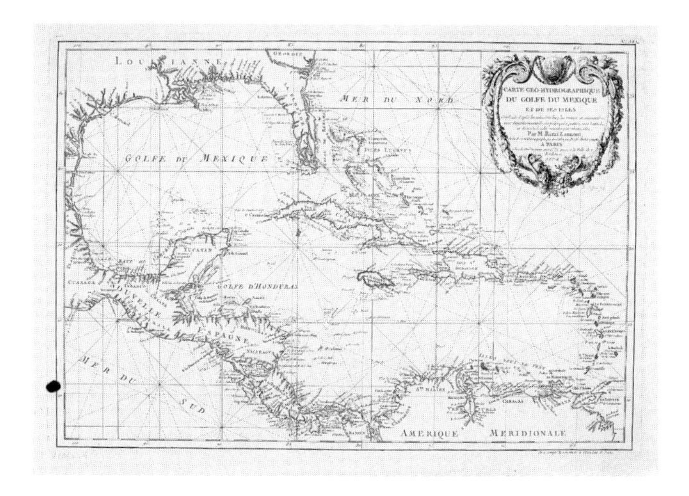
LOUISIANNE
MER DU NORD
GOLFE DU MEXIQUE
CARTE GEO-HYDROGRAPHIQUE DU GOLFE DU MEXIQUE ET DE SES ISLES
YUCATAN
GOLFE D'HONDURAS
MER DU SUD
AMERIQUE MERIDIONALE

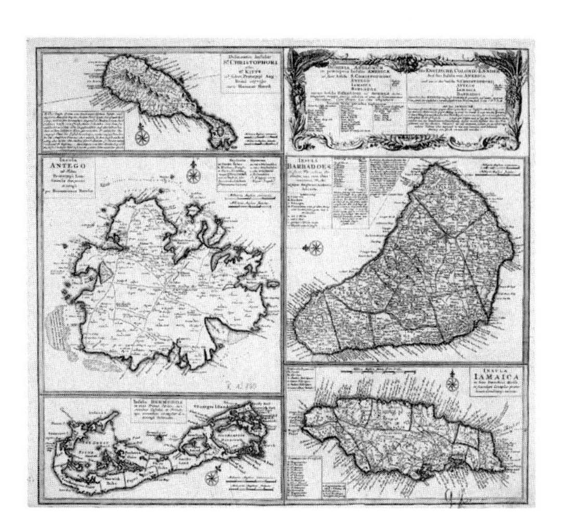
INSULA ANTEGO
INSULA BARBADOES
INSULA JAMAICA

Christian Gottlieb Reichard im Verlag des Geographischen Instituts Weimar, Karte von Südamerika, aus den zuverlässigsten Nachrichten und nach den bewährtesten Bestimmungen, 1804

Original aus der Deutschen Staatsbibliothek Berlin (Leihgabe), Kupferstich, 52 x 70 cm.
Foto S. B.

Edmond Mentelle und Pierre Grégoire Chanlaire, Karte der französischen und holländischen Kolonien in Guayana, 1798, aus: Atlas Elémentaire de Géographie, Physique et Politique, Paris 1798

Original aus der Deutschen Staatsbibliothek Berlin (Leihgabe), Kupferstich, 41 x 31 cm.
Foto S. B.

Guillaume Delisle, Karte der Insel San Domingo, 1722, aus: Delisle, Atlas des Geographie, Paris 1772

Original aus der Deutschen Staatsbibliothek Berlin (Leihgabe), Kupferstich, 60 x 46 cm.
Foto S. B.

Ferdinand Goetze im Verlag des Landes-Industrie Comptoirs Weimar, Karte von der Insel San Domingo oder Hispaniola, um 1797, aus: Allgemeiner neuester Handatlas, Weimar 1797–1804

Original aus der Deutschen Staatsbibliothek Berlin (Leihgabe), Kupferstich, 56 x 40 cm.
Foto S. B.

J. Finlayson im Verlag des Geographischen Instituts Weimar, Geographisch-statistische und historische Karte von Peru, 1823

Original aus der Deutschen Staatsbibliothek Berlin (Leihgabe), Kupferstich, 30 x 33 cm.
Foto S. B.

79–83

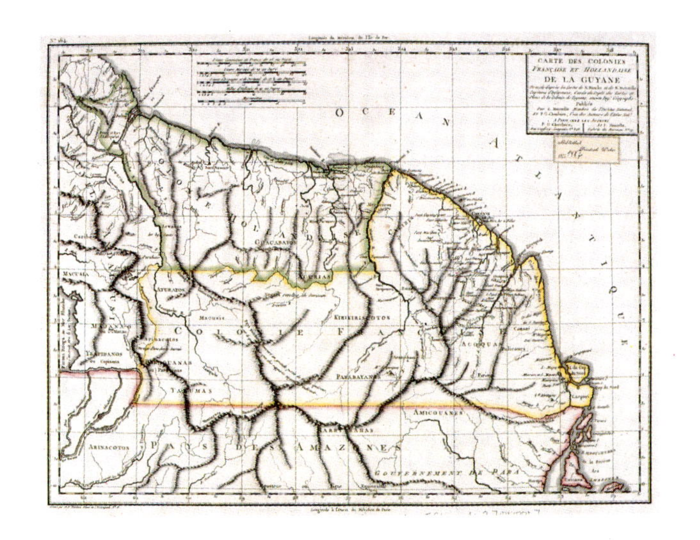
CARTE DES COLONIES
FRANÇAISE ET HOLLANDAISE
DE LA GUYANE
OCEAN ATLANTIQUE
PAYS DE AMAZONES
GOUVERNEMENT DE PARA

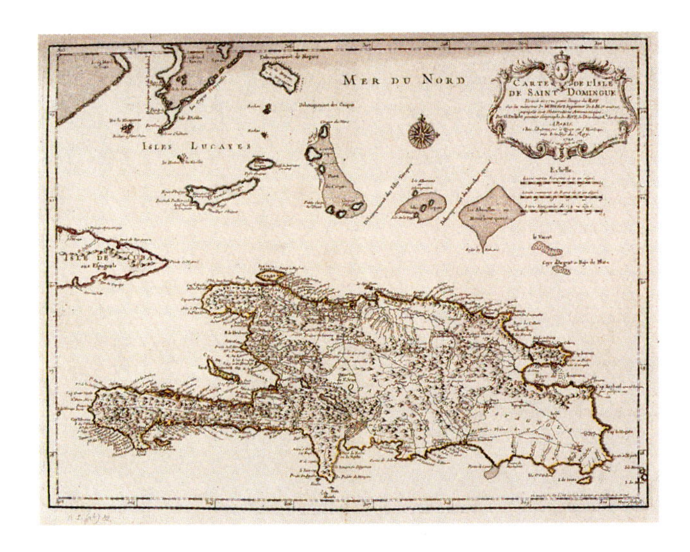
CARTE DE L'ISLE DE SAINT DOMINGUE
MER DU NORD
ISLES LUCAYES

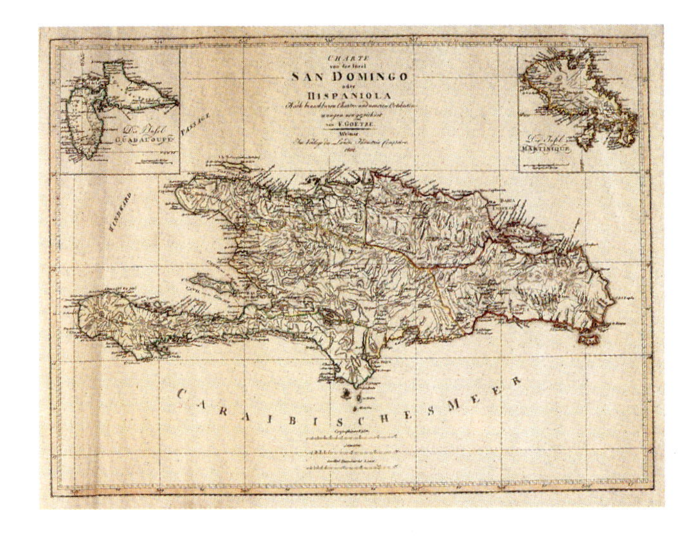
CHARTE
von der Insel
SAN DOMINGO
oder
HISPANIOLA
Die Insel GUADALOUPE
Die Insel MARTINIQUE
CARAIBISCHESMEER

Geographisch-statistische und historische Charte von Peru.
PERU

Guillaume Delisle, Karte von Kanada, 1733

Delisle hat seine Karten nicht selbst zu einem Atlas zusammengestellt. Das geschieht erst durch seinen Schwiegersohn Philippe Buache im Jahre 1789. Aber viele Kartographen dieser Zeit übernehmen Karten von Delisle in ihre Atlanten. So erscheint die gezeigte Karte von Kanada auch in einem Atlas von Covens & Mortier in Amsterdam 1733.

J. S.

Reproduktion vom Kupferstich, 40 x 30 cm
Original in der Sächsischen Landesbibliothek Dresden.
Foto M. G.

84

CARTE
DU CANADA
OU DE LA
NOUVELLE FRANCE
et des Decouvertes qui y ont été faites
Par Guillaume Del'Isle
de l'Academie Royale des Sciences
A AMSTERDAM
BAYE DE BAFFIN
MER CHRISTIANE
GROENLAND
ou TERRE VERTE
TERRES ARCTIQUES
ISLE DE JAQUES
NOUVEAU GROENLAND
NOUVEAU DANEMARC
BAYE D'HUDSON
TERRE DE LABRADOR ou DES ESKIMAUX
Cercle Polaire
GOLFE S.T LAURENT
LAC SUPERIEUR
LAC HURON
LAC ONTARIO
LAC ERIE
NOUVELLE FRANCE

Nicolas Bellin, Karte der Großen Seen in Kanada aus dem „Petit Atlas Maritime“, 1764

Anfang des 17. Jh. fassen französische Siedler festen Fuß am St.-Lorenz-Strom. Sie gründen Siedlungen, wie Quebec, und erforschen das Landesinnere. Eine erste Übersicht aller bis dahin vollzogenen Entdeckungen zeigt eine 1674 von Jolliet gezeichnete Karte.

Bis zum Ende des Siebenjährigen Krieges 1763, als Frankreich den nordamerikanischen Kontinent verlassen muß, sind bereits die Großen Seen und ihr Umland kartographisch erfaßt. Die hier gezeigte Karte veröffentlicht der Ingenieur-Hydrograph des Königs von Frankreich Nicolas Bellin (1703–1772) in seinem „Petit Atlas Maritime“.

E. K., J. S.

Original in der Sächsischen Landesbibliothek Dresden (Leihgabe), Kupferstich, 38 x 57 cm.
Foto M. G.

85

CARTE
DES CINQ GRANDS LACS
DU CANADA
Echelle de Cinquante Lieues Communes
LAC SUPERIEUR
Isle Royale
Lac des Abitibis
Lac des Temis camins
Lac Nepissing
Isle Manitoualin
LAC HURON
LAC MICHIGAN
LAC ONTARIO
LAC ERIE
L. Ste Claire
Ville du Detroit
LES V. NATIONS IROQUOISES
Lacs aux Outaouacs
Longitude
Occidentale
du
Méridien
de
Paris
Latitude Septentrionale

Franz Johann Joseph von Reilly, Karte der Vereinigten Staaten von Nordamerika, aus dem „Großen Deutschen Atlas“, 1795

Im Friedensvertrag von 1783 erkennt England die Unabhängigkeit der einstigen dreizehn Kolonien an der Ostküste von Nordamerika samt dem Gebiet bis zum Mississippi an. Im Artikel II des Vertrages wird der Grenzverlauf festgelegt. Dabei werden die Karten von John Mitchel und Lewis Evans zugrunde gelegt. In der Folgezeit treten jedoch bei der Grenzfixierung im Nordwesten der Union Schwierigkeiten auf. Aus diesem Grund reicht der Stich des Wiener Kartenverlegers Reilly (1766–1820) vermutlich nicht bis zur äußersten Nordwestecke. Er endet am „Rainy Lake“. Die Darstellung erscheint als Nebenkarte zu der Übersicht von Nord- und Südamerika, die Reilly 1794/96 in seinem „Großen Deutschen Atlas“ veröffentlicht.

E. K., J. S.

Reproduktion vom Kupferstich, 40 x 30 cm
Original in der Sächsischen Landesbibliothek Dresden.
Foto M. G.

86

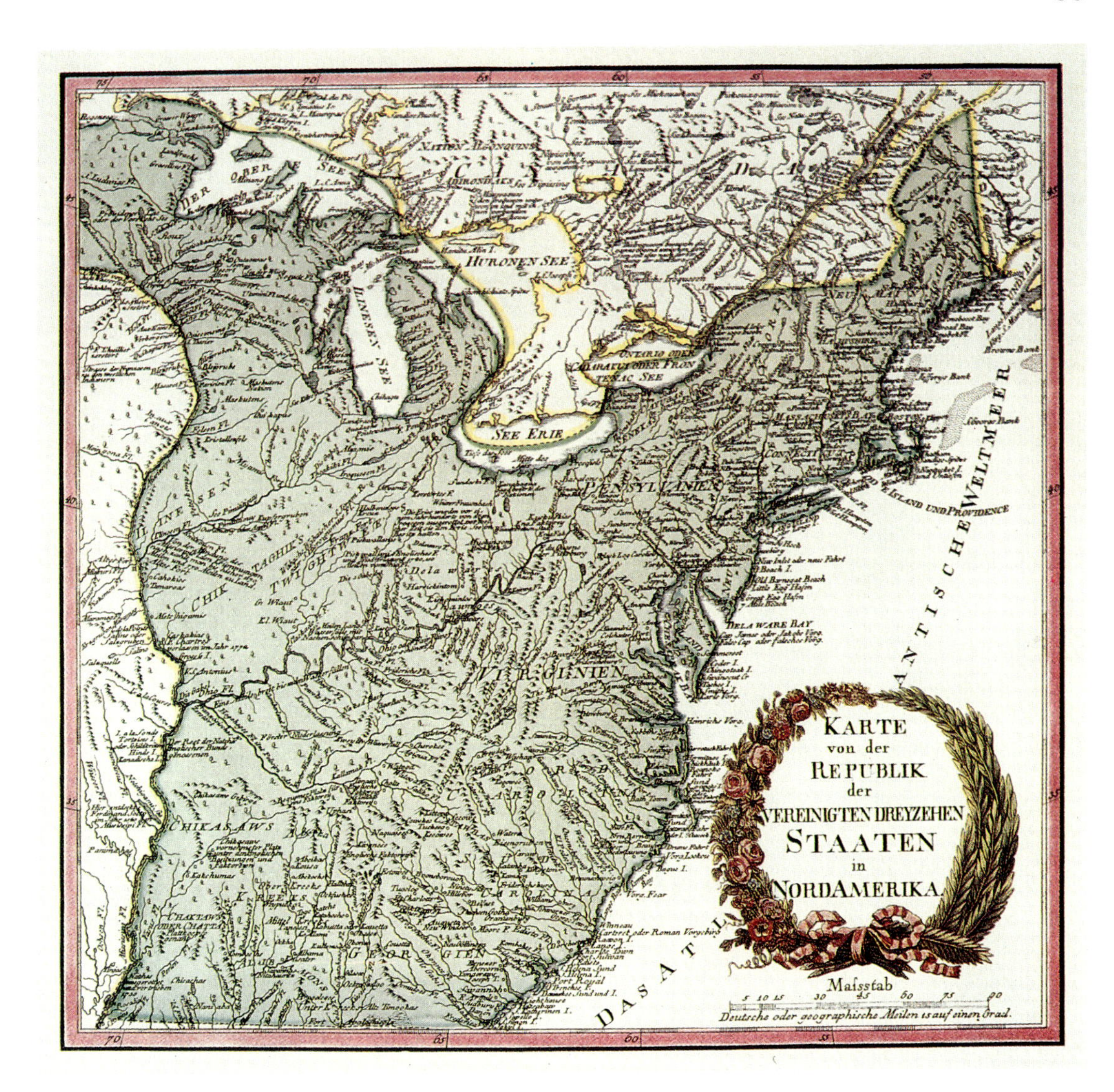
KARTE
von der
REPUBLIK
der
VEREINIGTEN DREYZEHEN
STAATEN
in
NORDAMERIKA
Mafsstab
Deutsche oder geographische Meilen 15 auf einen Grad.
HURONEN SEE
SEE ERIE
ONTARIO ODER CATARAKUI ODER FRONTENAC SEE
PENSYLVANIEN
VIRGINIEN
CHIKASAWS
DELA WARE BAY
DAS ATLANTISCHE WELTMEER

Karte von Montreal und Quebec, Kanada, 1776. Auf Grund der Vermessungen des Jonathan Carver bei den Londoner Verlegern Sayer und Bennett entstanden

Die französischen Besitzungen in Kanada fallen nach dem Vertrag von Paris 1763 an Großbritannien. In einer königlichen Proklamation wird die Verwaltung der neuen Gebiete von Großbritannien geregelt und der Grenzverlauf festgelegt. Die Londoner Verleger Sayer und Bennett veröffentlichen 1776 eine Karte der Provinz, auf der diese Grenzziehung veranschaulicht wird. Die Grundlage für die Karte bilden französische und britische Vermessungen, insbesondere die des Kapitäns Jonathan Carver.

E. K., J. S.

Original aus der Sächsischen Landesbibliothek Dresden (Leihgabe), Kupferstich, 79 x 58 cm.
Foto M. G.

87

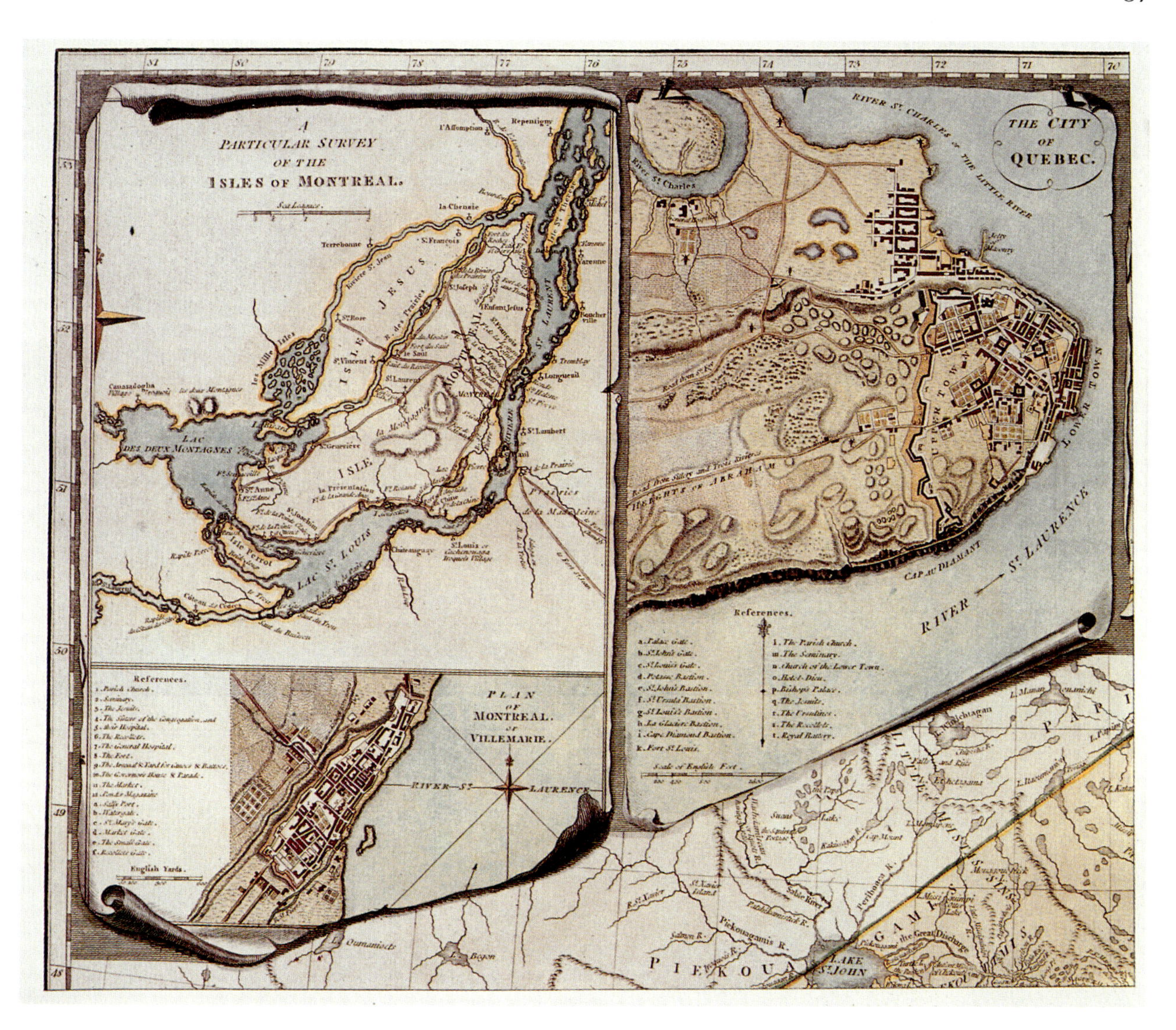
A PARTICULAR SURVEY OF THE ISLES OF MONTREAL.
THE CITY OF QUEBEC.
PLAN OF MONTREAL or VILLEMARIE.
References.
English Yards.
LAC DES DEUX MONTAGNES
LAC St. LOUIS
ISLE JESUS
RIVER St. CHARLES or THE LITTLE RIVER
River St. Charles
UPPER TOWN
LOWER TOWN
HEIGHTS OF ABRAHAM
CAP AU DIAMANT
RIVER St. LAURENCE
RIVER St. LAURENCE
LAKE St. JOHN
PIEKOUA

Louis-Charles Desnos, Nord- und Südamerika, 1766

Louis-Charles Desnos ist Ingenieurgeograph und Herausgeber zahlreicher Karten, Atlanten und Globen. Er zählt zu den angesehensten Pariser Kartographen der 2. Hälfte des 18. Jh. Seine Amerikakarte von 1766 entspricht jedoch nicht dem neuesten Stand der Erforschung. So trägt die Randleiste zwar die Porträts einiger Entdecker Amerikas, wie Christoph Kolumbus, Amerigo Vespucci, Pedro de Alvarado, Thomas Aubert, Juan Ponce de León und Vasco Núñez de Balboa, aber die Karte berücksichtigt nicht alle ihrer geographischen Erkenntisse.

J. S.

Original aus der Sächsischen Landesbibliothek Dresden
(Leihgabe), Kupferstich, 73 x 54 cm.
Foto M. G.

88

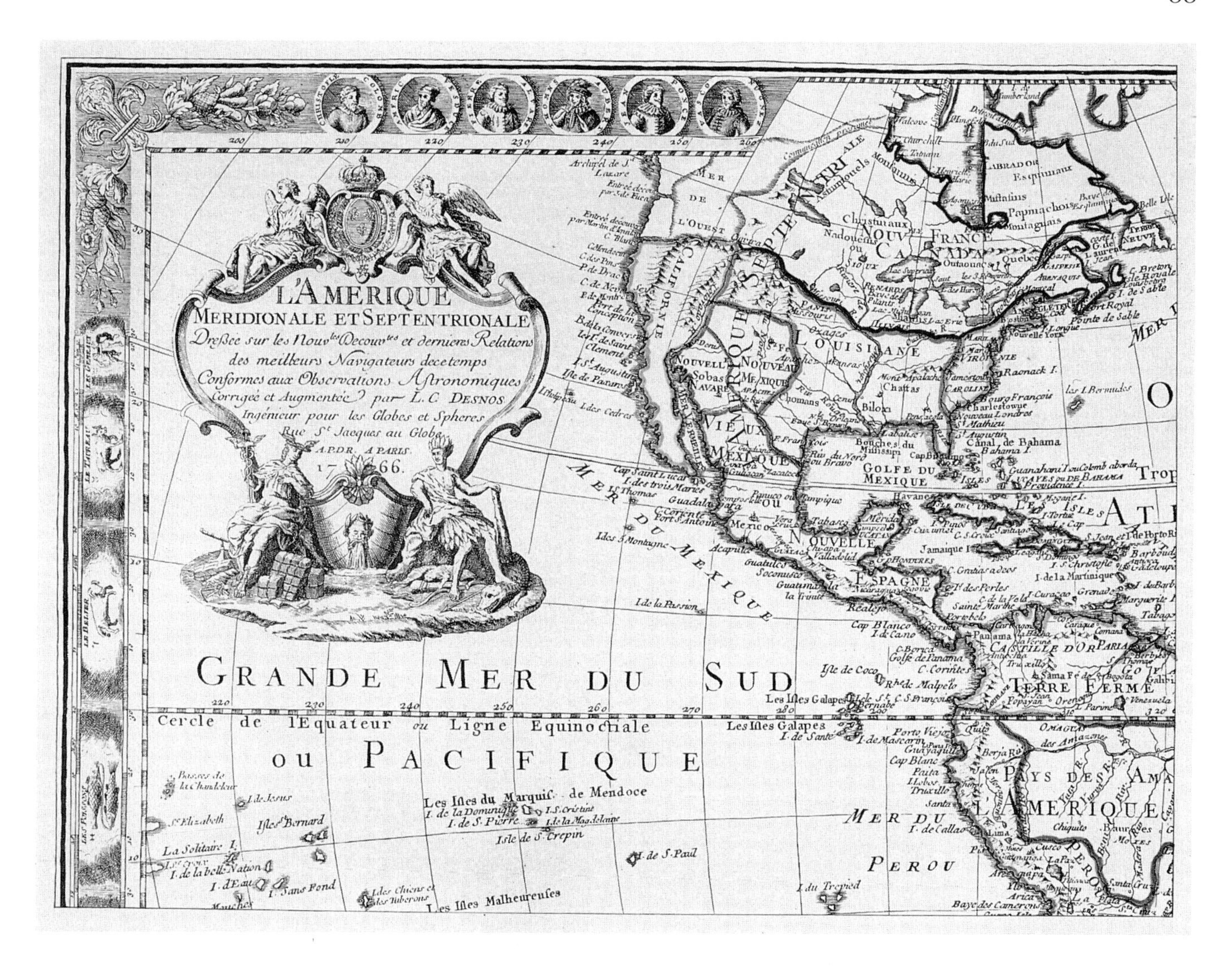
L'AMERIQUE
MERIDIONALE ET SEPTENTRIONALE
Dreßée sur les Nouvles Decouvtes et derniers Relations
des meilleurs Navigateurs decetemps
Conformes aux Observations Astronomiques
Corrigée et Augmentée par L. C. DESNOS
Ingénieur pour les Globes et Spheres
Rue St. Jacques au Globe
A.P.D.R. A PARIS.
GRANDE MER DU SUD
Cercle de l'Equateur ou Ligne Equinoctiale
ou PACIFIQUE
MER DU MEXIQUE
MER DU PEROU
GOLFE DU MEXIQUE
LOUISIANE
NOUVEAU MEXIQUE
VIEUX MEXIQUE
NOUVELLE ESPAGNE
CALIFORNIE
CASTILLE D'OR
TERRE FERME
PAYS DES AMA
L'AMERIQUE
PEROU
Les Isles du Marquis de Mendoce
Les Isles Galapes
Les Isles Malheureuses
Isle de S. Crepin
I. de S. Paul
I. de la Passion
Isle de Coco
Havane
Jamaique I.
Mexico
Acapulco
Panama
Lima
Quebec
LABRADOR
MER DE L'OUEST
Is. Bermudes

Hans Egede, Karte von Südgrönland mit einem Teil von Nordamerika, 1763

Die Erforschung und Kolonisation Grönlands setzt erst 1721 ein. Von der dänischen Siedlung Godthåb aus untersucht Hans Egede, der „Apostel der Eskimos", die Sitten und Gebräuche der einheimischen Bevölkerung. Aus seiner Beschreibung Grönlands von 1763 stammt die gezeigte Karte.

Schwerpunkt der Darstellung bildet Südgrönland. Die Existenz des nordamerikanischen Kontinents wird im Nordwesten nur schematisch angedeutet.

J. S.

Original aus der Sächsischen Landesbibliothek Dresden (Leihgabe), Kupferstich, 76 x 54 cm.
Foto M. G.

89

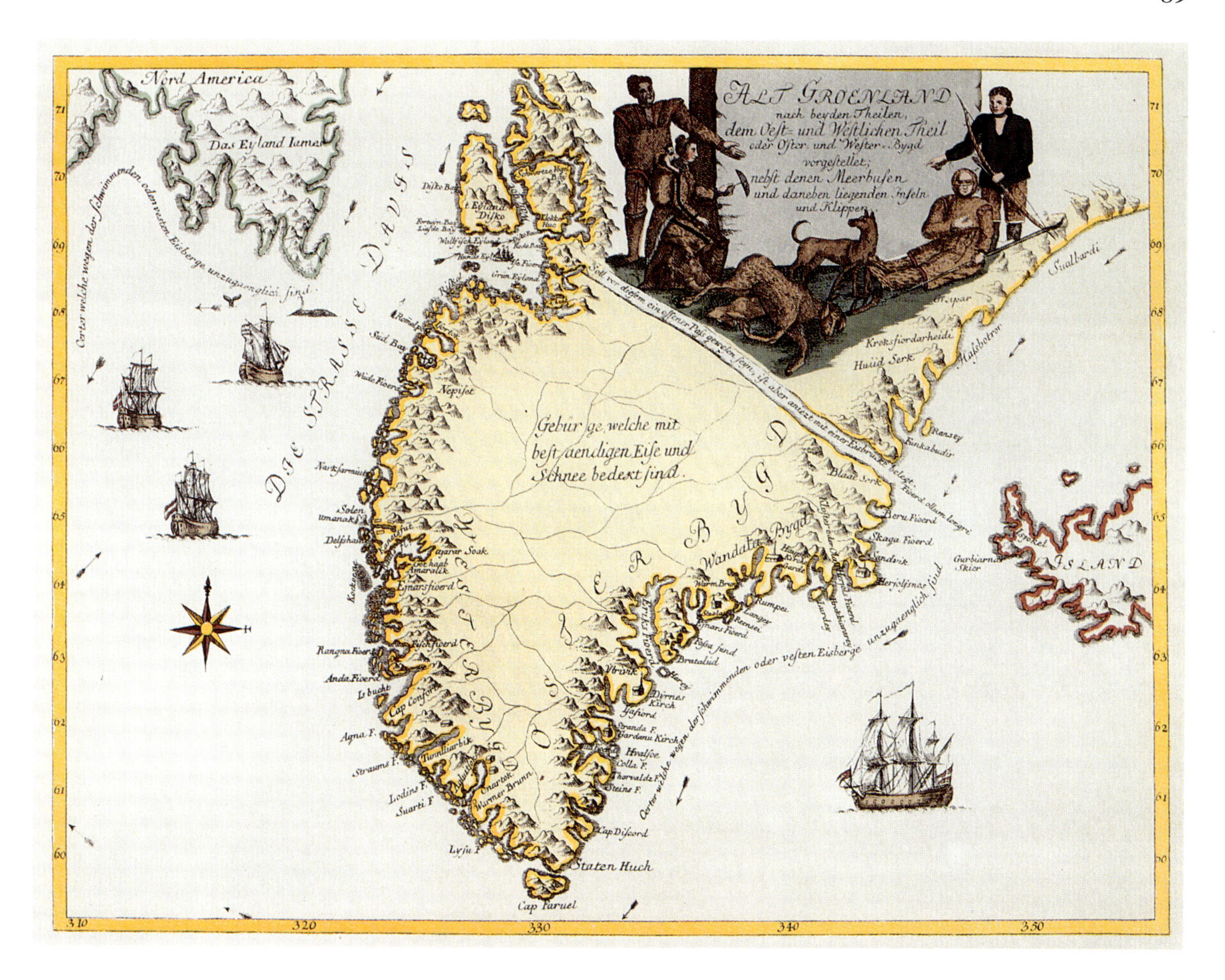

Alt Groenland
nach beyden Theilen,
dem Oest- und Westlichen Theil
oder Oster und Wester Bygd
vorgestellet;
nebst denen Meerbusen
und daneben liegenden Inseln
und Klippen.
Nord America
Das Eyland James
Die Strasse Davis
Gebürge welche mit
beständigen Eise und
Schnee bedeckt sind.
Wester Bygd
Oster Bygd
Island
Sualbardi
Huid Serk
Staten Huch
Cap Faruel
Cap Discord
310
320
330
340
350

Guillaume Delisle, Westliche Halbkugel, 1741

Diese Karte der westlichen Halbkugel wird im Jahre 1720 von Guillaume Delisle zum persönlichen Gebrauch des französischen Königs geschaffen. Sie erscheint in aktualisierter Form im Jahre 1741 im Amsterdamer Verlag Covens & Mortier.

Den größten Teil des amerikanischen Doppelkontinents zeigt die Karte in wirklichkeitsgerechten Umrissen. Für den Norden von Nordamerika mangelt es allerdings noch an ausreichender Tatsachenkenntnis. Der früher auf Karten dargestellte große Südkontinent ist jedoch weggelassen. Von der Existenz Antarktikas weiß man noch nichts.

E. K., J. S.

Original in der Deutschen Staatsbibliothek Berlin,
Reproduktion vom Kupferstich, 40 x 30 cm.
Foto M. G.

90

HEMISPHERE OCCIDENTAL
Dresse en 1720 pour l'usage particulier du ROY
sur les Observations Astronomiques et Geographiques
Par Guillaume del'Isle premier Geographe
TERRES ARCTIQUES
Cercle Polaire
Tropique du Cancer
MER DU NORD
GRANDE MER DU SUD
Equateur ou Ligne Equinoctiale
la Ligne
Tropique du Capricorne
TERRES AUSTRALES ANTARCTIQUES
A AMSTERDAM Chez
J. COVENS et C. MORTIER

Edme Mentelle, Weltkarte, Ende 18. Jh.

Diese Weltkarte wird von Edme Mentelle in Paris geschaffen. Er ist Historiker und Geograph und will bei einem breiten Publikum das Interesse an der Geographie wecken. Die Reisen zweier bedeutender Forscher sind in ihren wesentlichen Teilen dargestellt – die Weltumsegelung des Bougainville 1766–1769 und die zweite und dritte Reise des James Cook. Der sagenhafte Südkontinent ist auf der Karte verschwunden. Antarktika fehlt noch.

J. S.

Original aus der Sächsischen Landesbibliothek Dresden (Leihgabe), Kupferstich, 78 x 58 cm.
Foto M. G.

91

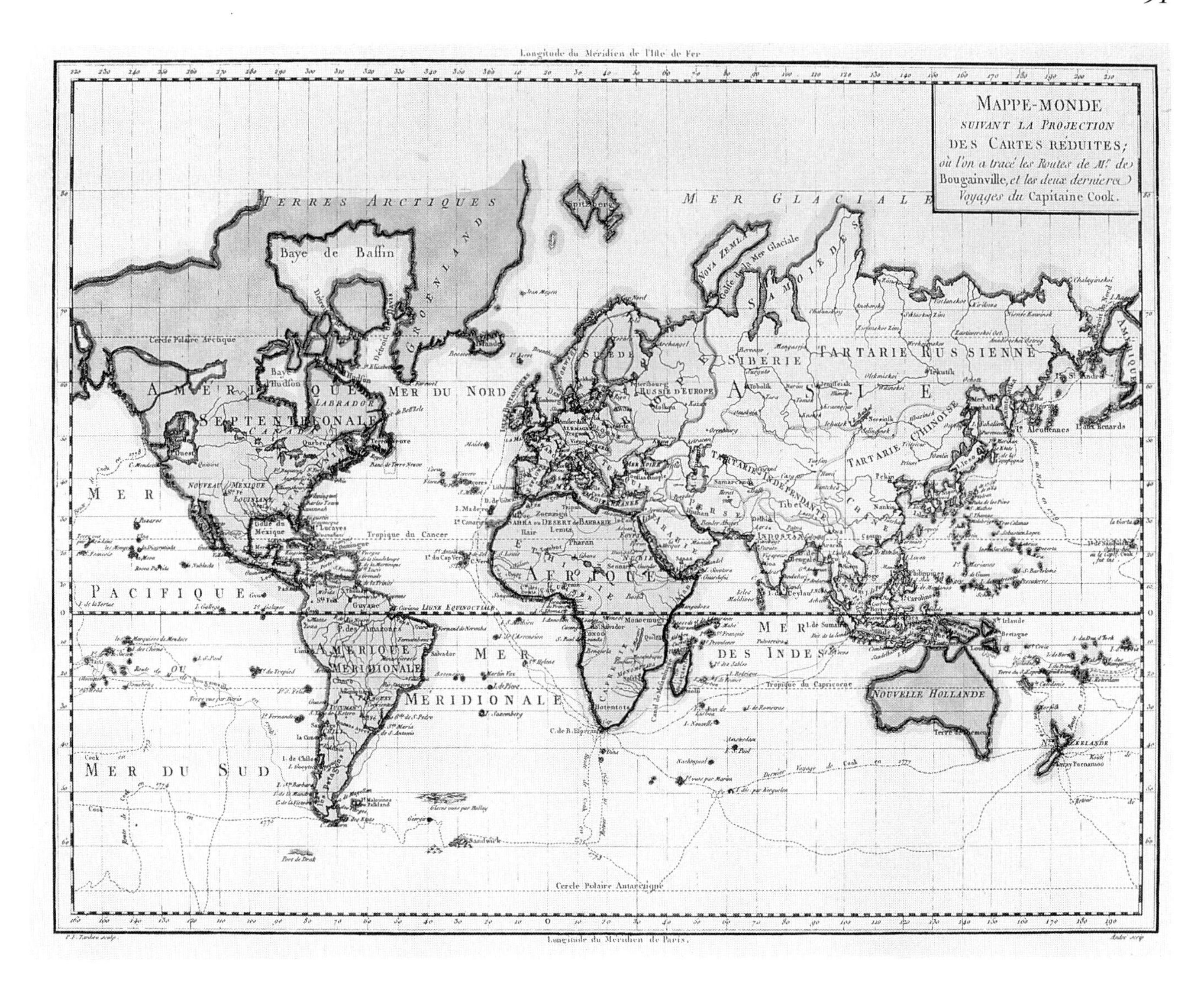
Longitude du Méridien de l'Isle de Fer
MAPPE-MONDE
SUIVANT LA PROJECTION
DES CARTES RÉDUITES;
où l'on a tracé les Routes de M.r de
Bougainville, et les deux dernieres
Voyages du Capitaine Cook.
TERRES ARCTIQUES
MER GLACIALE
Baye de Baffin
GROENLAND
Spitzberg
NOVA ZEMLA
Cercle Polaire Arctique
AMERIQUE SEPTENTRIONALE
CANADA
LABRADOR
Baye d'Hudson
MER DU NORD
SUEDE
RUSSIE D'EUROPE
SIBERIE
TARTARIE RUSSIENNE
ASIE
TARTARIE CHINOISE
TARTARIE INDEPENDANTE
CHINE
PERSE
Tibet
INDOSTAN
NOUVEAU MEXIQUE
LOUISIANE
Golfe du Mexique
Tropique du Cancer
MER PACIFIQUE
AFRIQUE
ARABIE
LIGNE EQUINOCTIALE
P. des Amazones
AMERIQUE MERIDIONALE
MER MERIDIONALE
MER DES INDES
Tropique du Capricorne
NOUVELLE HOLLANDE
Terre de Diemen
C. de B. Esperance
MER DU SUD
Cercle Polaire Antarctique
Longitude du Méridien de Paris.

Dominique Séguin, Weltkarte der Forschungsreisen von P.-M.-F. Pagès, 1782

Die Karte stammt von Dominique Séguin, einem Ingenieurgeographen und Mitarbeiter des Pariser Geodäten und Kartographen Cassini. Sie gibt die Route der Forschungsreisen des französischen Seefahrers und Meteorologen Pierre-Marie-Francois Pagès (1748–1793) wieder. Er schifft sich 1767 mit der Absicht nach Amerika ein, Asien von Osten her – über China bzw. Kamtschatka – zu bereisen.

J. S.

Reproduktion vom Kupferstich, 40 x 30 cm
Original in der Wissenschaftlichen Bibliothek Justus Perthes Gotha.
Foto M. G.

92

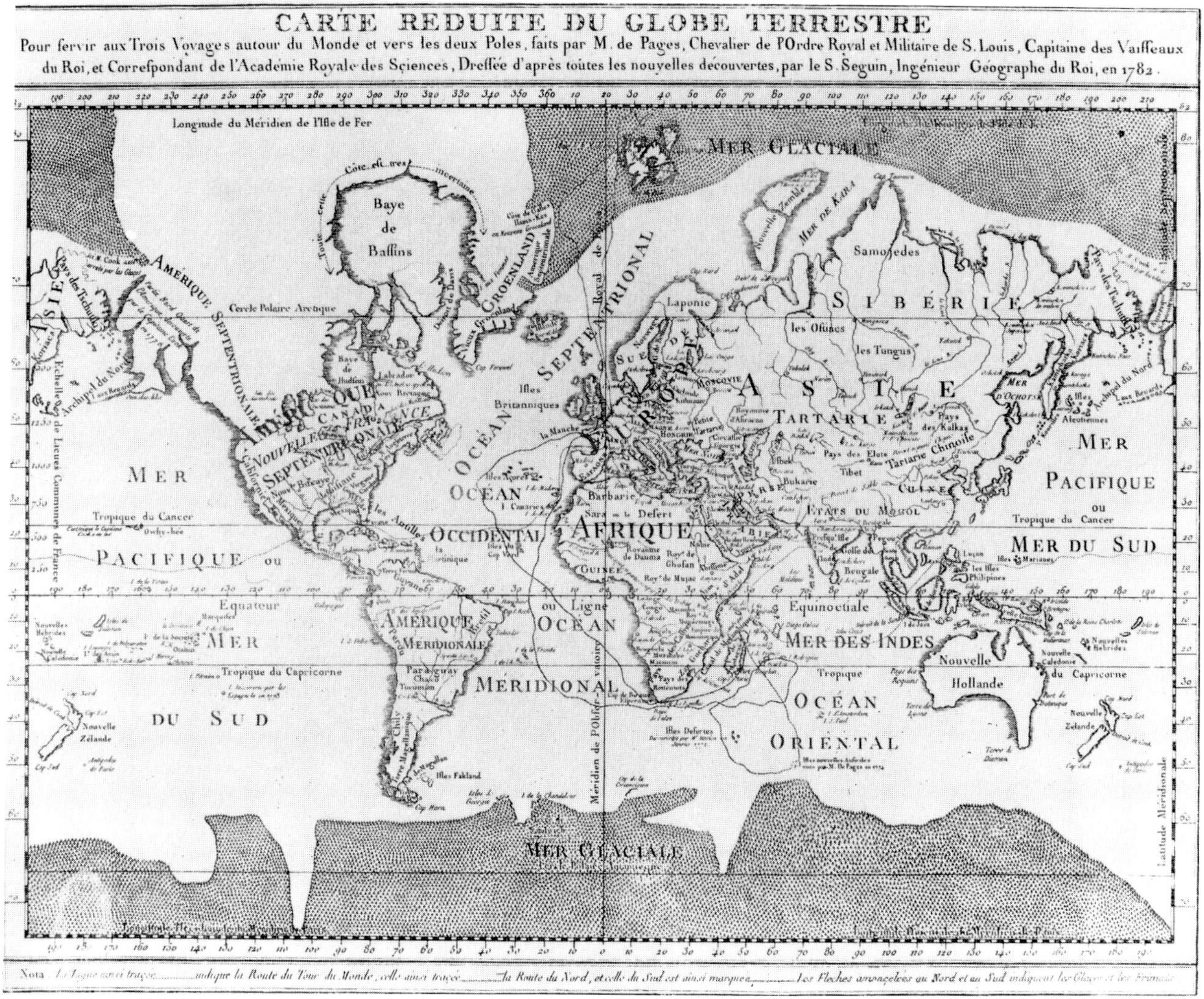
CARTE REDUITE DU GLOBE TERRESTRE
Pour servir aux Trois Voyages autour du Monde et vers les deux Poles, faits par M. de Pages, Chevalier de l'Ordre Royal et Militaire de S. Louis, Capitaine des Vaisseaux du Roi, et Correspondant de l'Academie Royale des Sciences, Dressée d'après toutes les nouvelles découvertes, par le S. Seguin, Ingénieur Géographe du Roi, en 1782.
Longitude du Méridien de l'Isle de Fer
Baye de Baffins
Cercle Polaire Arctique
MER GLACIALE
Nouvelle Zemble
MER DE KARA
Samoyedes
SIBERIE
Laponie
les Ostiaques
les Tungus
ASIE
TARTARIE
Pays des Kalkas
Tartarie Chinoise
MER PACIFIQUE ou
Tropique du Cancer
MER DU SUD
Isles Britanniques
OCÉAN SEPTENTRIONAL
OCÉAN OCCIDENTAL
AFRIQUE
Barbarie
Sara ou le Desert
CANADA
NOUVELLE FRANCE
AMERIQUE SEPTENTRIONALE
MER
PACIFIQUE ou
Tropique du Cancer
Equateur
MER
DU SUD
Tropique du Capricorne
AMERIQUE MERIDIONALE
Paraguay
OCÉAN MERIDIONAL
Equinoctiale
MER DES INDES
Nouvelle Hollande
du Capricorne
Tropique
OCÉAN ORIENTAL
Isles Deserte
Nouvelle Zélande
Isles Fakland
Cap Horn
MER GLACIALE
Méridien de l'Isle de Fer
Latitude Méridionale
Echelle de Lieues Communes de France
Nota La Ligne ainsi tracée ... indique la Route du Tour du Monde, celle ainsi tracée ... la Route du Nord, et celle du Sud est ainsi marquée ... Les Fleches annoncées au Nord et au Sud indiquent les Glaces et les Frimats

Nicolas Sanson, Die gantze Erd-Kugel … als Europa, Asia, Africa und America

sampt … Land-Karten nebenst … Beschreibung … In Frantzösischer Sprache erstlich beschrieben … und … in d. Hochteutsche Sprache getreulich übersetzet, Franckfurt am Mäyn 1679

Nicolas Sanson (1600–1667) ist in Abbeville, 40 km nordwestlich von Amiens, geboren. Er ist sowohl königlicher Geograph als auch Kartograph. Über 140 Karten gibt er heraus. Seine Söhne sowie sein Enkel betätigen sich ebenfalls kartographisch. Nicolas d. Ä. bezeichnet man deshalb auch als den Begründer der französischen Schule für Kartographie im 17. Jh.

Zwölf Jahre nach seinem Tode erscheint die „Geographia“ (so der Rückentitel des oben zitierten Werkes). Das ist ein geographisches Handbuch über die „vier bekannten Theile der Welt“. Im Vorwort wird auf die Akkuratesse des Buches und dessen Ausstattung mit Karten hingewiesen. Tatsächlich sind dem 412 Seiten umfassenden Text 62 Karten beigegeben. Leider fehlt ein Inhaltsverzeichnis, von einem Register ganz zu schweigen.

Betrachtet man in der mit N. Sanson signierten Karte „Canada, sive Nova Francia, & c.“ das Gebiet der fünf großen Seen, dann fällt die Abweichung gegenüber dem wirklichen Grundriß auf. 1640 entdecken Jesuiten zwar schon den Niagara, ausführlich beschrieben wird er aber erst 1680. Diese deutsche Ausgabe erscheint jedoch bereits 1679. In der Karte ist deshalb noch kein Abfluß vom Erie- zum Ontariosee eingetragen. Die Gestalt des Oberen Sees (Lac Superier) und ganz besonders die des Michigansees (Lac des Puans) lassen aus heutiger Sicht noch sehr zu wünschen übrig.

G. R.

Original aus der Forschungs- und Landesbibliothek Gotha,
Geogr. 8°307 (Leihgabe).
Foto F. G.

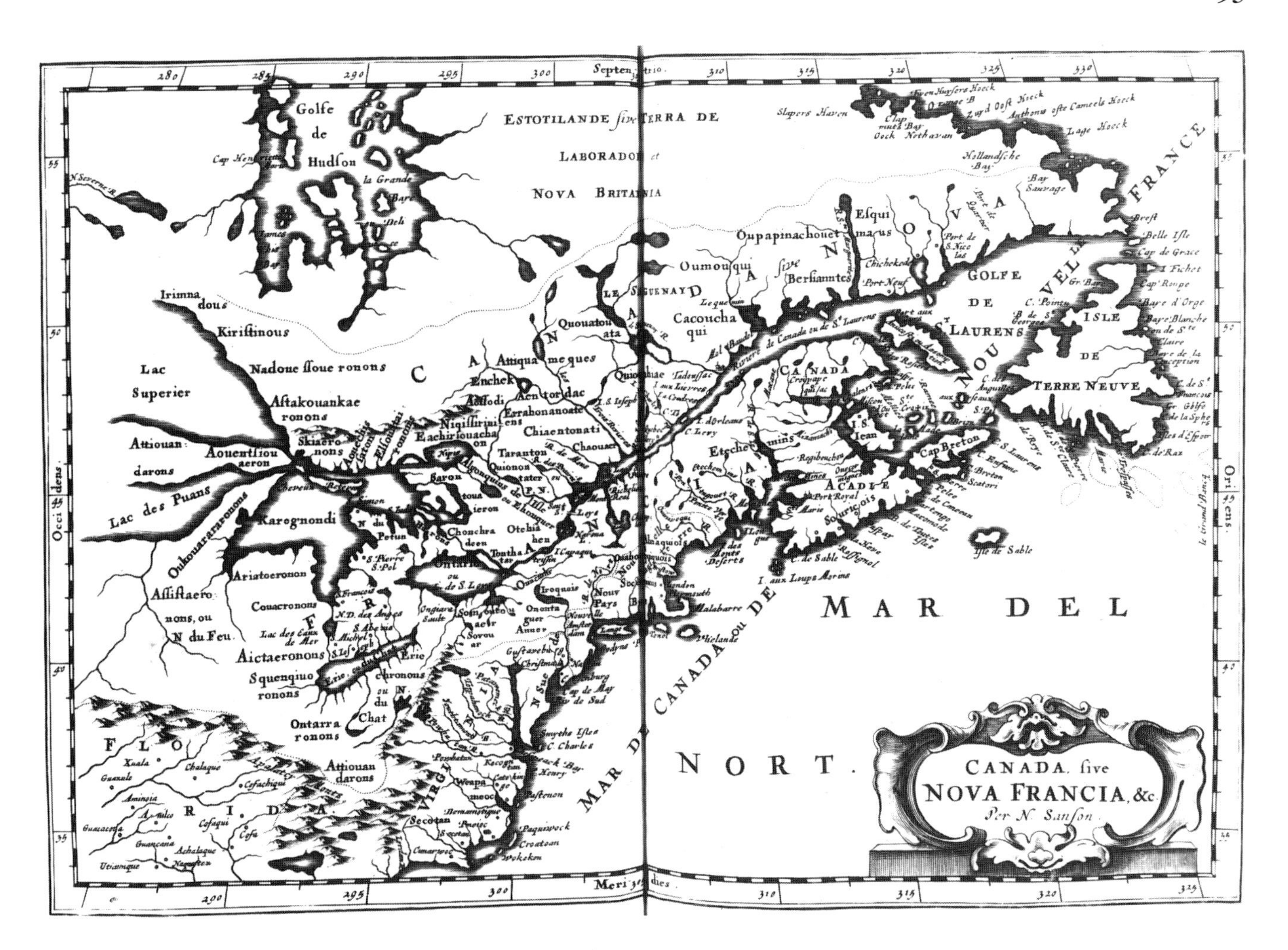
CANADA, ſive
NOVA FRANCIA, &c.
Per N. Sanſon.
ESTOTILANDE ſive TERRA DE
LABORADOR et
NOVA BRITANNIA
Golfe
de
Hudſon
la Grande
Baye
Lac
Superier
Lac des Puans
Kiriſtinous
Nadoue ſſoue ronons
Aſtakouankae
ronons
Attiouan
darons
Aouentſiou
aeron
Karegnondi
Ariatoeronon
Aſſiſtaero
nons, ou
N du Feu.
Couacronons
Aictaeronons
Squenqiuo
ronons
Ontarra
ronons
Attiouan
darons
Chat
Ontario
ou
Lac de S. Louis
Erie
Iroquois
Chaouaer
Chiaentonati
Quiounon
Oupapinachouet
Oumouqui
Berſiamites
Cacoucha
qui
Eſqui
maus
Chichekedec
Port Neuf
LE SEGUENAY
Riviere de Canada ou de St. Laurens
Tadouſſac
I. d'Orleans
Etechemins
CANADA
GOLFE
DE
ST. LAURENS
ISLE
DE
TERRE NEUVE
ACADIE
Port Royal
Souricois
Cap Breton
I. S. Jean
Iſle de Sable
C. de Sable
I. aux Loups Marins
Bref
Belle Iſle
Cap de Grace
C. de Raz
Hollandſche
Bay
Bay
Sauvage
Lage Hoeck
NOVA FRANCE
NOVVELLE FRANCE
MAR DEL
NORT.
MAR DE CANADA OU DE
FLORIDA
VIRGINIA
Secotan
Croatoan
Wokokon
Paquiwock
Chriſtmas
Nouvelle
Amſterdam
Septentrio.
Meridies.
Occidens.
Oriens.
280
285
290
295
300
310
315
320
325
330
35
40
45
50
55

Thomas Gage, Neue merckwürdige Reise-Beschreibung nach Neu Spanien … Aus d. Französ., Leipzig 1693

Thomas Gage (vor 1600–1655) stammt aus Irland. Er wird Dominikaner, reist nach Mexiko, dem damaligen „Neuspanien“. Dort wirkt Gage unter anderem als Pfarrer zweier indianischer Dörfer. Die eingehenden Kenntnisse, die er sich von Mittelamerika erwirbt, veröffentlicht er erstmals 1648 in London unter dem Titel „A new survey of the West-Indies“. Das Werk erlebt mehrere Auflagen. 1676 wird es sogar ins Französische, 1681 ins Holländische und 1693 ins Deutsche übersetzt.

Neben dem Beginn des 1. Kapitels befindet sich ein kennzeichnendes Bild: An einem Tisch sitzt ein Mönch, dem als Dank für geistlichen Zuspruch von seinen Zuhörern weltliche Gaben dargebracht werden. Das Ganze spielt sich ab vor einer Kulisse zweier spitzer Berge, deren einer als Vulkan gerade ausbricht. Eine Situation, wie sie Thomas Gage möglicherweise selbst erlebt hat. Außer der Reisebeschreibung über Neuspanien enthält das Werk noch einen ausführlichen Bericht über die Stadt Mexiko sowie eine Beschreibung aller Länder und Provinzen, die die Spanier in Amerika besitzen. Beigefügt ist ein Unterricht von der Pocomanischen Sprache. Bei den Pocomanen handelt es sich um eine Gruppe der Mayas im Norden von Guatemala.

G. R.

Original aus der Forschungs- und Landesbibliothek Gotha,
Geogr. 8°3851/2 (Leihgabe).
Foto F. G.

94

Johann Gottfried Gregorii, Asiae, Africae und Americae geographia novissima, specialis et specialissima.

Das ist: Eine sehr nützliche und wohleingerichtete Land- und Städtebeschreibung … Von Melissantes (d. i. Johann Gottfried Gregorii). Franckfurt und Leipzig 1708

Dieses systematisch aufgebaute Handbuch von Asien, Afrika, Amerika und „denen unbekandten Ländern um beyde Polos" hat nur ein kleines Format. Es umfaßt jedoch 844 Seiten Text, der durch ein Inhaltsverzeichnis und Register von zusammen 52 Seiten erschlossen wird.

Johann Gottfried Gregorii (1683–1770), lat. Gregorius, ist in Toba im Kreis Sondershausen geboren. Er wirkt als Pfarrer in Dornheim, Siegelbach und Dosdorf, alles Kreis Arnstadt. Seine Veröffentlichungen sind seinerzeit sehr bekannt. Zedler führt im 20. Band seines Universallexikons (1739) sechs Werke von ihm auf. Darunter an erster Stelle das hier vorliegende. Darüber hinaus sei wenigstens noch erwähnt „Das jetzt florirende Thüringen. In seinen Durchlauchtigsten und Ruhmwürdigsten Häuptern vorgestellet" aus dem Jahre 1711.

Gregorius ist sich durchaus bewußt, daß seine vorliegende Arbeit nicht streng wissenschaftlich zu bewerten ist.

G. R.

Original aus der Forschungs- und Landesbibliothek Gotha,
Geogr. 8°325/2 (Leihgabe).
Foto F. G.

95

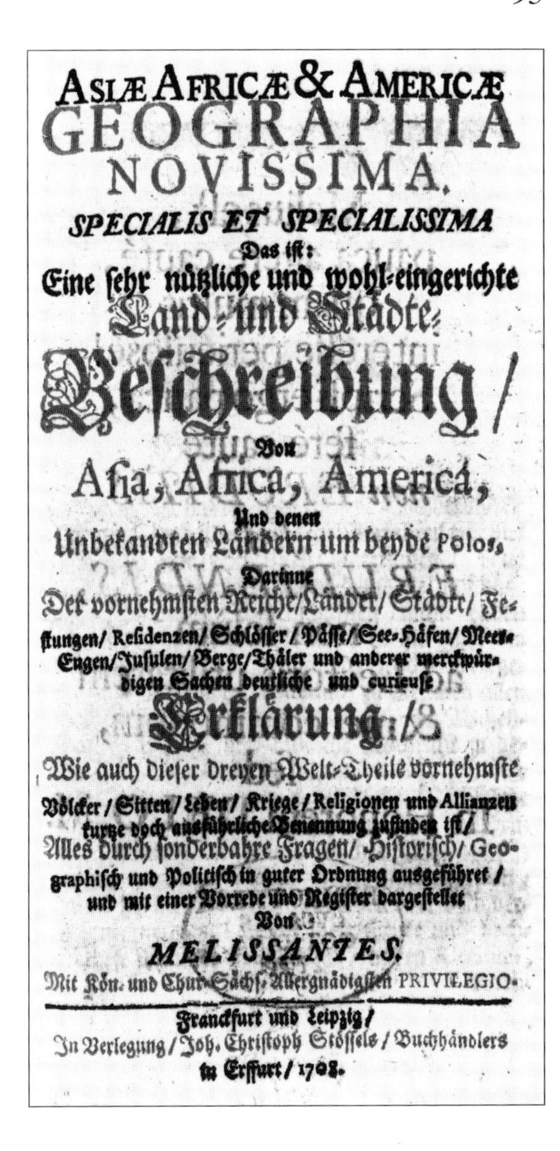

ASIÆ AFRICÆ & AMERICÆ
GEOGRAPHIA
NOVISSIMA,
SPECIALIS ET SPECIALISSIMA
Das ist:
Eine sehr nützliche und wohl-eingerichte
Land- und Städte-
Beschreibung/
Von
Asia, Africa, America,
Und denen
Unbekandten Ländern um beyde Polos,
Darinne
Der vornehmsten Reiche/Länder/Städte/ Festungen/ Residenzen/ Schlösser / Pässe/ See-Häfen/ Meer-Engen/Jusulen/ Berge/Thäler und anderer merckwürdigen Sachen deutliche und curieuse
Erklärung/
Wie auch dieser dreyen Welt-Theile vornehmste Völcker / Sitten / Leben / Kriege / Religionen und Allianzen kurtze doch ausführliche Benennung zufinden ist/
Alles durch sonderbahre Fragen/ Historisch/ Geographisch und Politisch in guter Ordnung ausgeführet / und mit einer Vorrede und Register dargestellet
Von
MELISSANTES.
Mit Kön. und Chur-Sächs. Allergnädigsten PRIVILEGIO.

Franckfurt und Leipzig/
In Verlegung / Joh. Christoph Stössels / Buchhändlers in Erffurt / 1708.

John Oldmixon,
Groß-Brittannisches America nach seiner Erfindung, Bevölckerung und allerneuestem Zustand. (The British Empire in America . . .).

Aus d. Engl. übers. durch … (Ludwig Friedrich) Vischer,
Hamburg 1710

John Oldmixon (1673–1742) entstammt einer alten Familie in der Grafschaft Somerset. Zu seiner Zeit anerkannt ist die zweibändige Publikation „The British Empire …“ aus dem Jahre 1708. Bereits zwei Jahre später wird sie von Ludwig Friedrich Vischer (gest. 1720/21) übersetzt. Vischer ist eigentlich Reiseschriftsteller. Das „M.“ vor seinem Namen ist die Abkürzung für „Magister philosophiae“. Als Übersetzer ist Vischer sehr fleißig. Von ihm stammt unter anderem die älteste deutsche Bearbeitung von Daniel Defoes „Robinson Crusoe“ (1720). Das vorliegende Werk widmet Vischer ganz devot dem Kapitän Martin Tamm, der ihn 1708 und wahrscheinlich auch 1704/05 auf seinem Schiff mitnimmt. Ob er von ihm oder anderen Hamburger Persönlichkeiten abhängig ist, läßt sich nicht mehr feststellen.

Das aufgeschlagene Kapitel behandelt ausführlich die „Historie von Neu-York“. New York ist 1613 von den Niederländern gegründet worden. Damals heißt es noch „Neu Amsterdam“ und liegt in der holländischen Kolonie, die latinisiert Nova Belgia bezeichnet wird. Erst 1664 wird es englisch und erhält dann seinen heutigen Namen.

G. R.

Original aus der Forschungs- und Landesbibliothek Gotha
Geogr. 8°3833/3 (Leihgabe).
Foto F. G.

96

168 Groß-Brittannisches

Historie
von
Neu-York.

Von dessen Entdeckung/Bewohnung/ und Begebenheiten biß jetzo. Imgleichen von der Lufft / dem Boden/ Handlung und Einwohnern so Engelischen als Indianern.

Dies Land hieß erstlich Nova Belgia, und die Holländer / so sich dessen Eigenthums anmassen / schlossen Martha's Vineyard und Elisabeth-Eiland mit ein. Das erste hiessen sie Henrichs-Christians-Eiland/ das letzte/ te/ Adrian Blocks / nach den 2. Schiffern / welche es zu erst sollen entdecket haben. Man sieht aber nicht/ was sie für Recht an diese Eilande oder auch an das veste Land am Hudson-Fluß haben/biß sies von Capt. Hudson der es zu erst erfunden / im Jahr 1608. erhandelt. Welchem Verkauf/weil er sonder des Königs Vergünstigung geschehen / von den Englischen wiedersprochen wurde / wiewohl man sich keine Mühe gab / sich selbst da nieder zu lassen oder die Holländer zu hindern.

Die

Christian Leiste, Beschreibung des Britischen Amerika zur Ersparung der englischen Karten. Nebst e. Special-Kt. d. mittl. Brittischen Colonien, Wolfenbüttel 1778

Christian Leiste (1738–1815) ist Conrektor an der herzoglichen Schule zu Wolfenbüttel, später Rektor und seit 1786 Professor. Als Naturwissenschaftler und Geograph hat er sich unter anderem mit Amerika befaßt. Sein Werk zählt mit Register 571 Seiten. Es ist systematisch aufgebaut. Der erste Abschnitt „Allgemeine Beschreibung des festen Landes" umfaßt Informationen zu Lage und Größe, natürlicher Beschaffenheit, Produkten des Steinreiches, Pflanzen, Tieren, Indianern und europäischen Einwohnern. Der umfangreiche zweite Abschnitt beschreibt ausführlich die einzelnen Provinzen an der Ostküste Nordamerikas – von Labrador bis Florida samt den Bermudas und dem Britischen Westindien. Im dritten Abschnitt wird die Geschichte abgehandelt.

In dieser „Special Karte von den Mittleren Brittischen Colonien in Nord Amerika" erkennt man auf einen Blick, daß im Landesinneren nur wenige Einzelheiten verzeichnet sind. Das ist normal. Ungewöhnlich dagegen ist die große Windrose in der rechten unteren Ecke. Sie trägt nicht nur eine Gradeinteilung von 360 Grad, sondern außer den Haupthimmelsrichtungen auch noch Unterteilungen. Mit ihrer Hilfe in Verbindung mit Entfernungsangaben von bestimmten Punkten aus, glaubt Leiste durch beschreibenden Text „den Mangel an Special-Karten zu ersetzen". Ob dies immer gelingt, bezweifelt er allerdings selbst.

G. R.

Original aus der Forschungs- und Landesbibliothek Gotha,
Geogr. 8°3834/5 (Leihgabe).
Foto F. G.

97

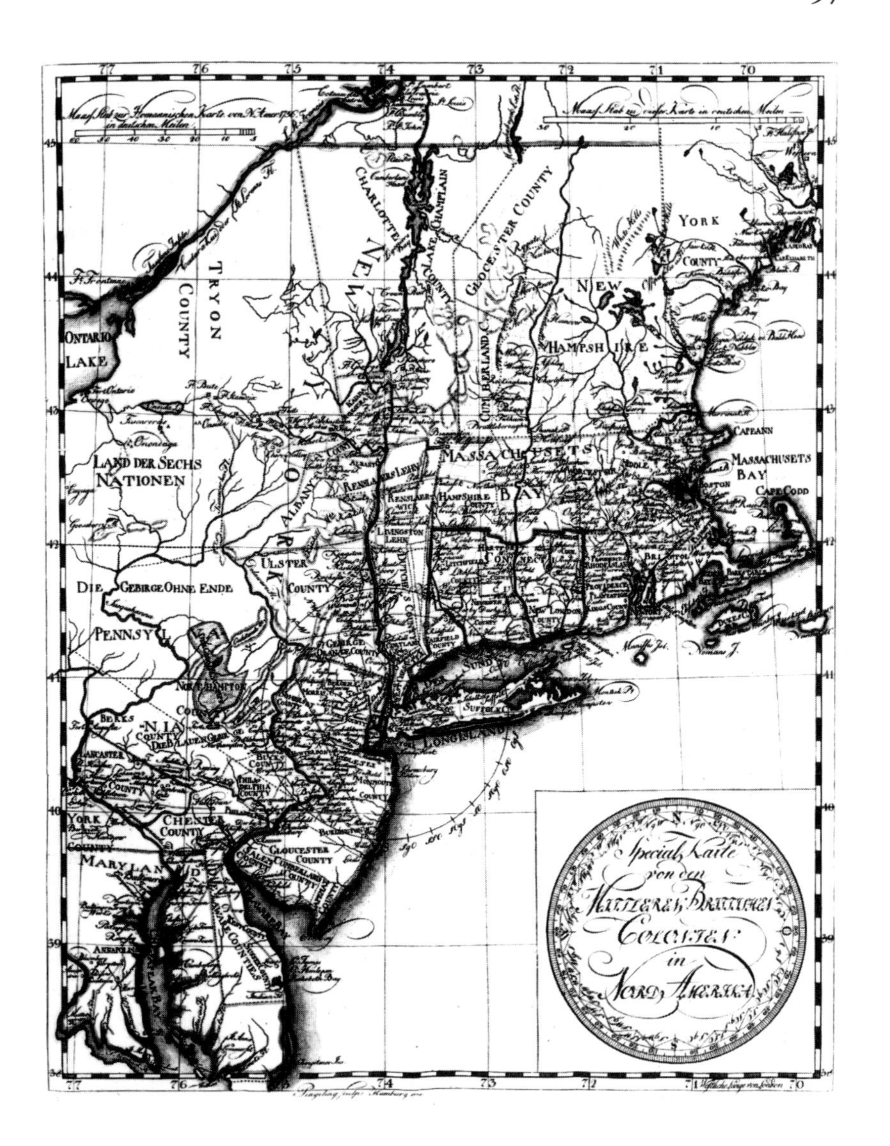

77
76
75
74
73
72
71
70
TRYON COUNTY
ONTARIO LAKE
LAND DER SECHS NATIONEN
DIE GEBIRGE OHNE ENDE
PENNSY
CHARLOTTE
LAKE CHAMPLAIN
GLOCESTER COUNTY
NEW
YORK
NEW HAMPSHIRE
CUMBERLAND
MASSACHUSETS BAY
CAPE ANN
MASSACHUSETS BAY
CAPE CODD
ALBANY
ULSTER COUNTY
LONG ISLAND
CHESTER COUNTY
GLOUCESTER COUNTY
MARYLAND
BERKS
Special Karte von den Mittleren Brittischen Colonien in Nord America

James Cook, (A voyage to the Pacific Ocean, dt.)

Neueste Reisebeschreibungen, oder Jakob (James) Cook's dritte und letzte Reise, welche ... in den Jahren 1776 bis 1780 unternommen worden. Bd. 1.2., Nürnberg und Leipzig 1786

James Cook (1728–1779), eine der erfolgreichsten Persönlichkeiten der Entdeckungsgeschichte, unternimmt drei Weltreisen. Auf seiner dritten Reise entdeckt er die Hawaii-Inseln. Diese nennt er nach dem Leiter der britischen Admiralität Sandwichinseln. Auf der Suche nach einem Seeweg im Norden von Amerika stößt er schließlich, von Hawaii kommend, bei 45 Grad n. Br. auf die amerikanische Westküste, der er nordwärts folgt. Nach dem Durchfahren der Amerika von Asien trennenden Beringstraße muß er am 17. 8. 1778 wegen des Packeises auf 70 Grad 41' n. Br. umkehren. Deshalb tauft er die Stelle Eiskap (engl.: Cape Icy).

Zurückgekehrt nach den Hawaii-Inseln wird dort überwintert. Bei einer Auseinandersetzung mit den (aus europäischer Sicht) „diebischen Eingeborenen" wird Cook am 14. Februar 1779 erschlagen. Sein Tagebuch führt C. J. King bis zur Heimkehr fort. Es wird 1784 erstmals in Englisch herausgegeben. Im Nootkasund an der Westküste der Vancouver-Insel trifft Cook auf die Stämme der Nootka aus der Sprachgruppe der Wakash. Die Abbildung zeigt die Indianer mit traditioneller Bemalung der Stirn, Nasen- und Ohrenschmuck.

Erst auf späteren Fahrten erkennt Cooks Begleiter, George Vancouver, die Inselnatur dieses Gebietes, das Cook noch als Teil des nordamerikanischen Festlandes ansieht.

G. R.

Original aus der Forschungs- und Landesbibliothek Gotha,
Geogr. 8°589/4 (Leihgabe).
Foto F. G.

98

Ein Mann vom Nootkasund.

Geschichte der Reisen, die seit Cook an der Nordwest- und Nordostküste von Amerika und in dem nördlichsten Amerikaselbst von Meares, Dixon, Portlock, Coxe, Long u. a. m. unternommen worden sind.

Aus d. Engl., mit Zuziehung aller anderweitigen Hülfsquellen, ausgearb. von Georg Forster. Theil 1–3., Berlin 1792

Der Vater Johann Reinhold Forster nimmt, als er 1772–1775 James Cook auf dessen zweiter Weltreise begleitet, seinen Sohn mit. Das prägt den jungen Georg Forster (1754–1794) nachhaltig. Nach der Rückkehr wird Georg 1778 Professor der Naturkunde in Kassel, 1784 Professor in Wilna und vier Jahre später schließlich Bibliothekar in Mainz.

Georg Forster gilt als Begründer der wissenschaftlich-künstlerischen Reisebeschreibung. Sein Vater hat sich verpflichtet, außerhalb des amtlichen Berichtes von Cook keine eigene Reisebeschreibung zu veröffentlichen. Deshalb überarbeitet Georg dessen Material und veröffentlicht es in Englisch und 1778/88 in Deutsch unter dem Titel „J. R. Forsters Reise um die Welt“.

Auch dieses hier vorgestellte Buch hat seine Anregung durch den Vater erhalten. Johann Reinhold schreibt eine „Geschichte der Entdeckungen und Schiffahrten im Norden“, die 1784 erscheint. Georg greift 1791 das Thema seines Vaters auf, konzentriert es jedoch auf die „Wahrscheinlichkeit der nordwestlichen Durchfahrt“, wie es die Karte veranschaulicht.

G. R.

Original aus der Forschungs- und Landesbibliothek Gotha, Geogr. 8°3856/4 (Leihgabe).
Foto F. G.

99

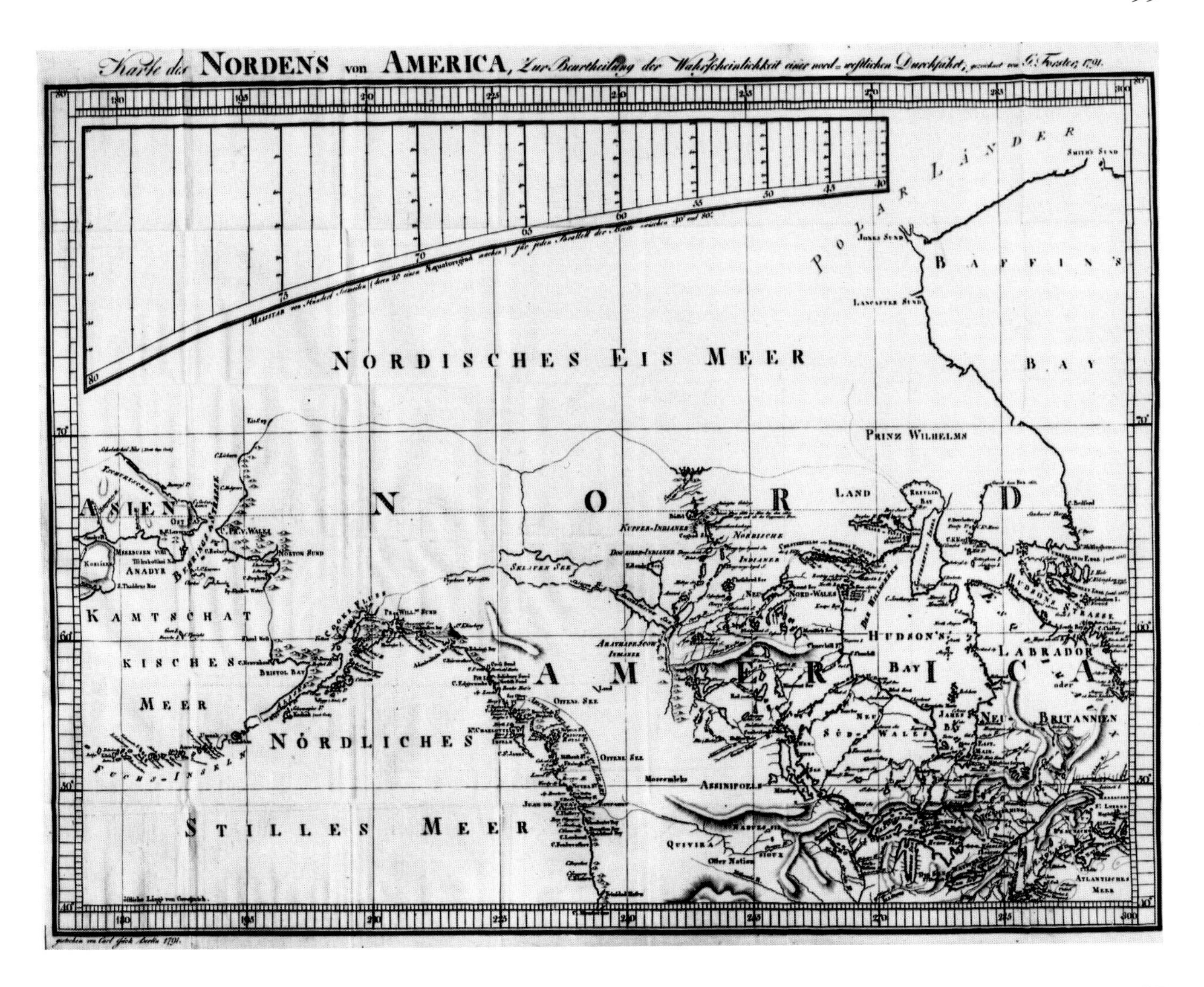
Karte des NORDENS von AMERICA, Zur Beurtheilung der Wahrscheinlichkeit einer nord=westlichen Durchfahrt
POLAR LÄNDER
BAFFIN'S BAY
NORDISCHES EIS MEER
PRINZ WILHELMS LAND
NORD AMERICA
ASIEN
KAMTSCHATKISCHES MEER
NÖRDLICHES STILLES MEER
HUDSON'S BAY
LABRADOR oder NEU BRITANNIEN
NEU SÜD-WALES
NORD-WALES
ASSINIPOELS
QUIVIRA
ATLANTISCHES MEER
FUCHS-INSELN
ANADYR
BRISTOL BAY
KUPFER-INDIANER
SMITHS SUND
JONES SUND
LANCASTER SUND

William Bartram, Reisen durch Nord- und Süd-Karolina, Georgien, Ost- und West-Florida …

Aus d. Engl. (u.) mit erläut. Anmerk. von E. A. W. Zimmermann, Berlin 1793

Das 1792 in London nachgedruckte Werk erscheint erstmals 1791 in Philadelphia, Pennsylvania. Fast fünf Jahre (1773/78) hat sich der Autor mit den Menschen, Pflanzen und Tieren der von ihm bereisten Gebiete beschäftigt. Der Übersetzer Zimmermann betont in seinem Vorwort, daß Bartrams Buch „eines der lehrreichsten Werke unserer Zeit“ sei. Das wohl vor allem deshalb, weil der Verfasser auch die damals nur sehr wenig bekannten Gebiete jenseits der Appalachen beschrieben hat.

Williams Vater, John Bartram (1699–1777), wird als Königlicher Großbritannischer Botaniker nach Nordamerika geschickt, um zu sammeln und zu beobachten. Das erledigt er fleißig, wie es seine Publikationen belegen. Aber er begeistert auch seinen Sohn William (1739–1823) dafür.

Dessen Werk enthält zahlreiche Pflanzendarstellungen, wie die Ixia caelestina. Die meisten Arten der Gattung Ixia kommen in Südafrika vor, nur diese stellt eine Ausnahme dar und wird vermutlich deshalb hier abgebildet.

G. R.

Original aus der Forschungs- und Landesbibliothek Gotha,
Geogr. 8°3895/1 (Leihgabe).
Foto F. G.

100

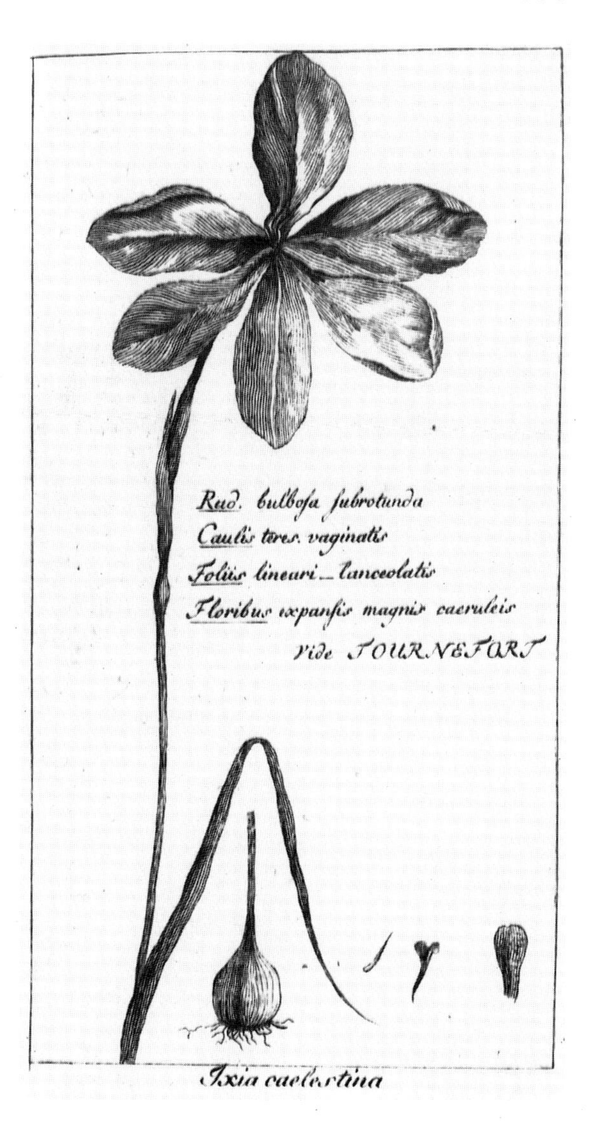
Rad. bulbosa subrotunda
Caulis teres. vaginatis
Foliis lineari_lanceolatis
Floribus expansis magnis caeruleis
vide TOURNEFORT
Ixia caelestina

Anton Pigafetta's Beschreibung der von Magellan unternommenen ersten Reise um die Welt. (Primo Viaggio intorno al globo terracqueo … [dt.].)

Aus e. Handschrift d. ambrosianischen Bibliothek zu Mailand
von Amoretti zum erstenmal hrsg., aus d. Französ.,
Gotha 1801

Der portugiesische Seefahrer Fernão de Magalhães (span. Magallanes, dt. Magellan) unternimmt 1519 eine Reise zu den „Gewürzinseln", den heutigen Molukken, in westlicher Richtung. Bevor er sein Ziel erreicht, wird er jedoch auf einer Philippineninsel erschlagen. Sebastian de Elcano (Delcano) vollendet die Reise.

An dieser Expedition nimmt auch Anton Pigafetta (1491–1534) teil. Er erreicht im September 1522 als einer der wenigen Überlebenden die Heimat. Auf Geheiß des Papstes Clemens VII. verfaßt er „in verdorbenem Italienisch" eine Beschreibung der Weltumsegelung. Sein Manuskript gilt lange als verloren. Erst Carlo Amoretti entdeckt es wieder. Er überträgt es in reines Italienisch und gibt es 1800 zum ersten Mal heraus.

1801 erscheint in Gotha bei Perthes eine Übersetzung ins Deutsche. Die Übersichtskarte hierzu ist eine der frühesten im Verlag von Justus Perthes publizierten Landkarten überhaupt. Sie zeigt die Route „der ersten Reise um die Welt".

G. R.

Original aus der Forschungs- und Landesbibliothek Gotha,
Geogr. 8°605/2 (Leihgabe).
Foto F. G.

101

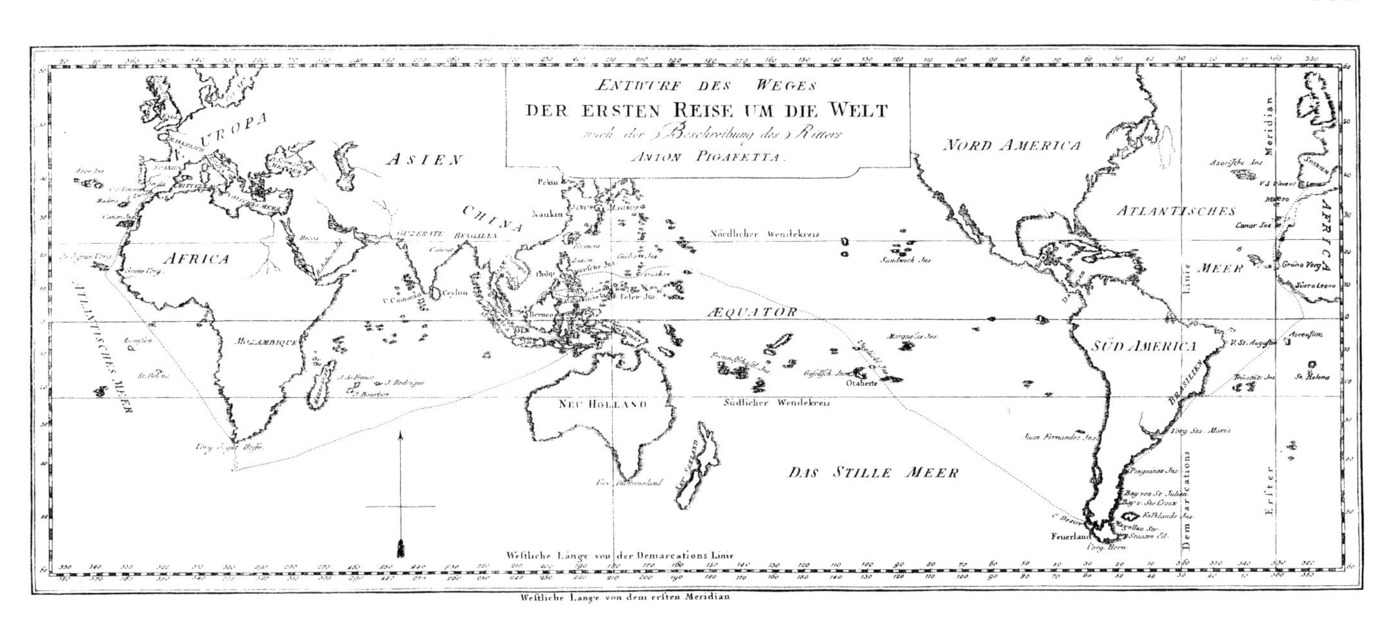
ENTWURF DES WEGES
DER ERSTEN REISE UM DIE WELT
nach der Beschreibung des Ritters
ANTON PIGAFETTA.
EUROPA
ASIEN
CHINA
AFRICA
MOZAMBIQUE
ATLANTISCHES MEER
Ceylon
Nördlicher Wendekreis
ÆQUATOR
Südlicher Wendekreis
NEU HOLLAND
Sandwich Ins.
Otaheite
DAS STILLE MEER
NORD AMERICA
ATLANTISCHES
MEER
SÜD AMERICA
BRASILIEN
Feuerland
Linie
Demarcations
Erster
Meridian
AFRICA
St. Helena
Westliche Länge von der Demarcations Linie
Westliche Länge von dem ersten Meridian

Alexander Mackenzie,
Reisen von Montreal durch Nordwestamerika nach dem Eismeer und der Süd-See in den Jahren 1789 und 1793. Nebst einer Geschichte des Pelzhandels in Canada.

Aus d. Engl. …, Hamburg 1802

Vom Handelsstützpunkt Fort Chipewyan am Athabaskasee fährt Alexander Mackenzie (1755–1820) im Sommer 1789 zum Großen Sklavensee. Über den später nach ihm benannten Fluß erreicht er dann als zweiter Forscher (nach Samuel Hearne 1771) das „Eismeer" auf dem Landweg.

Um einen neuen Weg nach dem Stillen Ozean zu erkunden, bricht der rastlose schottische Händler im Oktober 1792 nochmals auf. Er verläßt den Athabaskasee in westlicher Richtung. Dem Peace River folgt er flußaufwärts. Über die Kontinentalwasserscheide im Felsengebirge gelangt er zum Fraser. Über Nebenwasserscheiden hinweg erreicht er am 22. Juli 1793 die Küste des Stillen Ozeans. Im Titel der Karte ist die Rede von dem „Westlichen stillen Meere" und in der Karte selber heißt es sogar „Nördliches stilles Meer"! Vor seiner Rückkehr bringt er an an einem Felsen eine Inschrift aus Karmin und geschmolzenem Fett an, die seinen Namen, das Datum und die Tatsache vermerkt, daß er „über Land" von Kanada hierher, in die Nähe des heutigen Bella Coola, gekommen sei. Kurz vor ihm hat George Vancouver von See her diese Küstenstriche aufgesucht.

G. R.

Original aus der Forschungs- und Landesbibliothek Gotha,
Geogr. 8°3857/3 (Leihgabe).
Foto F. G.

102

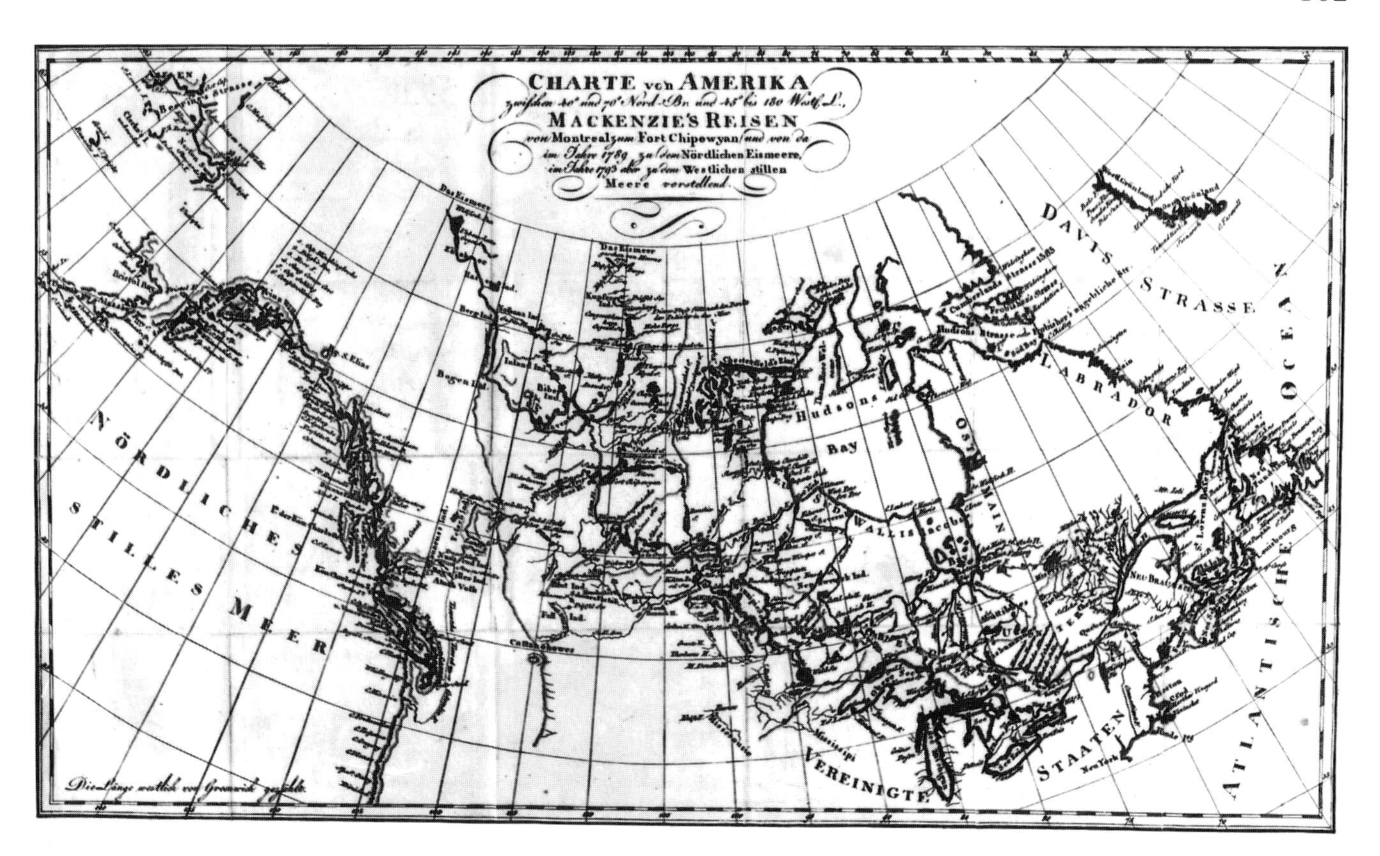
CHARTE von AMERIKA
zwischen 40° und 70° Nord-Br. und 45° bis 180 Westl. L.,
MACKENZIE'S REISEN
von Montreal zum Fort Chipewyan und von da
im Jahre 1789 zu dem Nördlichen Eismeere,
im Jahre 1793 aber zu dem Westlichen stillen
Meere vorstellend.
Das Eismeer
DAVIS STRASSE
LABRADOR
Hudsons Bay
NÖRDLICHES STILLES MEER
ATLANTISCHE OCEAN
VEREINIGTE STAATEN
New York
Die Länge westlich von Greenwich gezählt

Nachrichten von verschiedenen Ländern des Spanischen Amerika.

Aus eigenhänd. Aufsätzen einiger Missionare d. Gesellsch. Jesu; hrsg. von Christoph Gottlieb von Murr. Zweiter Theil. Mit e. Original-Charte, Halle 1811

Christoph Gottlieb von Murr (1733–1811) ist ein überaus vielseitiger Mann. In der Allgemeinen Deutschen Biographie wird er deshalb als Polyhistor charakterisiert. Große Sympathien bewahrt sich Murr gegenüber den Jesuiten. Das bestätigt auch dieses von ihm herausgegebene Werk, dessen zwei Teile 1809 und kurz nach seinem Tode 1811 erscheinen.

Die Karte am Ende des 2. Bandes illustriert die Fahrt von Pater Joseph Garcia aus dem Jahre 1766. Murr veröffentlicht dessen in Spanisch vorliegendes Tagebuch. Jeweils auf die rechte Seite des Buches stellt er die deutsche Übersetzung.

Die Karte ist nach Osten orientiert. Sie zeigt am linken Rand die Insel Chiloe vor der Westküste Südamerikas. Mit einer punktierten Linie ist die Missionsreise durch das Inselgewirr nach Süden, also nach rechts, eingetragen. Ein Kreuzchen markiert die schmalste Stelle der Halbinsel Taitao (hier „Ofqui tierra Firme"). Dort sind die Boote der Expedition über Land gezogen worden.

G. R.

Original aus der Forschungs- und Landesbibliothek Gotha, Geogr. 8°3813/4 (Leihgabe).
Foto F. G.

103

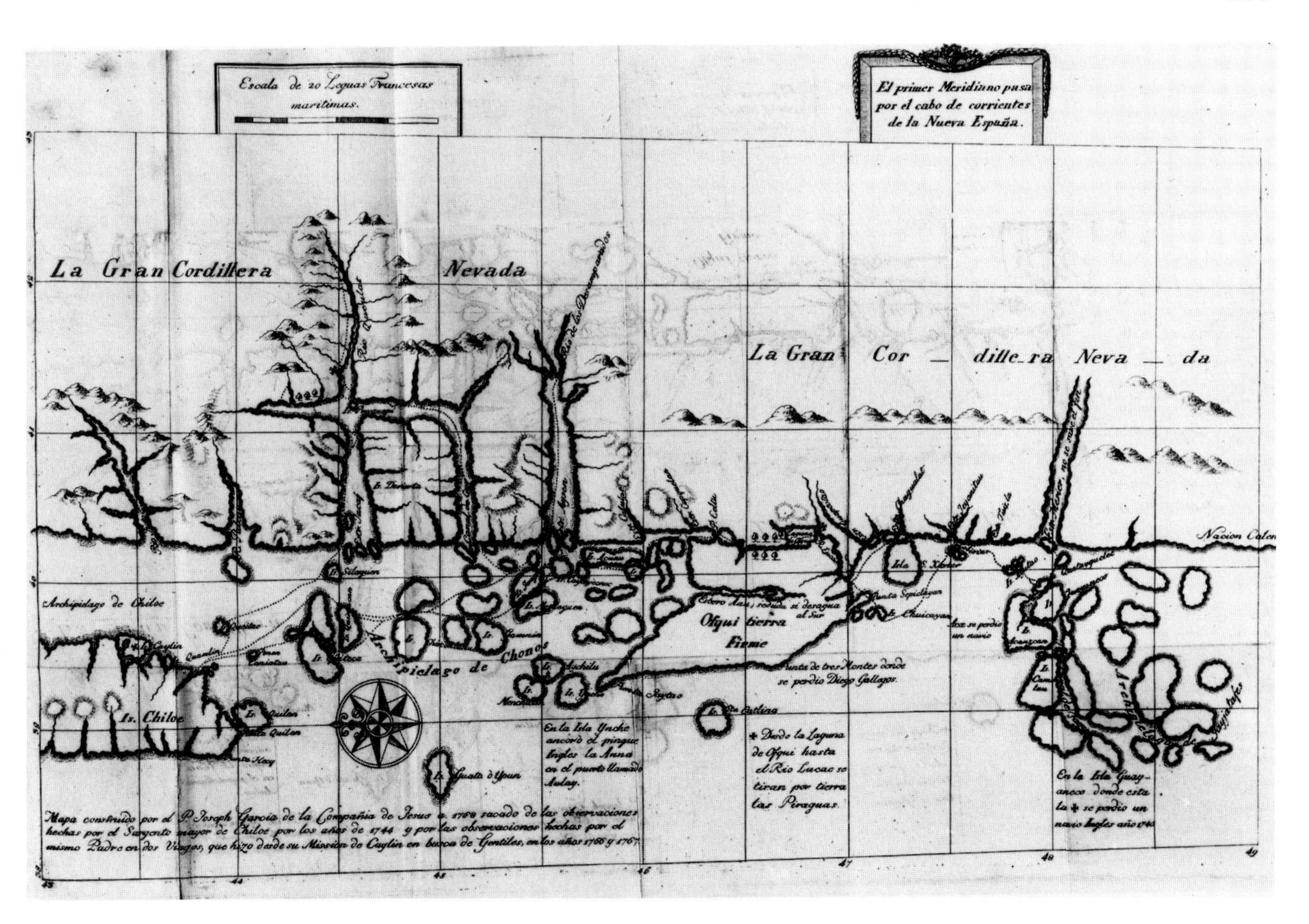
Escala de 20 Leguas Francesas maritimas.
El primer Meridinno pasa por el cabo de corrientes de la Nueva España.
La Gran Cordillera Nevada
La Gran Cor dille ra Neva da
Nacion Calen
Archipielago de Chiloe
Archipielago de Chonos
Is. Chiloe
Oqui tierra Firme
Isla S. Xavier
Punta de tres Montes donde se perdio Diego Gallegos.
En la Isla Ynche ancorò el pingue Ingles la Anna en el puerto llamado Aulay.
✠ Desde la Laguna de Ofqui hasta el Rio Lucac se tiran por tierra las Piraguas.
En la Isla Guayaneco donde esta la ✠ se perdio un navio Ingles año 1740
Mapa construido por el P. Joseph Garcia de la Compañia de Jesus a. 1768 sacado de las observaciones hechas por el Sargento mayor de Chiloe por los años de 1744 y por las observaciones hechas por el mismo Padre en dos Viages, que hizo desde su Mission de Caylin en busca de Gentiles, en los años 1766 y 1767.

Maximilian Prinz zu Wied-Neuwied, Reise nach Brasilien in den Jahren 1815 bis 1817, Frankfurt a. M., 1820/21

Eine entscheidende Wende in der Entdeckungsgeschichte Südamerikas leitet Alexander von Humboldt ein. Durch seine neue Art des Schauens, Beobachtens und Vergleichens hat er neue Welten erschlossen. Es beginnt die wissenschaftliche Erforschung Amerikas durch eine Vielzahl von Reisenden. Zu ihnen gehört auch Prinz Maximilian zu Wied-Neuwied (1782–1867).

Er bereist 1815 bis 1817 in Brasilien Küstengegenden und Hinterland zwischen Rio de Janeiro und Bahia (heute Name der Provinz) bzw. Salvador (deren Haupstadt). Dabei richtet er sein Augenmerk besonders auf den Stamm der Botocudo oder Aymoré. Sie sind umherschweifende Jäger und Sammler. Ihr Name ist von dem portugiesischen Wort „botoque“ für Faßspund, Holzpflock abgeleitet. Gemeint sind damit die Holzklötzchen, die sie in der Unterlippe und in den Ohrläppchen tragen.

Maximilian besucht später in Nordamerika andere Indianerstämme und publiziert auch darüber. Übrigens interessiert sich Maximilian schon früh für Naturgeschichte. Darin wird er von seinem Lehrer an der Universität, dem in Gotha geborenen Johann Friedrich Blumenbach, bestärkt. Dieser ist es auch, der ihn speziell auf die Völkerkunde orientiert.

G. R.

Original aus der Forschungs- und Landesbibliothek Gotha,
Geogr. 4°4117/3 und Kupfer zur Reisebeschreibung Geogr. gr. 2°4117/3 (Leihgabe).
Foto F. G.

104

Fig. 1
Fig. 2
Fig. 5
Fig. 3
Fig. 4
Abbildung vier origineller Botocuden Physiognomien
nebst einem Mumienkopf

Bernhard Herzog zu Sachsen-Weimar-Eisenach, Reise Sr. Hoheit des Herzogs Bernhard zu Sachsen-Weimar-Eisenach durch Nord-Amerika in den Jahren 1825 und 1826.

Hrsg. von Heinrich Luden. Th. 1, 2., Weimar 1828

Bernhard (1792–1862) ist der zweite Sohn des regierenden Weimarer Großherzogs Karl August.

Im April 1825 verwirklicht er seine lange gehegte Absicht, auch die nordamerikanischen Freistaaten kennenzulernen. Er bereist sie 14 Monate lang. Dabei führt er ein umfängliches Tagebuch.

Auf Bitte des Herzogs hat der Historiker Heinrich Luden (1778–1847) das Tagebuch 1828 herausgegeben. Im ersten Band befindet sich neben der Seite 270 eine Tafel. Sie zeigt Ansicht und Grundriß des damals völlig freistehenden Capitols in Washington. Interessant ist Herzog Bernhards Beschreibung des Stadtgrundrisses: „Die Hauptavenüen der zu bauenden (!) Stadt laufen alle von diesem Punct aus, so dass diese Aussicht an die Lage des Carlsruher Schlosses erinnert, nur mit dem Unterschiede, dass man kein Holz (Gehölz, Wald) und nur wenige Häuser sieht."

An das 1793 begonnene Bauwerk werden ab 1850 zwei Flügel angebaut und die heute so typische hohe Kuppel errichtet.

G. R.

Original aus der Forschungs- und Landesbibliothek Gotha,
Geogr. 8°3858/2 (Leihgabe).
Foto F. G.

105

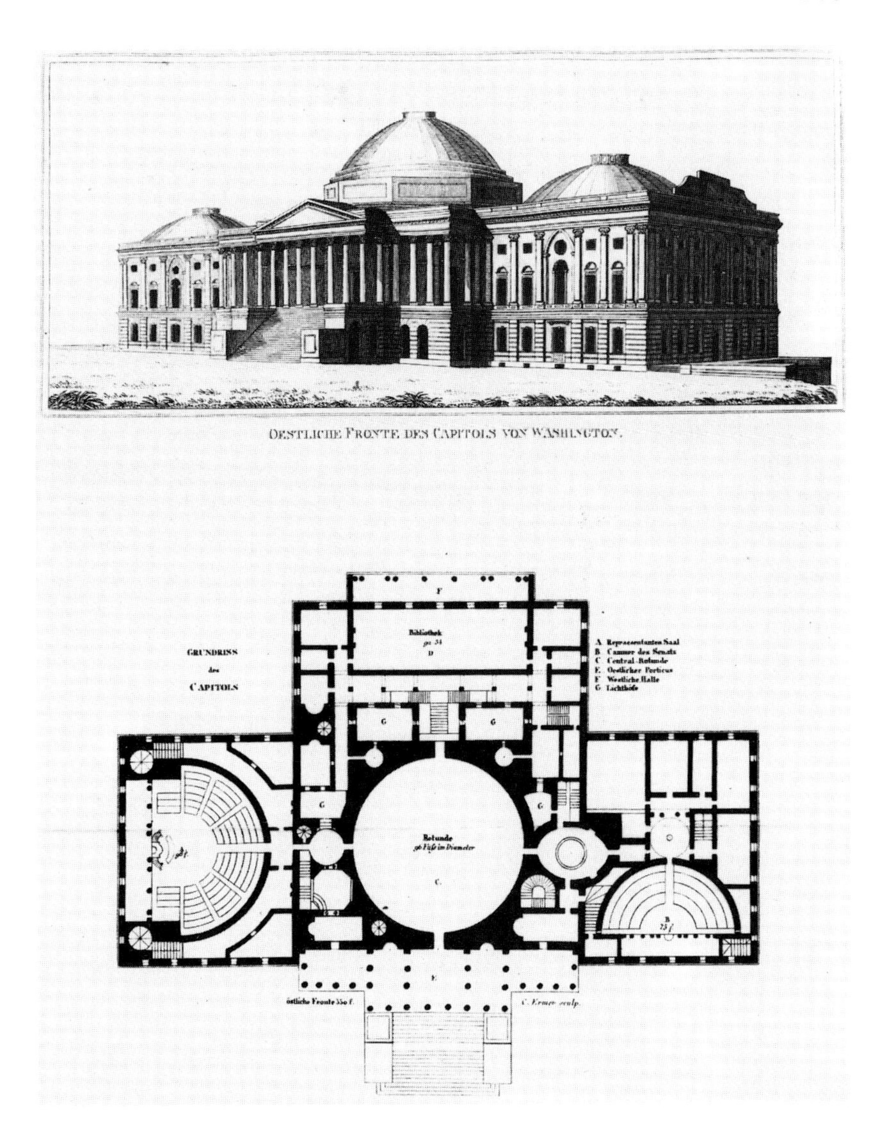
OESTLICHE FRONTE DES CAPITOLS VON WASHINGTON.
GRUNDRISS des CAPITOLS
A Repraesentanten Saal
B Cammer des Senats
C Central-Rotunde
E Oestlicher Porticus
F Westliche Halle
G Lichthöfe
Bibliothek
Rotunde
östliche Fronte 350 f.
C. Kerner sculp.

Moritz Wagner und Carl Scherzer, Reisen in Nordamerika in den Jahren 1852 und 1853. 3 Bände, Leipzig 1854

Wagner und Scherzer reisen in der Mitte des 19. Jh., teilweise auf verschiedenen Wegen, durch Nord- und Mittelamerika. Über ihre Beobachtungen im heutigen Kanada und vor allem in den Vereinigten Staaten von Nordamerika berichten sie in diesem Werk. Der Naturforscher Moritz Wagner (1813–1887) befaßt sich dabei überwiegend mit Geographie und Zoologie, Carl von Scherzer (1821–1903) mit den kulturgeschichtlichen und wirtschaftlichen Verhältnissen. Im vorliegenden Band berichtet er unter anderem über seine Besuche in Economy bei Pittsburgh und Ebenezer bei Buffalo. Beide sind Gemeinwesen, die auf freiwilliger Gütergemeinschaft beruhen und nach christlich-sozialen Grundsätzen geführt werden.

Nach der Diskussion der genannten und Erwähnung weiterer Unternehmungen vergleichbarer Art kommt er zu folgendem Schluß: „Der Grund des Falliments (= Fehlschlagens) … liegt in der Unmöglichkeit, in der Unausführbarkeit der socialistischen Lehren selbst.“

G. R.

Original aus der Forschungs- und Landesbibliothek Gotha, Geogr. 8°3680/1 (Leihgabe).
Foto F. G.

106

Reisen

in

Nordamerika

in den Jahren 1852 und 1853

von

Dr. Moritz Wagner

und

Dr. Carl Scherzer.

Erster Band.

Zweite Auflage.

Leipzig,

Arnoldische Buchhandlung.

1857.

Henry Lange, Karte zu Alexander von Humboldts Reisen in die Äquinoctial-Gegenden des neuen Continents, 1860

Die von Alexander von Humboldt auf seiner amerikanischen Reise 1799–1804 gewonnenen Erkenntnisse setzt der Kartograph Heinrich Berghaus bei Justus Perthes in Gotha in seinem „Physikalischen Atlas“ um. Henry (Heinrich) Lange ist sein Schüler und damit ein geistiger Enkel von Humboldt. Lange geht 1844 als Kartograph nach England. Dort arbeitet er u. a. an den Karten für die 2. Auflage von Berghaus' „Physikalischem Atlas“ mit. 1860 erarbeitet er für den Cotta'schen Verlag Leipzig die Karte der Humboldt-Reisen in Südamerika.

Humboldt erkundet hier im Frühjahr 1800 die Flußgebiete des Orinoco und Amazonas. Mit Hilfe präziser Positionsbestimmungen und Höhenmessungen kann er die legendäre Verbindung beider Flüsse erstmals genau kartieren. Schon vor ihm ist angenommen worden, daß der Orinoco eine Verbindung mit dem Rio Negro, einem der gewaltigsten Zuflüsse des Amazonas, hat.

Die Karte ist Bestandteil von Hermann Hauffs Werk „Alexander von Humboldt's Reisen in die Aequinoctial-Gegenden des neuen Continents“ (Übersetzung aus dem Französischen, Stuttgart 1860).

J. S.

Original aus der Kartensammlung Justus Perthes Gotha (Leihgabe), Lithographie, 52 x 33 cm.
Foto M. G.

107

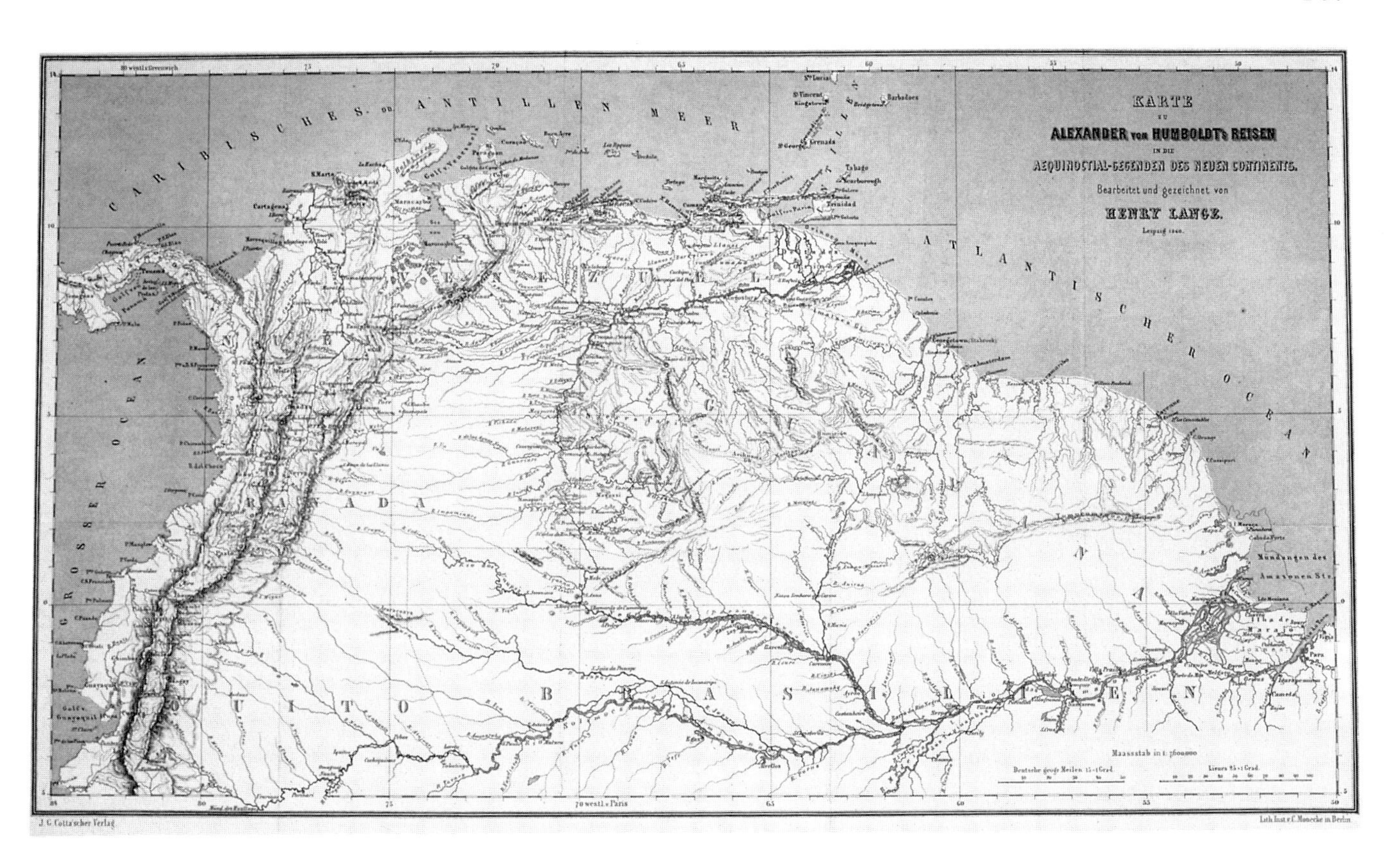
KARTE
ZU
ALEXANDER von HUMBOLDT's REISEN
IN DIE
AEQUINOCTIAL-GEGENDEN DES NEUEN CONTINENTS.
Bearbeitet und gezeichnet von
HENRY LANGE.
Leipzig
CARIBISCHES od. ANTILLEN MEER
ATLANTISCHER OCEAN
GROSSER OCEAN
QUITO
BRASILIEN
Barbadoes
Tabago
Trinidad
Grenada
Cartagena
Maassstab in 1: 7600000
J. G. Cotta'scher Verlag
Lith. Inst. v. C. Monecke in Berlin

August Petermann, Karte zur Übersicht von A. v. Humboldt's Reisen in der Alten und Neuen Welt, 1799–1829

Diese Karte wird vom Heinrich-Berghaus-Schüler August Petermann entworfen. Sie ist Beilage zu den Gothaer „Mittheilungen aus Justus Perthes' Geographischer Anstalt", Jahrgang 1869. Dargestellt ist Alexander von Humboldts amerikanische Reise 1799–1804.

Die Fahrt erfolgt auf der Corvette „Pizarro" von Spanien aus über die Kanarischen Inseln nach Venezuela. Die Insel Kuba, Ekuador, Peru und Mexiko (Neuspanien) sind weitere Stationen. An der Küste Floridas und weiter an der nordamerikanischen Ostküste entlang reist Humboldt 1804 nach Philadelphia und Washington. Von Philadelphia erfolgt die Rückreise nach Frankreich. Seine Zeitgenossen bezeichnen A. v. Humboldt auf Grund der wissenschaftlichen Ergebnisse seiner Reise als „Wiederentdecker Amerikas" und „zweiten Kolumbus".

J. S.

Original aus der Kartensammlung Justus Perthes Gotha (Leihgabe), Kupferstich, 68 x 27 cm.
Foto M. G.

108

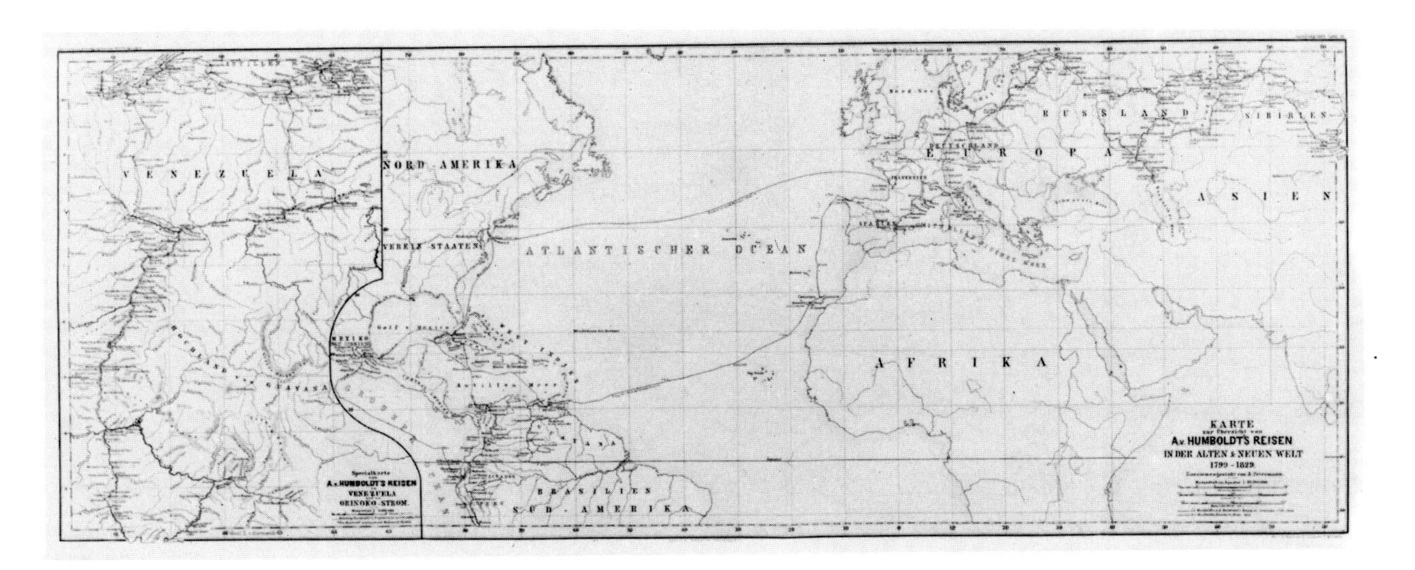
V E N E Z U E L A
NORD AMERIKA
VEREIN. STAATEN
ATLANTISCHER OCEAN
R U S S L A N D
S I B I R I E N
DEUTSCHLAND
E U R O P A
A S I E N
A F R I K A
B R A S I L I E N
S Ü D - A M E R I K A
KARTE
A. v. HUMBOLDT'S REISEN
IN DER ALTEN & NEUEN WELT
1799 - 1829
Spezialkarte
A. v. HUMBOLDT'S REISEN
VENEZUELA
ORINOKO-STROM

C. F. Gürsch, Karte von Guayana, Anfang 19. Jh.;

Guiljelmus Blaeu, Karte von Guayana, um 1633;
I. B. Poirson – Geographisches Institut Weimar,
Karte des holländischen und französischen Guayana,
nach Simon Mentelle und Philippe Buache, 1804;
John Murray, Karte von Guayana nach R. H. Schomburgk, 1840

Auf seiner Amerikareise erkundet Alexander von Humboldt im Jahre 1800 die Stromgebiete von Orinoco und Amazonas. Höhepunkt dieses Reiseabschnittes bildet der Besuch der Gabelstelle (Bifurkation) des Orinoco, der durch den Casiquiare etwa ein Viertel seines Wassers zum Amazonas sendet. Noch 1798 hatte der Geograph Buache diese Verbindung zweier Flußsysteme als „geographische Monstruosität" bezeichnet, „die ohne allen Grund in der Welt verbreitet wurde." Erst Humboldts kartographischer Aufnahme des Flußsystems des Orinoco ist die Veränderung der Vorstellungen von diesem Gebiet zu verdanken. Die hier gezeigte Kartenfolge belegt die Entwicklung des Kenntnisstandes vom 17. Jh. über den Beginn bis zur Mitte des 19. Jh.

J. S.

Originale aus der Kartensammlung Justus Perthes Gotha (Leihgabe),
Kupferstiche, 57 x 45 cm, 43 x 25 cm, 45 x 34 cm, 41 x 31 cm.
Foto M. G.
Die Abbildung zeigt die Karte von Guayana von C. F. Gürsch, Anfang 19. Jh.

109

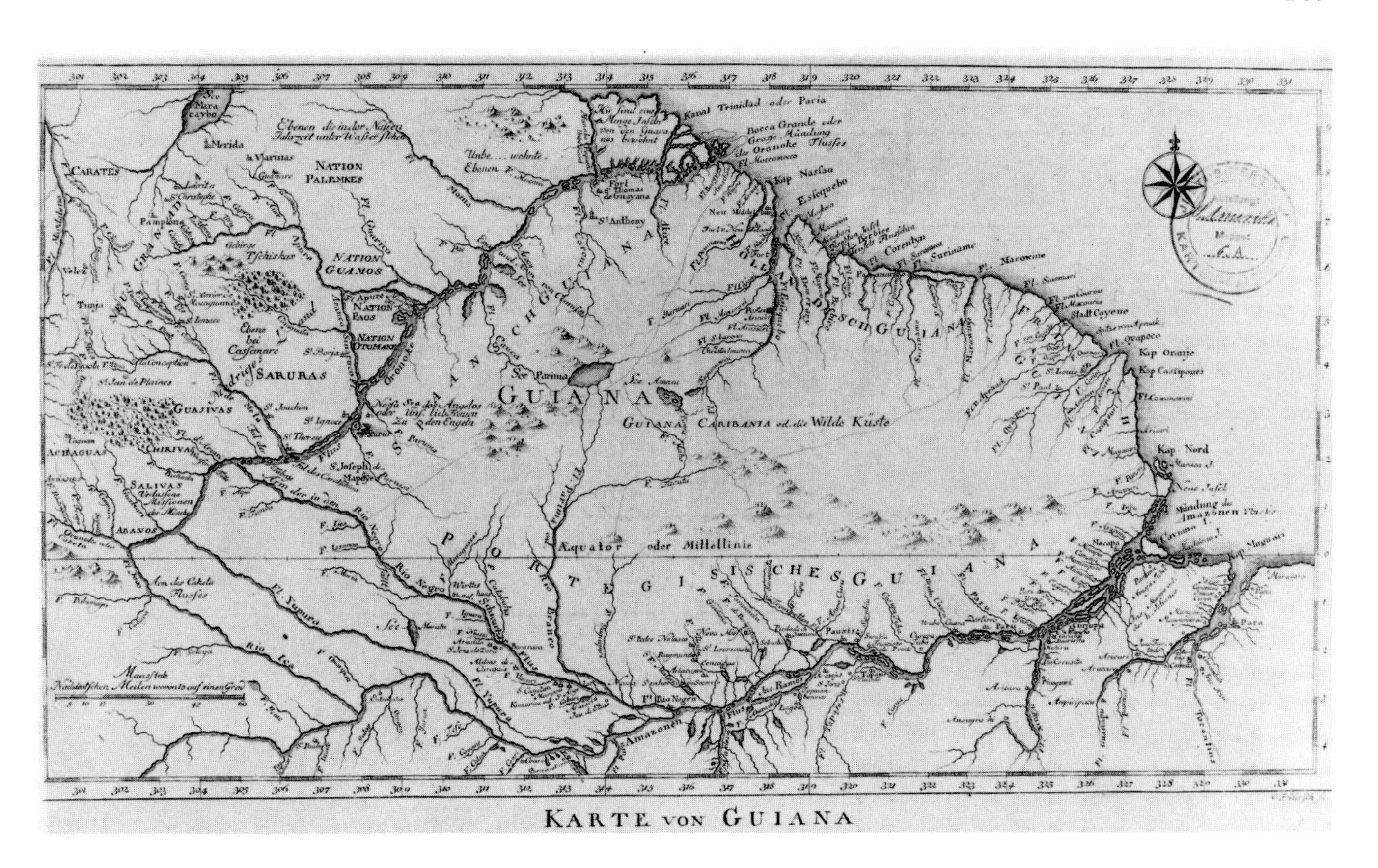
GUIANA
Kanal Trinidad oder Paria
Bocca Grande oder Grosse Mündung des Oronoke Flusses
Kap Nassau
Fl. Essequebo
Fl. Corentyn
Fl. Suriname
Fl. Marowine
Stadt Cayene
Fl. Oyapoco
Kap Oranje
Kap Cassipouri
Kap Nord
Mündung des Amazonen Flusses
Äquator oder Mittellinie
PORTUGISISCHES GUIANA
GUIANA CARIBANA od. die Wilde Küste
See Parima
See Amacu
NATION PALEMKES
NATION GUAMOS
NATION PAOS
NATION OTOMAKE
SARURAS
GUAJIVAS
CHIRIVAS
ACHAGUAS
SALIVAS
ADANOS
CARATES
Pamplona
Merida
Tunja
Velez
Fort S. Thomas de Guayana
St. Anthony
Rio Negro
Fl. Yupura
Fl. Yupura
Amazonen
Pauxis
Para
Macapa
Fl. Tocantins
Fl. Branco
Fl. Madeira
Rio Ica
Oronoke
Ebenen die in der Nassen Jahrzeit unter Wasser stehen
KARTE VON GUIANA

Homännische Erben, Karte von Peru und Brasilien mit dem Amazonasgebiet, um 1730

Im November 1802 reist Alexander von Humboldt von Quito nach Lima. Er lernt dabei die Ruinen des Inkareiches in Peru kennen. Neben den Zeugen einer versunkenen Kultur beschäftigt er sich auch mit dem Studium der amerikanischen Sprachen, vor allem mit der Inkasprache Ketschua. Land und Leute von Peru veranlassen Humboldt zu höchster Bewunderung.

Diese Karte der Homännischen Erben aus Nürnberg ist noch vor Humboldts amerikanischer Reise entstanden. Der Verlauf der beiden großen Ströme Amazonas und Orinoco ist dargestellt. Bereits damals wird eine Verbindung beider Stromsysteme durch den Rio Negro angenommen. Humboldt weist diese Bifurkation später tatsächlich nach und kartiert sie.

J. S.

Original aus der Kartensammlung Justus Perthes Gotha (Leihgabe), Kupferstich, 60 x 52 cm.
Foto M. G.

110

MER DU NORD
TABULA AMERICÆ SPECIALIS
GEOGRAPHICA
REGNI
PERU
BRASILIÆ, TERRÆ FIRMÆ
& Reg: AMAZONUM
Per Homañianos Heredes
TERRA FIRMA
GUIANE vel GOYANE
AUD. DE QUITO
TERRA AMAZONUM
BRASILIA
ante dicta
TERRA de
SANTA CROCE
AUD. DE LIMA
PERU
AUD. DE LOS CHARCAS
CHACO
PARAGUAY
GUAYRA
MER
DU
SUD

Heinrich Kiepert
im Verlag des Geographischen Instituts Weimar, Karte von Mexiko, Texas und Californien, 1849

Auch diese Karte des Geographischen Instituts Weimar beruht teilweise auf Angaben und Vermessungen Alexander von Humboldts.

Im Dezember 1802 reist Humboldt per Schiff mit zwei Begleitern an der Westküste Südamerikas entlang und weiter nach Mexiko. Auf der Seereise beschäftigt er sich mit der dort vorherrschenden kalten Meeresströmung. Sie hat wesentlichen Einfluß auf Klima und Vegetation des Küstenbereiches. Des Forschers Untersuchungen haben seinen Namen für immer mit dieser „Humboldt-Strömung“ verbunden.

Über Mexiko verfaßt Humboldt das fünfbändige Werk „Über den politischen Zustand des Königreichs Neuspanien“. Diese Schrift ist die erste moderne Länderkunde. Die Gebiete von Texas und Kalifornien werden ebenfalls abgehandelt. Sie gehören zum Zeitpunkt von Humboldts amerikanischer Reise noch nicht zu den USA.

J. S.

Original aus der Kartensammlung Justus Perthes Gotha (Leihgabe), Kupferstich, 66 x 56 cm.
Foto M. G.

MEXICO
TEXAS UND CALIFORNIEN.
DIE REPUBLIKEN von CENTRAL-AMERICA
CARIBISCHES od. ANTILLEN MEER
GROSSER ODER STILLER OCEAN
(OCEANO PACIFICO)
MEERBUSEN von MEXICO
Plateau von MEXICO
WEIMAR, Verlag des Geographischen Instituts

Karte des Tals von Mexiko und des Voisene-Gebirges,

erarbeitet im Jahre 1804 von Louis Martin, redigiert
und korrigiert 1807 nach einer trigonometrischen Vermessung von
Joachim Velasquez und nach den astronomischen Beobachtungen
und barometrischen Vermessungen des Herrn von Humboldt
nach Jabbo Oltmanns

Auch diese in Frankreich verlegte Karte eines Teils von Mexiko beruht auf den astronomischen Beobachtungen und Vermessungen des Alexander von Humboldt. Der Naturwissenschaftler führt auf seiner amerikanischen Reise eine Anzahl von wissenschaftlichen Geräten mit. Zu ihnen gehören ein Sextant und ein Inklinationskompaß. Damit bestimmt Humboldt von vielen Orten die geographische Länge und Breite.

J. S.

Original aus der Kartensammlung Justus Perthes Gotha
(Leihgabe), Kupferstich, 50 x 43 cm.
Foto M. G.

112

Carte
DE LA VALLÉE DE MEXICO
ET DES MONTAGNES VOISINES
esquissée sur les Lieux en 1804,
par Don Louis Martin
redigée et corrigée en 1807
d'après les opérations Trigonométriques de DON JOAQUIN VELASQUEZ
et d'après les observations Astronomiques et les mesures Barométriques
de Mr DE HUMBOLDT par JABBO OLTMANNS.
MEXICO
TOLUCA
LERMA
CHOLULA
PUEBLA
Partie du Territoire de Tlascala (l'ancien Tlascallan)
Explication des Signes
101°
20°
19°

C. F. Weiland
im Verlag des Geographischen Instituts Weimar,
Karte von Cuba nach v. Humboldts Charte gezeichnet, 1834

Im Sommer 1800 besucht Alexander von Humboldt auf seiner amerikanischen Reise die „Perle der Antillen“. Er hält sich hier zwei Monate auf. Dabei erkundet Humboldt sowohl die naturwissenschaftlichen als auch die gesellschaftlichen Verhältnisse.

Diese Karte des Geographischen Instituts Weimar beruht auf Humboldts Vermessungen und einer von ihm selbst gezeichneten Vorlage. Die Küstenlinien der Insel sind durch rote Kolorierung hervorgehoben. Sie fallen durch eine Vielzahl eingetragener Orte auf. Im Landesinneren sind nur größere Orte und wichtige Verkehrswege ausgewiesen. Die Gebirgszüge der Insel sind durch Schraffen angedeutet.

J. S.

Original aus der Kartensammlung Justus Perthes Gotha
(Leihgabe), Kupferstich, 51 x 31 cm.
Foto M. G.

113

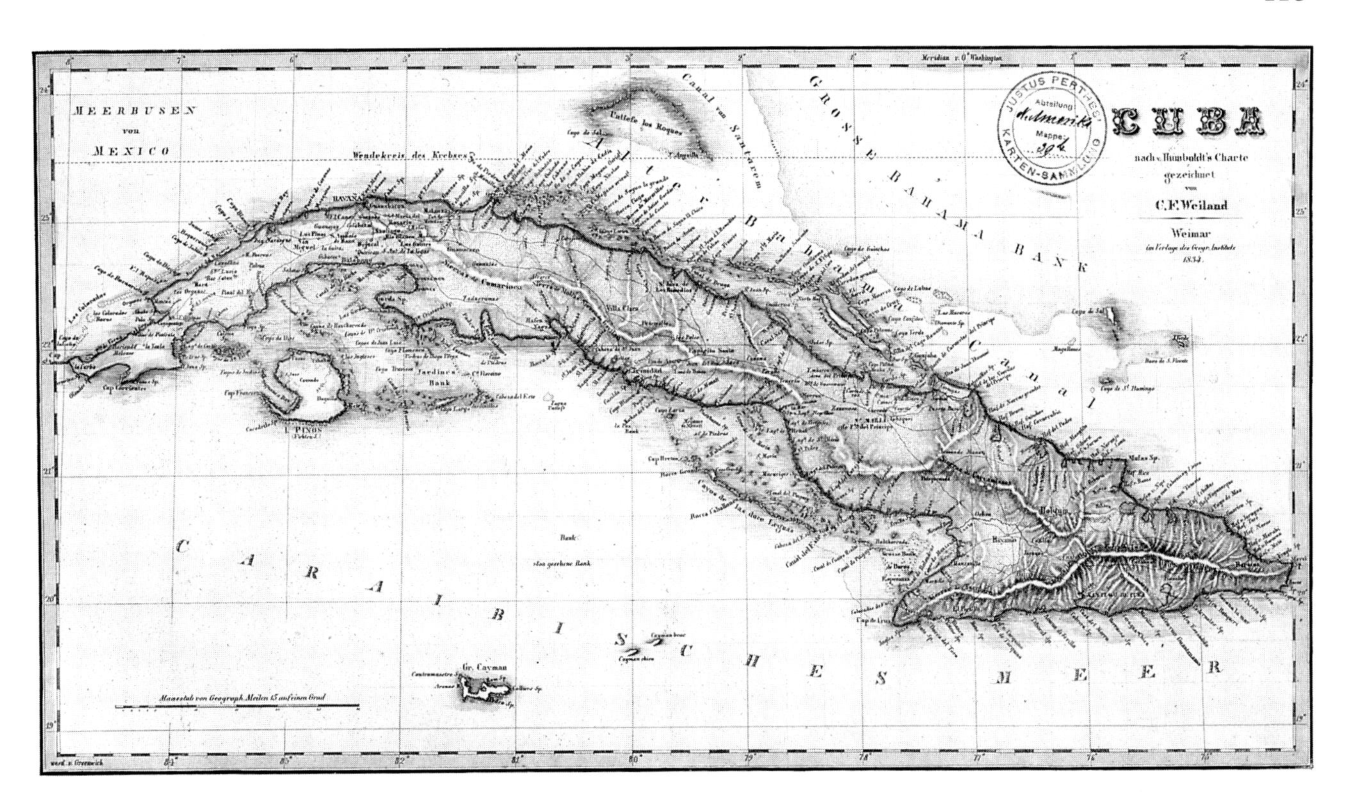
CUBA
nach v. Humboldt's Charte
gezeichnet
von
C.F. Weiland
Weimar
MEERBUSEN
von
MEXICO
Wendekreis des Krebses
GROSSE BAHAMA BANK
C A R A I B I S C H E S M E E R
HAVAÑA
Villa Clara
Holguin
Gr. Cayman
I. PINOS

Peter Krauss, Spezialkarte des Chimborazo, 1907

Im Herbst 1801 gelangt Alexander von Humboldt auf seiner amerikanischen Forschungsreise nach Ekuador. Dort widmet er sich dem Studium der äquatornahen Vulkanberge der Anden. Am 23. Juni 1802 besteigt Humboldt als erster Mensch den Chimborazo bis in 5881 m Höhe. Der Berg wird damals als höchster Gipfel der Erde angesehen. Obwohl er ihn nicht ganz bezwingt, ist er doch bis zu einer Höhe vorgedrungen, die kein Forscher bis dahin erklommen hat. Humboldts Untersuchungen vom Chimborazo werden später von vielen anderen Forschern aufgegriffen und weitergeführt.

Deren Ergebnisse zusammenfassend, entsteht 1907 im Bibliographischen Institut in Leipzig eine genaue Karte eines der höchsten Berge der Anden.

J. S.

Original aus der Kartensammlung Justus Perthes Gotha (Leihgabe), Lithographie, 36 x 38 cm.
Foto M. G.

114

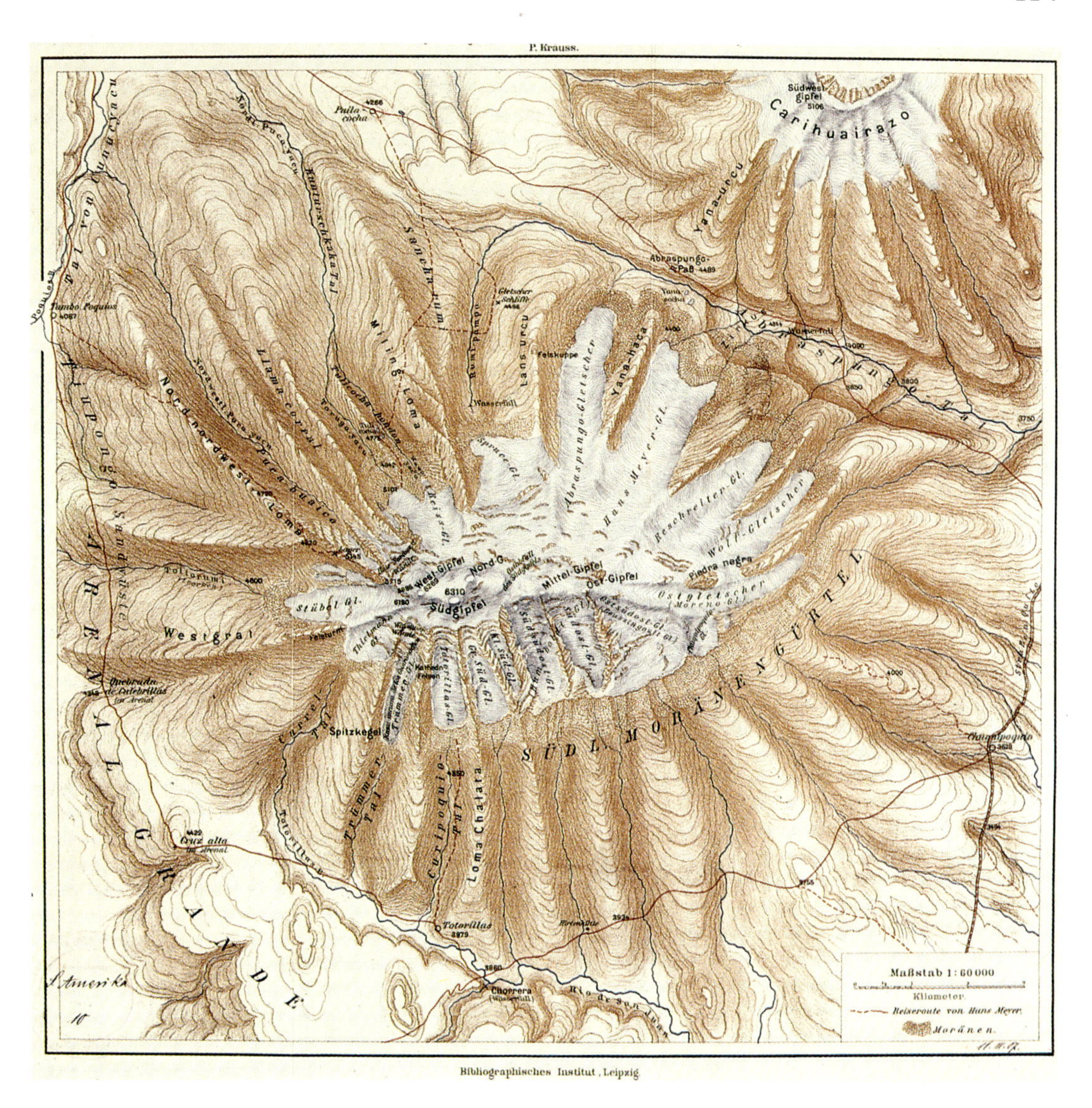
P. Krauss.
Carihuairazo
Südwest-gipfel
5106
Abraspungo-Paß
Nord-Gipfel
West-Gipfel
Südgipfel
6310
Mittel-Gipfel
Ost-Gipfel
Piedra negra
Wolf-Gletscher
Ostgletscher
Stübel Gl.
Westgrat
Spitzkegel
SÜDL. MORÄNENGÜRTEL
ARENAL GRANDE
Loma Chalata
Totorillas
Chorrera
Cruz alta
Maßstab 1: 60 000
Kilometer
Reiseroute von Hans Meyer
Moränen
Bibliographisches Institut, Leipzig

Alexander von Humboldt, Essai politique sur l'ile de Cuba.

Avec une carte et un supplément qui renferme des considérations
sur la population, la richesse territoriale et le commerce
de l'archipel des Antilles et de Colombia.
Par (Friedrich Heinrich) Alexandre de Humboldt. T. 1, 2, Paris 1826

Bereits im Dezember 1800 sind Alexander von Humboldt und Aimé Bonpland auf Kuba gelandet. Am Ende der langen Forschungsreise wird Kuba von ihnen im Jahre 1804 nochmals aufgesucht. Haben in Südamerika physisch-geographische Aspekte im Vordergrund des Forscherinteresses gestanden, so sind es auf Kuba, einem Tropenland im Kulturzustand, ökonomisch-geographische Gesichtspunkte. Humboldt studiert hier unter anderem die gesellschaftlichen Verhältnisse der Sklavenhalterordnung. In seinem 1826 in französischer Sprache veröffentlichten „Versuch über den politischen Zustand der Insel Kuba" warnt er vor der Zukunft.

Am Ende des Doppelbandes über Kuba befindet sich eine Karte der ganzen Insel. In deren linker unterer Ecke ist ein feingliederiger Plan von Havanna eingefügt. Dessen Vergrößerung wird hier gezeigt. Deutlich erkennt man die Altstadt und die drei Festungen, welche die knapp 300 m breite Einfahrt in die Bucht flankieren: Le Morro und La Cabana im Nordosten und das Chateau de la Punta gegenüber. – Die Altstadt samt Festungsanlagen ist jüngst von der UNESCO zum Weltkulturerbe erklärt worden.

G. R.

Original aus der Forschungs- und Landesbibliothek Gotha,
Geogr. 8°3991/1 (Leihgabe).
Foto F. G.

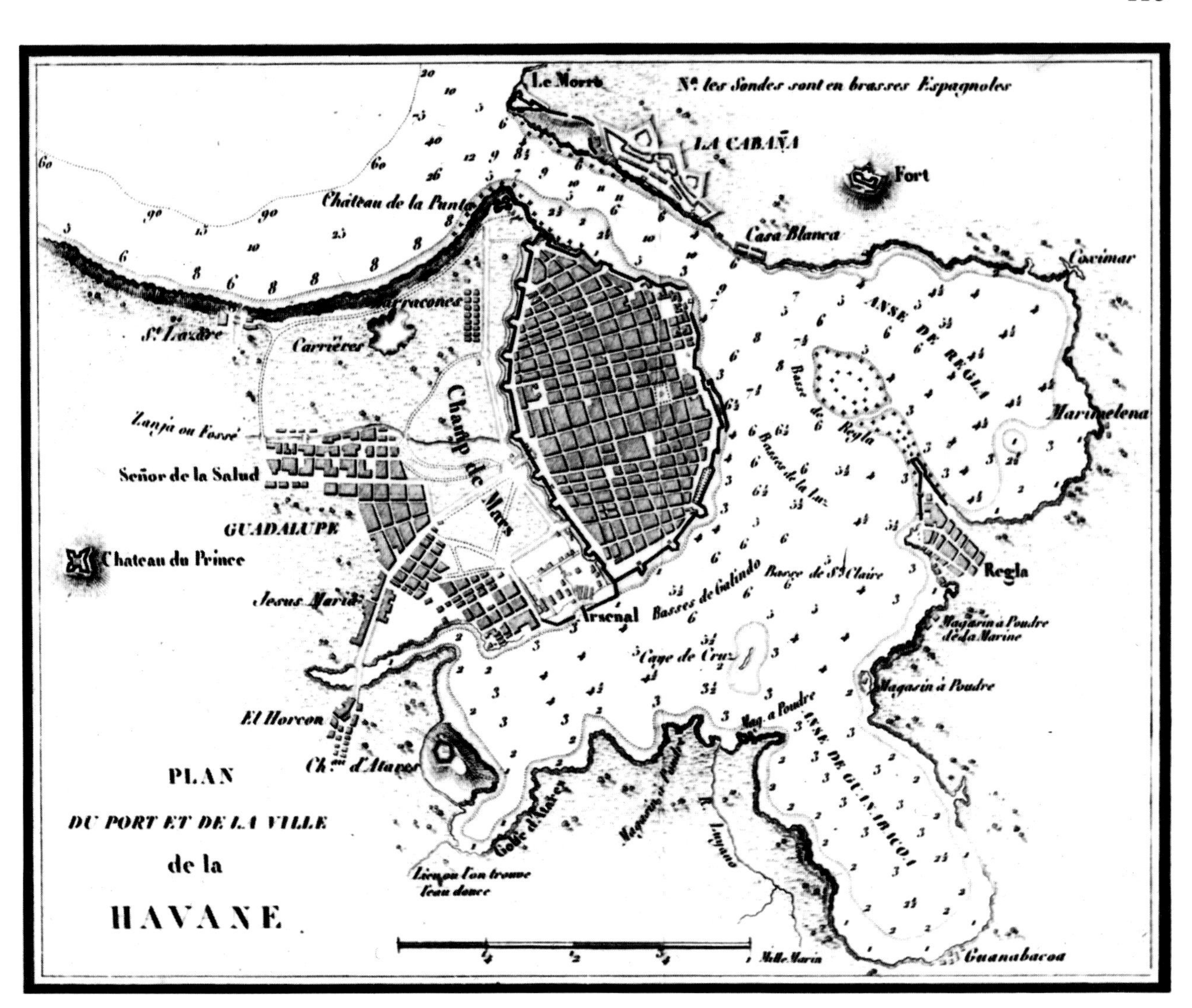
Le Mort
Nº. les Sondes sont en brasses Espagnoles
LA CABAÑA
Fort
Château de la Punta
Casa Blanca
Cocimar
St. Lazare
Carrières
Champ de Mars
ANSE DE REGLA
Basse de Regla
Marimelena
Zanja ou Fossé
Señor de la Salud
Basses de la Luz
GUADALUPE
Chateau du Prince
Regla
Jesus Maria
Arsenal
Basses de Galindo
Basse de St. Claire
Magasin à Poudre de la Marine
Caye de Cruz
Magasin à Poudre
El Horcon
Mag. à Poudre
ANSE DE GUANABACOA
Ch.au d'Atares
PLAN
DU PORT ET DE LA VILLE
de la
HAVANE
Lieu où l'on trouve l'eau douce
Mille Marin
Guanabacoa

Briefwechsel Alexander von Humboldts mit Heinrich Berghaus aus den Jahren 1825 bis 1858. (Hrsg. von Heinrich Berghaus.) 3 Bände, Leipzig 1863

Mit 18 Jahren lernt Heinrich Berghaus (1797–1884) den 46jährigen Alexander von Humboldt (1769–1859) kennen. Mehr als vier Jahrzehnte erfreut er sich dessen Wohlwollens. Da verwundert es nicht, daß Berghaus nur wenige Jahre nach dem Tode Humboldts diesen Briefwechsel veröffentlicht. Er ist zwar lückenhaft und enthält – mit einer einzigen Ausnahme – nur solche Briefe, die Humboldt an ihn geschrieben hat. Aber der Herausgeber ist (auf Seite X des Vorworts) der Ansicht: „So gewährt diese Sammlung von Briefen nebst Zubehör (= erklärenden Fußnoten) gleichsam eine Geschichte der positiven Erdkunde während eines Zeitraumes von dreißig Jahren und darüber."

Gerade Alexander von Humboldt hat in zahlreichen Gesprächen Heinrich Berghaus empfohlen, seinen „Physikalischen Altas" bei Justus Perthes in Gotha herauszugeben. Dieser älteste thematische Atlas der Welt ist gewissermaßen die kartographische Entsprechung zu Humboldts „Kosmos". Die zweite Auflage von 1849/52 erhält deshalb den Zusatz: „Unter der fördernden Anregung Alexanders von Humboldt verfaßte Sammlung (von Karten)".

Die hier gezeigte „Karte der geographischen Verbreitung der Menschen-Rassen" stammt aus Berghaus' Physikalischem Atlas (Justus Perthes Gotha, 1852).

G. R.

Original aus der Forschungs- und Landesbibliothek Gotha, Phil. 8°1273/9 (Leihgabe).
Reproduktion vom Kupferstich, 40 x 30 cm (Karte).
Foto M. G.

116

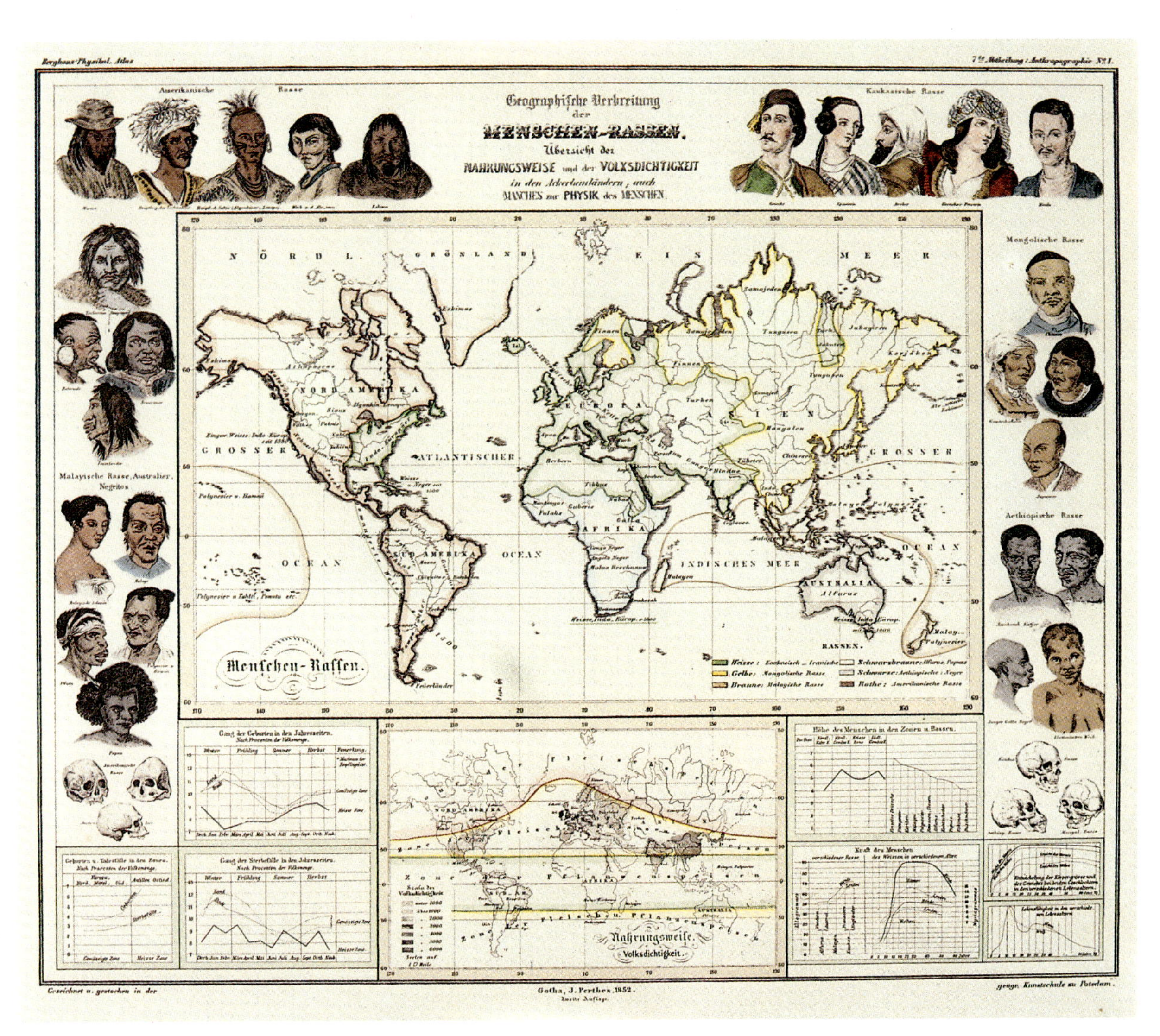

Berghaus Physikal. Atlas
Geographische Verbreitung der MENSCHEN-RASSEN, Übersicht der NAHRUNGSWEISE und der VOLKSDICHTIGKEIT in den Ackerbauländern; auch MANCHES zur PHYSIK des MENSCHEN.
Amerikanische Rasse
Kaukasische Rasse
Mongolische Rasse
Malayische Rasse, Australier, Negritos
Aethiopische Rasse
NÖRDL. GRÖNLAND EIS MEER
NORD AMERIKA
EUROPA
ASIEN
AFRIKA
SÜD AMERIKA
AUSTRALIA
GROSSER OCEAN
ATLANTISCHER OCEAN
INDISCHES MEER
Menschen-Rassen.
RASSEN.
Nahrungsweise.
Volksdichtigkeit.
Gotha, J. Perthes, 1852.
Zweite Auflage.

Carl Wilhelm Ettinger, Gotha, nach Thomas Kitchin, London, Neue Charte der südlichen Theile von Amerika, 1775

Aus dem Gothaer Verlag Ettinger geht 1785 die Geographisch-Kartographische Anstalt von Justus Perthes hervor. Justus Perthes ist zunächst als Teilhaber bei Ettinger tätig und bleibt nach Gründung seines eigenen Verlages noch bis 1815 durch Vertrag an Ettinger gebunden. Bereits bei Ettinger erscheinen kartographische Publikationen. Ein Beispiel ist diese Karte von Südamerika nach dem in London bei Thomas Kitchin herausgegebenen Original. Die Karte ist mit einer beeindruckenden Kartusche versehen, die einen Indianerkrieger mit seiner Squaw und zahlreiche Tierdarstellungen enthält. Sie zeigt Argentinien, Chile und Feuerland mit der Magalhãesstraße.

J. S.

Original aus der Kartensammlung Justus Perthes Gotha (Leihgabe), Kupferstich aus 2 Segmenten, je 56 x 29 cm. Foto M. G.

Die Rolle der Gothaer Kartographie
bei der geographischen Erschließung Amerikas im 19. Jh.
117–118

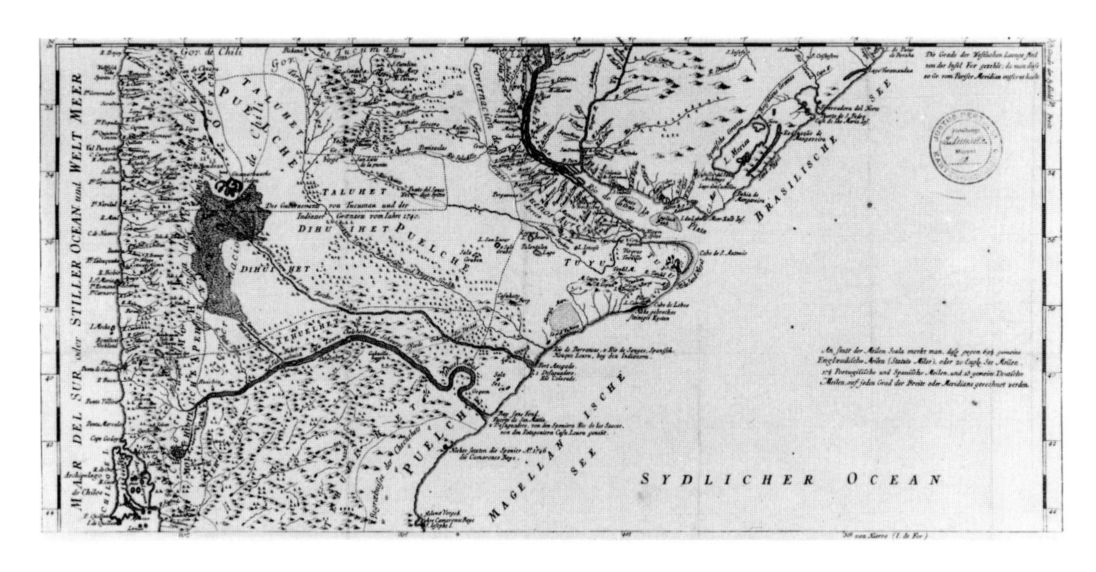

Friedrich von Stülpnagel, Karte von Südamerica in zwei Blättern, aus: Stielers Hand-Atlas, Nr. 49 b, 1865

Bedeutendster und bekanntester deutscher Handatlas des 19. Jh. ist Stielers Handatlas. Der Namengeber erarbeitet ihn 1817 bis 1823 mit anderen Kartographen im Verlag von Justus Perthes in Gotha. Bis 1925 erscheint der Atlas in zehn ständig laufend gehaltenen, ergänzten und verbesserten Auflagen. Friedrich von Stülpnagel (1786–1865) ist führend an der II., III. und IV. Ausgabe des „Stieler“ beteiligt. Er zeichnet die hier in berichtigter Auflage von 1865 vorliegende Karte Südamerikas im Maßstab 1:14 Mill. Der solide ausgeführte einfarbige Kupferdruck mit handkolorierten Grenzbändern vermittelt einen guten Überblick über Küstenverlauf, Gewässernetz, Siedlungen und Verkehrswege des nördlichen und mittleren Südamerika. Die Reliefdarstellung in Gebirgsschraffenmanier ist gut gelungen. Die detailliertere Darstellung der Küstenregionen hebt sich vom Binnenland deutlich ab. Das dokumentiert den damals noch recht unterschiedlichen Erschließungsgrad und Kenntnisstand über beide Regionen.

H. H.

Original aus der Kartensammlung Justus Perthes Gotha (Leihgabe), Kupferstich, 46 x 38 cm.
Foto M. G.

Die Rolle der Gothaer Kartographie
bei der geographischen Erschließung Amerikas im 19. Jh.
119

August Petermann, Karte des San Juan – oder Haro-Archipels, aus: Petermann's Geographischen Mittheilungen, 1873

Diese Karte des Gothaer Geographen und Kartographen August Petermann (1822–1878) zeigt eine detaillierte Darstellung des San-Juan- oder Haro-Archipels im Maßstab 1:500 000. Um diese Inselgruppe zwischen der Nordwestküste des nordamerikanischen Festlandes und der Insel Vancouver entbrennt nach zweideutigen Bestimmungen im Oregoner Grenzvertrag vom 15. 6. 1846 der Streit zwischen Großbritannien und den Vereinigten Staaten. Dieser wird durch den Schiedsspruch des deutschen Kaisers Wilhelm I. vom 21. 10. 1872 zugunsten der USA entschieden. Die gefallene Entscheidung ist durch die farbliche Zuordnung verdeutlicht.

Das Auffällige an der Karte ist die sehr genaue Wiedergabe von Küstenverlauf und Tiefenverhältnissen auf den Meeresflächen mittels Tiefenlinien und einer Vielzahl von Tiefenzahlen. Ergänzt wird die Hauptkarte durch eine Übersichtskarte zur Einordnung des Archipels. Eine Nebenkarte zeigt Malta im gleichen Maßstab. Sie soll wohl zum Größenvergleich dienen.

H. H.

Original aus der Kartensammlung Justus Perthes Gotha
(Leihgabe), Lithographie, 45 x 27 cm.
Foto M. G.

Die Rolle der Gothaer Kartographie bei der geographischen Erschließung Amerikas im 19. Jh.
120

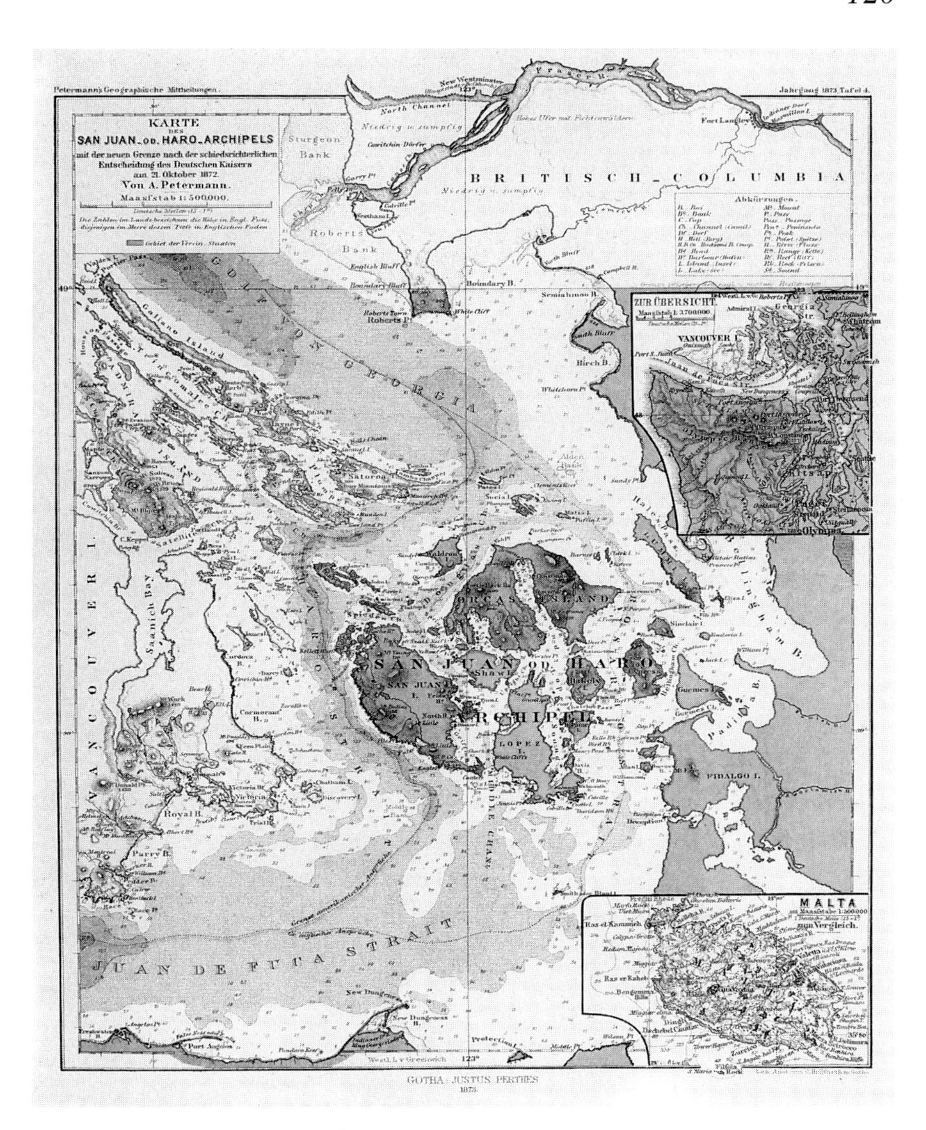

Bruno Hassenstein, Christian Peip, Provisorische Karte von Lieut. Schwatka's Expedition zur Aufsuchung der Reste von Sir John Franklin's Expedition auf King William Land, 1879 & 1880,

aus: Petermann's Geographischen Mittheilungen, 1880

Zur Suche nach der berühmten Nordwestpassage durch die nordamerikanischen Inseln zur Beringstraße bricht am 19. 5. 1845 der englische Polarforscher Sir John Franklin (1786–1847) mit seinen Schiffen „Erebus“ und „Terror“ in Portsmouth auf. Am 26. 7. 1845 werden die Schiffe letztmalig im Melvillesund gesichtet. Als keine Nachrichten von der Expedition eintreffen, werden von 1848 bis 1889 ca. 40 Rettungsexpeditionen ausgesandt. Doch erst 1859 werden erste Überreste auf King-William-Land gefunden. Stück für Stück wird dann das tragische Ende von Franklins Expedition aufgeklärt. Franklin selbst ist bereits 1847 nach der Überwinterung der Schiffe im Eis vor der Nordspitze von King-William-Land gestorben. Die Besatzung verläßt am 22. 4. 1848 ihre festgefrorenen Schiffe, um sich südwärts zu Stationen der Hudsonbaikompanie auf dem amerikanischen Festland durchzuschlagen. Alle erliegen dem Kampf gegen Hunger und Kälte.

Zur Erforschung dieser Fakten trägt auch die Expedition des Amerikaners Frederick Schwatka 1879/80 bei. Deren Verlauf wird auf einer Karte aus Petermann's Geographischen Mittheilungen nach Ausgangsmaterial von H. W. Klutschak dargestellt. Diese Karte enthält neben der damals bekannten topographischen Situation entlang der Reiseroute den genauen Expeditionsverlauf von der Hudsonbai quer durch King-William-Land und zurück sowie vielfältige Eintragungen zu den gefundenen Überresten der Expeditionen von Franklin und seinen Nachfolgern.

H. H.

Original aus der Kartensammlung Justus Perthes Gotha (Leihgabe), Lithographie, 23 x 28 cm.
Foto M. G.

121

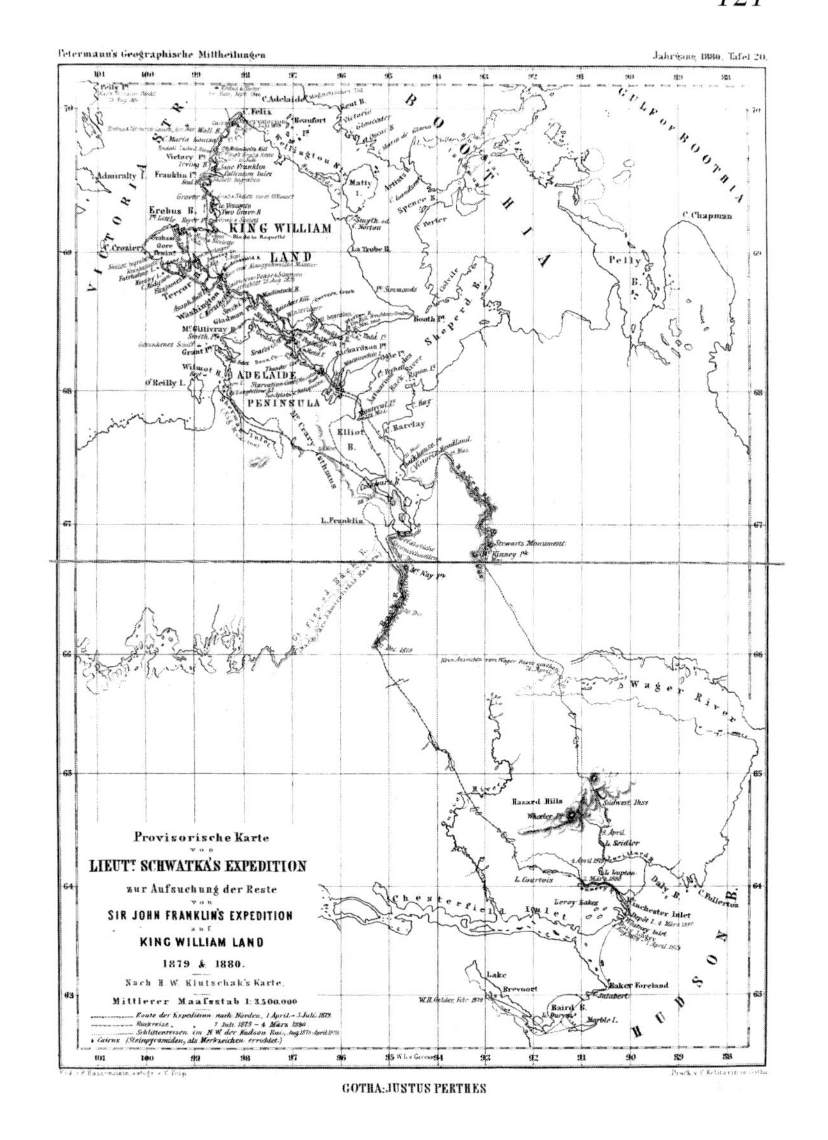
Petermann's Geographische Mittheilungen
Jahrgang 1880, Tafel 20.
Provisorische Karte
von
LIEUT^T. SCHWATKA'S EXPEDITION
zur Aufsuchung der Reste
von
SIR JOHN FRANKLIN'S EXPEDITION
auf
KING WILLIAM LAND
1879 & 1880.
Nach H. W. Klutschak's Karte.
Mittlerer Maafsstab 1:3.500.000
Route der Expedition nach Norden, 1 April – 3 Juli 1879.
Rückreise, 7 Juli 1879 – 4 März 1880.
Cairns (Steinpyramiden, als Merkzeichen errichtet.)
KING WILLIAM LAND
ADELAIDE PENINSULA
VICTORIA STR.
BOOTHIA
GULF OF BOOTHIA
Wellington Str.
Chesterfield Inlet
Wager River
HUDSON B.
C. Felix
C. Adelaide
Matty I.
Pelly B.
C. Chapman
L. Franklin
Hazard Hills
Baker Foreland
Marble I.
GOTHA: JUSTUS PERTHES

August Petermann, Die amerikanische Staats-Domäne (National-Park) im Quellgebiet des Yellowstone Flusses mit den Geyser-Gebieten nach den Aufnahmen von F. V. Hayden, 1871

Laut Kongreßbeschluß von 1872 wird das hauptsächlich im Staate Wyoming gelegene „Naturreservoir“ zum Nationalpark erklärt. Zahlreich sind hier die Geysire, Schlammvulkane und heißen Quellen. Viele vom Aussterben bedrohte Tiere leben nun hier in einem gesetzlich geschützten Reservat.

Das Gebiet wird 1870 erstmals von General Washburne erkundet. Die wissenschaftliche Aufnahme beginnt 1871 durch die Expeditionen von Hayden und 1878 bis 1883 durch Peale und Hague. Die Ergebnisse ihrer Untersuchungen finden sich auch in „Petermanns Mittheilungen“ aus Gotha. August Petermann selbst bearbeitet die hier gezeigte Karte.

J. S.

Original aus der Kartensammlung Justus Perthes Gotha (Leihgabe), Kupferstich, 45 x 27 cm.
Foto M. G.

Die Rolle der Gothaer Kartographie
bei der geographischen Erschließung Amerikas im 19. Jh.
122–123

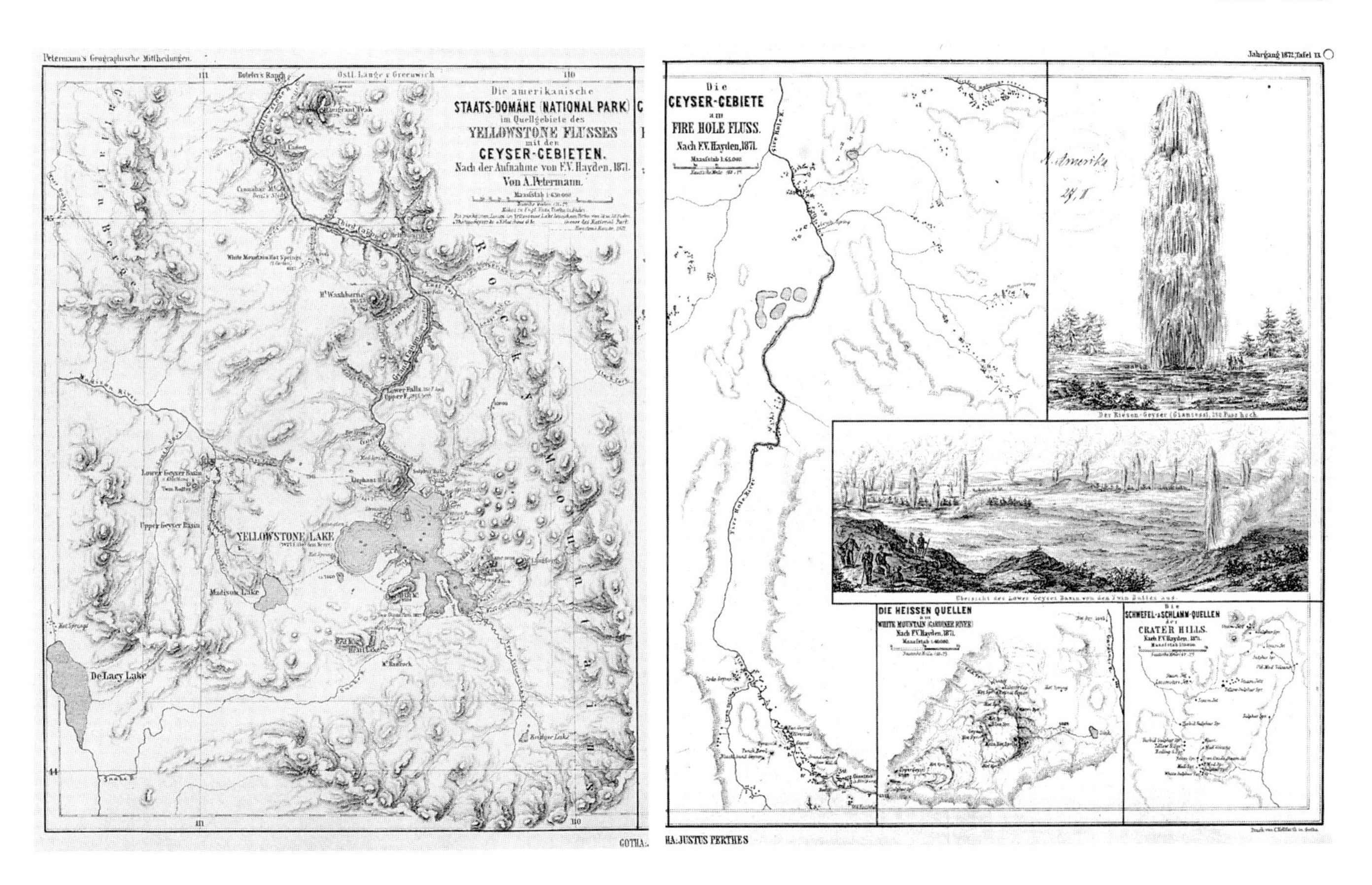

August Petermann, Hermann Habenicht, Originalkarte der Republik Argentinien und der angrenzenden Republiken Chile, Paraguay und Uruguay (Span.),

aus: Ergänzungsheft zu Petermann's Geographischen Mittheilungen Nr. 39, 1875

Diese handkolorierte Lithographie illustriert 1875 eine geographische Beschreibung von Argentinien, Chile, Paraguay und Uruguay durch August Petermann und den deutschen Naturforscher und Südamerikareisenden Hermann Burmeister (1807–1892). Unter Leitung von Petermann stellt der Gothaer Kartograph Hermann Habenicht (1844–1917) die spanisch beschriftete Karte im Maßstab 1:4 000 000 zusammen. In der Publikation beschreibt er ausführlich die als Ausgangsmaterial verwendeten Quellen – eine Vielzahl offizieller und originaler Karten (z. B. Spezialkarten, Routenaufnahmen).

Mit Einzelsignaturen werden Siedlungen differenziert nach der Einwohnerzahl, Forts, Leuchttürme, Bergwerke und Pässe, mit Liniensignaturen Straßen (z. T. mit Angaben zu Forschungsreisenden), Eisenbahnstrecken, Kanäle und Telegrafenleitungen dargestellt. Bildhafte Flächenmuster kennzeichnen Sandwüsten, Salzpfannen (Salinen), Lagunen, Wälder und Palmenhaine. Durch Gebirgsschraffen treten die Anden eindrucksvoll hervor. Zahlreiche Höhenzahlen ergänzen sie. Die südlichen Teile Patagoniens, erst nach 1870 genauer erforscht, sind nicht abgebildet.

H. H.

Original aus der Kartensammlung Justus Perthes Gotha (Leihgabe), Lithographie, 52 x 64 cm.
Foto M. G.

Die Rolle der Gothaer Kartographie
bei der geographischen Erschließung Amerikas im 19. Jh.
124

Heinrich Wilhelm Ferdinand Halfeld, Friedrich Wagner, Karte der brasilianischen Provinz Minas Geraes,

aus: Ergänzungsheft zu Petermann's Geographischen Mittheilungen Nr. 9, 1862

Die im Innern Ostbrasiliens liegende Provinz Minas Geraes gehört seit 1822 zum Kaiserreich Brasilien. Unter den 20 brasilianischen Provinzen nimmt sie um 1860 nach der Bevölkerungszahl Platz 1 und nach der Fläche den fünften Platz ein. Als Ergänzungsheft zu Petermann's Geographischen Mittheilungen legt Johann Jakob von Tschudi 1862 eine ausführliche geographische Beschreibung des überwiegend von Gebirgs- und Hochländern beherrschten Gebietes vor. Die beigefügte Karte der Provinz im Maßstab 1:2 000 000 ist vom Geographen der Provinz, Friedrich Wagner (1861 verstorben), gezeichnet worden. Sie beruht auf im Auftrag der Provinzregierung unter Leitung von Heinrich Wilhelm Ferdinand Halfeld 1836 bis 1855 durchgeführten Vermessungen und Beobachtungen sowie älteren Karten. Geldknappheit hat leider eine vollständige Vermessung der Provinz verhindert, so daß die Karte nicht überall ausreichend genau ist. Auffällig ist die detaillierte Beschriftung selbst kleinster Flüsse und die saubere, trotz Einsatzes kleinster Schriftgrößen lesbare Ausführung der Kartenschriften. Die dargestellten Goldminen weisen auf den schon im Namen der Provinz angedeuteten Reichtum an Edelsteinen und Metallen hin.

H. H.

Original aus der Kartensammlung Justus Perthes Gotha (Leihgabe), Lithographie, 47 x 55 cm.
Foto M. G.

Die Rolle der Gothaer Kartographie
bei der geographischen Erschließung Amerikas im 19. Jh.
125

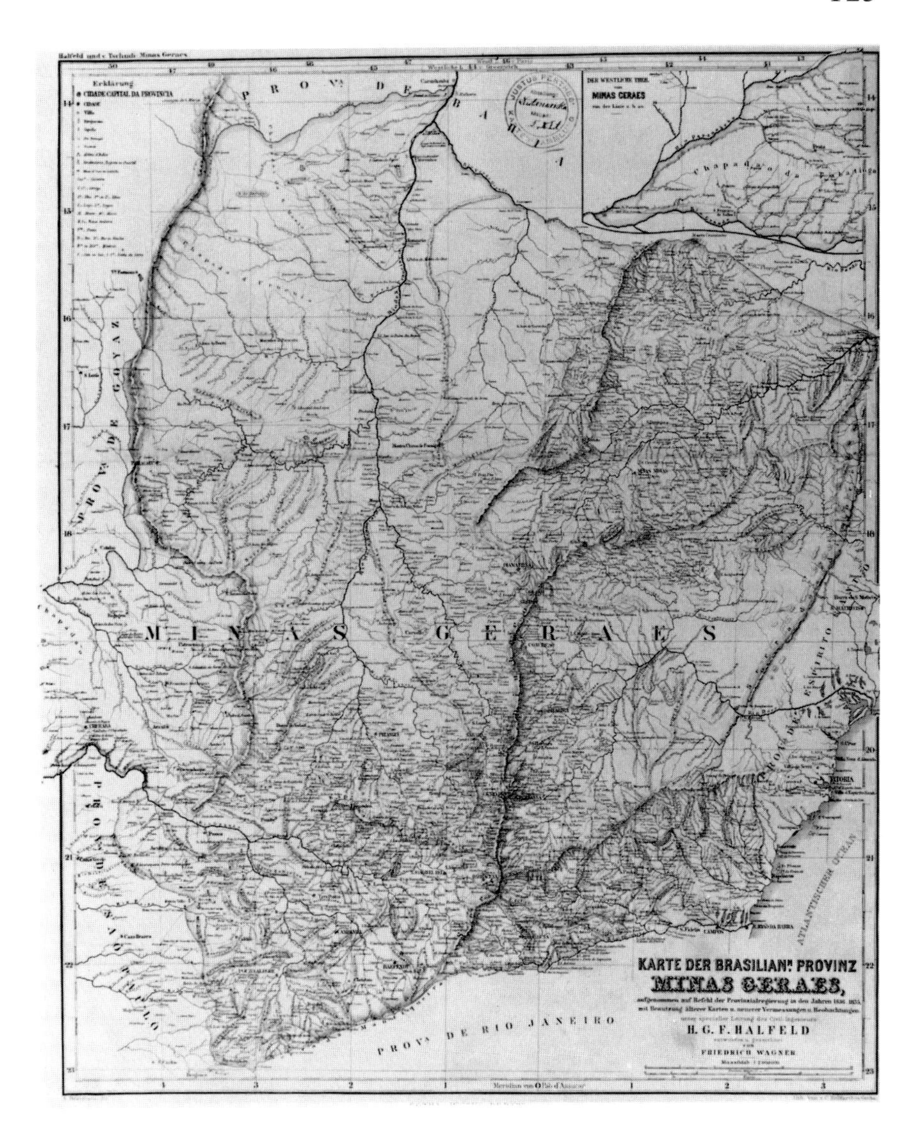

Eduard Pelz, Karte von Nord-Amerika, 1871

Der deutsche Publizist Eduard Pelz (1800–1876), 1848 Führer des Arbeitervereins in Frankfurt am Main und Herausgeber der Allgemeinen Arbeiterzeitung, emigriert um 1855 nach Amerika. Um 1870 nimmt auch die Zahl von deutschen Einwanderern in die Vereinigten Staaten zu. Damals veröffentlicht Pelz eine Reihe von Publikationen mit Ratschlägen für Auswanderer und geographischen Informationen über die USA.

Einer solchen Schrift entstammt die nach Angaben des Autors 1871 bei Carl Hellfarth in Gotha bearbeitete und in vier Farben lithographisch vervielfältigte Karte Nordamerikas. Sie soll potentiellen Auswanderern einen Überblick über ihre künftige Heimat geben.

Mit der Darstellung des Verlaufs ausgewählter Isothermen gibt Pelz Hinweise auf Anbaugrenzen für landwirtschaftliche Produkte. Angaben über die Schiffbarkeit von Mississippi und Missouri geben zukünftigen Farmgründern Informationen über die Erreichbarkeit ihres Auswanderungsziels. Im Norden der Karte fällt im übrigen der noch nicht genau erforschte Küstenverlauf der nordamerikanischen Inseln auf.

H. H.

Original aus der Kartensammlung Justus Perthes Gotha (Leihgabe), Lithographie, 33 x 42 cm.
Foto M. G.

126

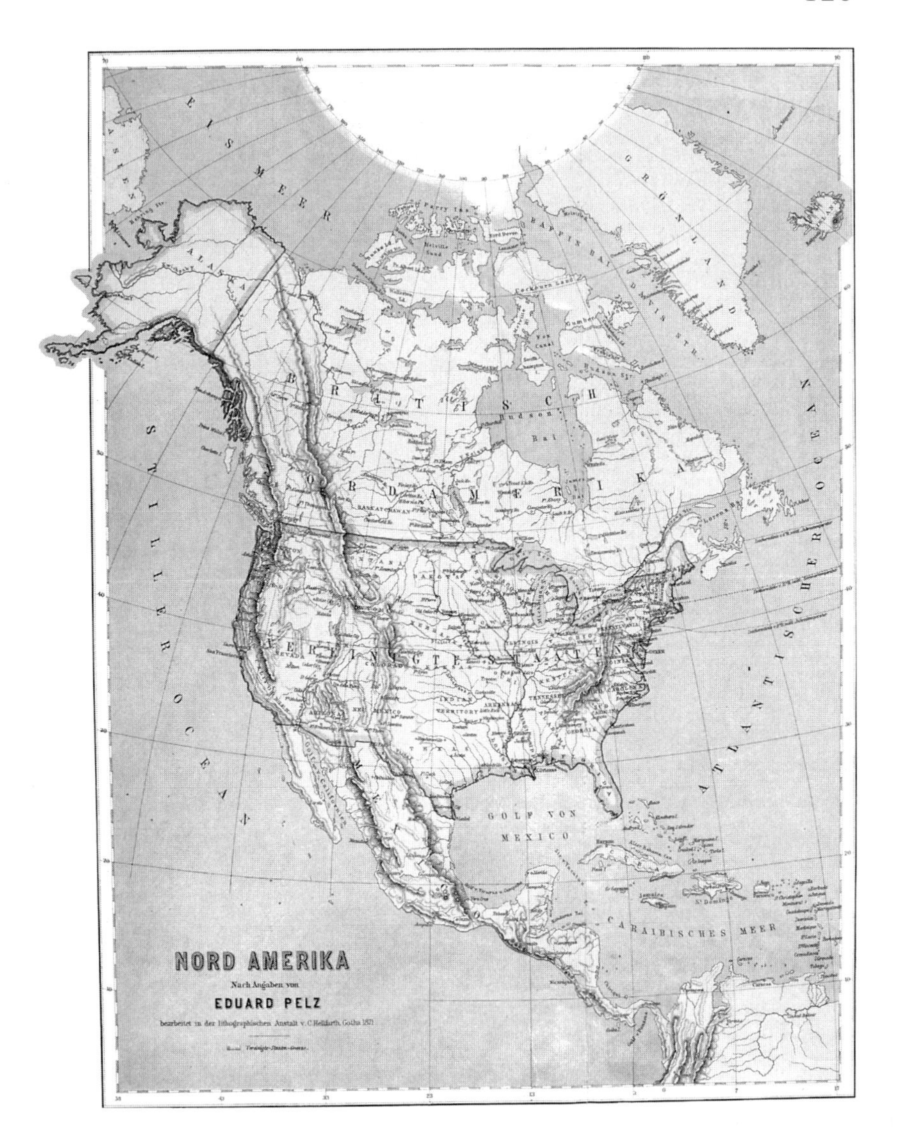
NORD AMERIKA
Nach Angaben von
EDUARD PELZ
bearbeitet in der lithographischen Anstalt v. C. Hellfarth. Gotha 1871
GOLF VON MEXICO
CARAIBISCHES MEER
Hudson Bai
BAFFIN BAI

Bernhard Dassel, Karte von Minnesota, 1870

Die Vorlage für diese Karte hat Bernhard Dassel aus St. Paul/Minnesota im Maßstab 1:1 591 000 geliefert. Sie ist als Beilage für die Schrift von Eduard Pelz „Betrachtungen über die Landkarte von Minnesota“ (Gotha/Stollberg 1870) nachgestochen und bei Carl Hellfarth in Gotha lithographisch vervielfältigt worden.

Das 1858 als Bundesstaat in die USA aufgenommene Minnesota wird in den 70er Jahren des vorigen Jahrhunderts zu einem bevorzugten Ziel von Auswanderern, vor allem aus Deutschland, Schweden und Norwegen. Diese will Pelz mit den Vorzügen des westlich der Großen Seen gelegenen Bundesstaates bekannt machen. Das Gebiet am Oberlauf des Mississippi ist durch eine Vielzahl von Flüssen und ca. 10 000 Seen geprägt. Es ist ein waldreiches flachwelliges Hügelland.

Im Kartenbild spiegelt sich diese Situation in einer genauen Gewässerdarstellung und im dominierenden grünen Flächenkolorit der Waldungen in von der Walddichte abhängiger Intensität wider. Auf eine Reliefwiedergabe wird wegen der relativ geringen Höhenunterschiede verzichtet. Nur die Wasserscheide zwischen Hudsonbai und Golf von Mexiko erscheint. Die Darstellung fertiger und projektierter Eisenbahnlinien deutet auf die von Südosten nach Norden und Westen voranschreitende Erschließung hin. 1869 sind immerhin schon 749 Meilen Eisenbahnstrecke in Betrieb, 601 Meilen im Bau und 1549 Meilen geplant.

H. H.

Original aus der Kartensammlung Justus Perthes Gotha (Leihgabe), Lithographie, 41 x 50 cm.
Foto M. G.

Die Rolle der Gothaer Kartographie
bei der geographischen Erschließung Amerikas im 19. Jh.
127

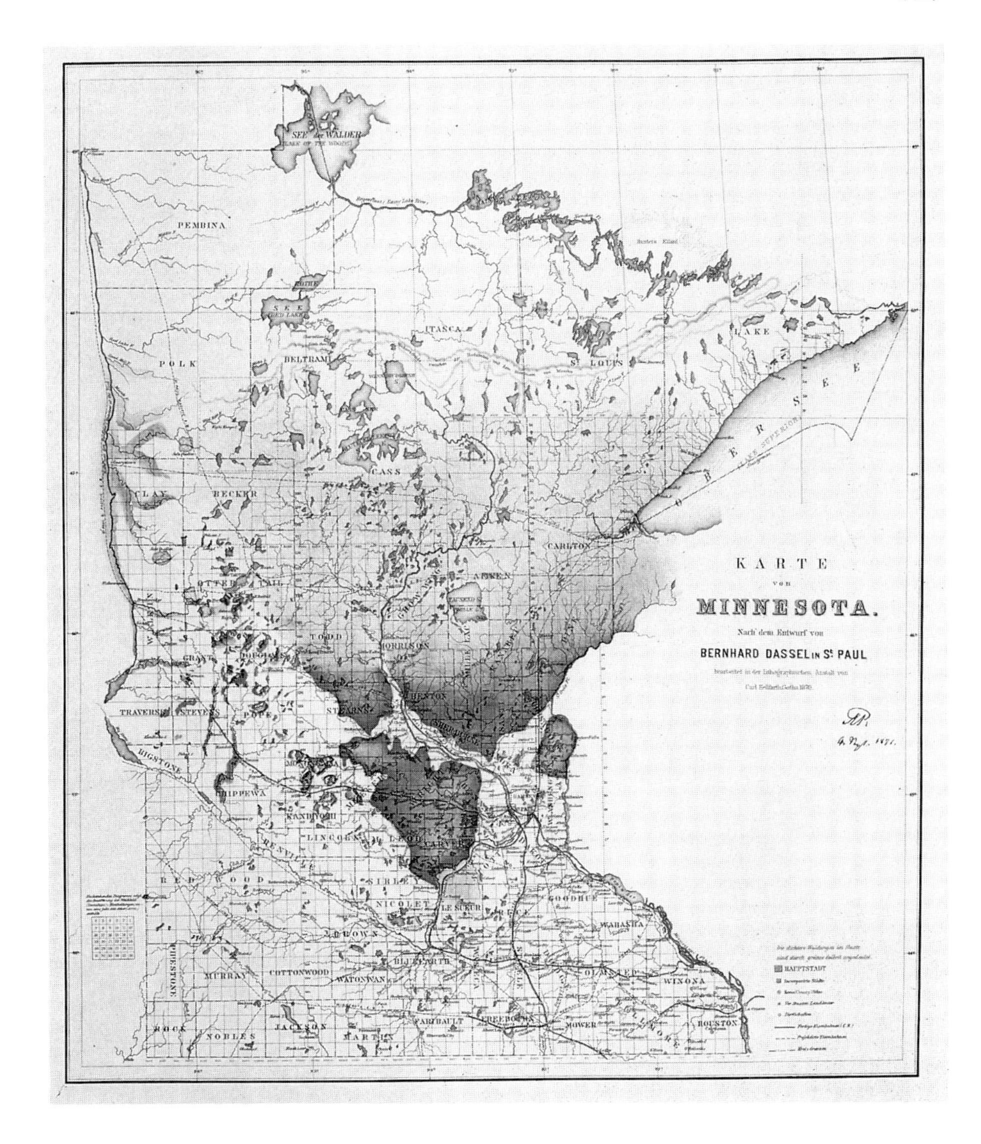

August Petermann, Originalkarte zu J. J. v. Tschudi's Reise durch die Andes von Süd-Amerika,

aus: Ergänzungsheft zu Petermann's Geographischen Mittheilungen Nr. 2, 1860

Unter der Leitung von August Petermann (1822–1878) werden im Verlag Justus Perthes in Gotha ab 1854 nach Routenaufnahmen von Forschungsreisenden auf der Grundlage aller erreichbaren Quellen zahlreiche Originalkarten erarbeitet. Diese werden meist in den von Petermann 1855 begründeten Geographischen Mittheilungen veröffentlicht und zur Laufendhaltung und Ergänzung von Stielers Handatlas genutzt.

Eine solche Originalkarte im Maßstab 1:4 Mill. stellt die Andenreise des Schweizer Naturforschers und Südamerikareisenden Johann Jakob von Tschudi (1818–1889) von 1858 dar. Die Reiseroute verläuft vom argentinischen Córdova (Cordoba) zum damals bolivianischen Cobija (heute in Chile) am Stillen Ozean. Entlang der Route sind die Anden eindrucksvoll mittels Gebirgsschraffen wiedergegeben. Außerdem sind die von Tschudi gesammelten Beobachtungen und Informationen zu Gestein, Bodenbeschaffenheit, Vegetation und Fauna, Bevölkerung, Siedlungen, wirtschaftlicher Nutzung sowie Zeugnissen indianischer Kultur eingetragen. Eine Übersichtskarte der Anden zwischen 22° und 31° s. Br. im Maßstab 1:10 Mill. ermöglicht die Einordnung der Route in die topographische Gesamtsituation.

H. H.

Original aus der Kartensammlung Justus Perthes Gotha (Leihgabe), Lithographie, 32 x 35 cm.
Foto M. G.

Die Rolle der Gothaer Kartographie
bei der geographischen Erschließung Amerikas im 19. Jh.
128

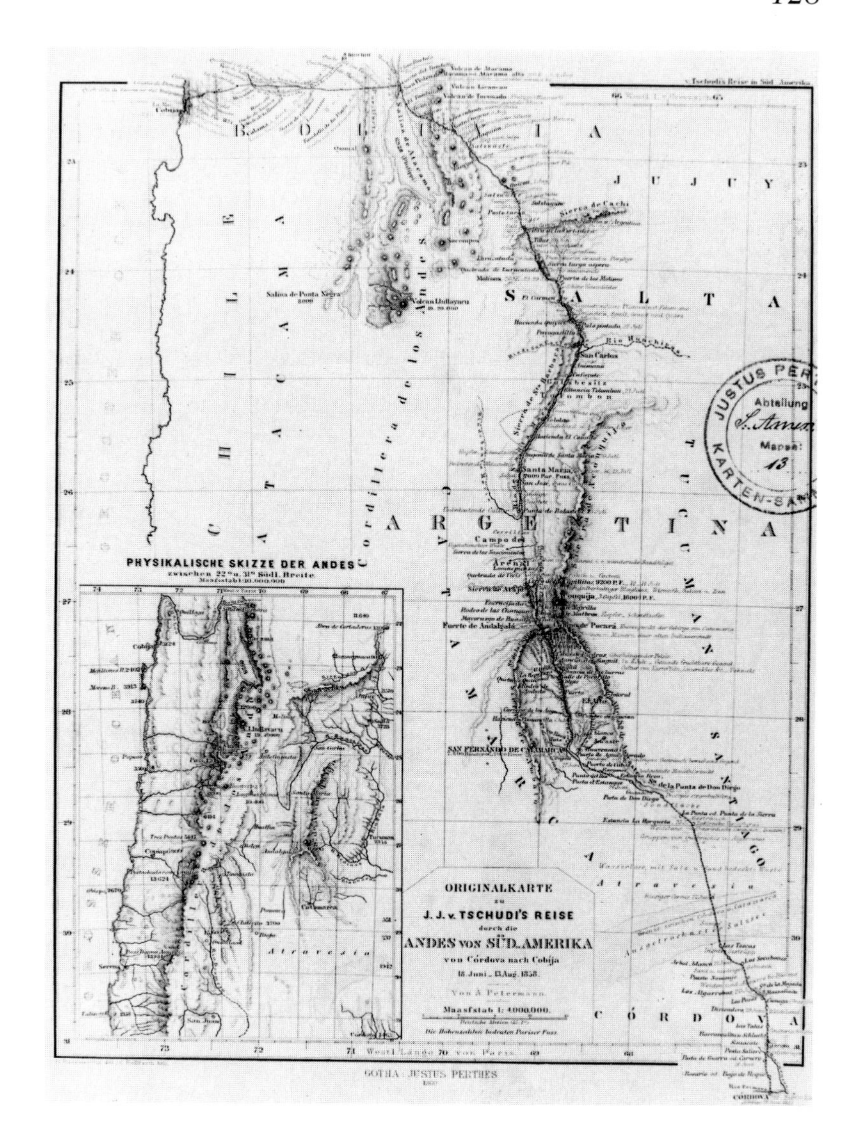

August Petermann, Karte der Red River Expedition in Britisch Nord-Amerika unter Gladman, Hind, Napier, Dawson & C., 1857 und 1858, nebst den Routen der Palliser'schen Expedition,

in: Petermann's Geographischen Mittheilungen, 1860

Seit der Mitte des 19. Jh. wird in zunehmendem Maße auch die Westhälfte der Vereinigten Staaten von Nordamerika verkehrsmäßig und damit wirtschaftlich erschlossen. Das betrifft vor allem das Gebiet von Oberkalifornien, das die USA nach den Auseinandersetzungen mit Mexiko erhält. Mit der Entdeckung von Goldfeldern strömen Tausende von Einwanderern in die bisher noch wenig erschlossenen Gebiete. Zahlreiche wissenschaftliche Expeditionen haben in den 50er Jahren des 19. Jh. eine gründliche Erschließung dieser Gebiete zum Ziel.

Die Expedition von Palliser erkundet eine Eisenbahnroute zum Pazifik. Die dabei vorgenommenen astronomischen Ortsbestimmungen finden sich in dieser Karte aus August Petermanns „Mittheilungen" wieder.

J. S.

Original aus der Wissenschaftlichen Bibliothek Justus Perthes Gotha (Leihgabe), Kupferstich, 45 x 27 cm.
Foto M. G.

129

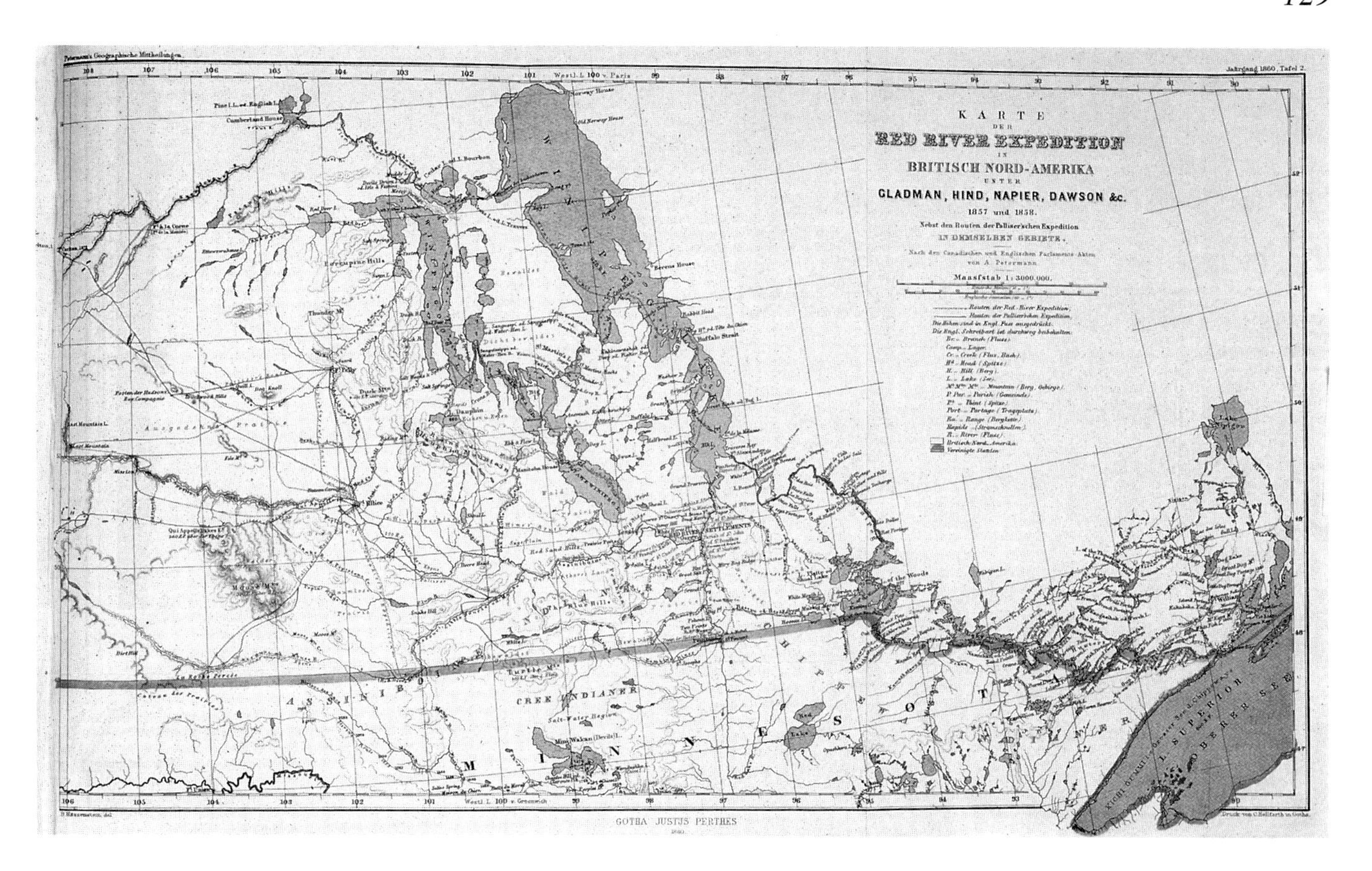
KARTE
DER
RED RIVER EXPEDITION
IN
BRITISCH NORD-AMERIKA
UNTER
GLADMAN, HIND, NAPIER, DAWSON &c.
1857 und 1858.
Nebst den Routen der Palliser'schen Expedition
IN DEMSELBEN GEBIETE.
Nach den Canadischen und Englischen Parlaments-Akten
von A. Petermann.
Maasstab 1:3000.000.
Routen der Red-River Expedition.
Routen der Palliser'schen Expedition.
Die Höhen sind in Engl. Fuss ausgedrückt.
Die Engl. Schreibart ist durchweg beibehalten.
Petermann's Geographische Mittheilungen
Jahrgang 1860, Tafel 2.
GOTHA JUSTUS PERTHES
ASSINIBOIN
CREE INDIANER
L. SUPERIOR
OBERER SEE

Sigmund Beyerlein, Neueste Post- und Eisenbahn-Karte der Vereinigten Staaten von Nord-Amerika, 1858

Die ersten Eisenbahnlinien in den Vereinigten Staaten werden schon 1830 eröffnet. Es sind die Strecken der Baltimore- und Ohiobahn, der Schuylkillthal-Eisenbahn- und Schiffahrtsgesellschaft und der Mill Creek- und Mine Hillbahn in Pennsylvanien sowie der Südcarolinabahn. Mitte des 19. Jh. beträgt die Länge der Eisenbahnlinien bereits 49 280 km. Das ist Ausdruck eines lebhaften Aufschwunges im Eisenbahnbau.

Die damals entstandene Karte wird 1858 von der deutschen Gemeinde Metebach bei Gotha angekauft. Sie muß also für die Gemeindemitglieder von Interesse gewesen sein. Denkbar ist, daß an Auswanderungen gedacht wurde. Diese sind nach 1848 in Deutschland sogar staatlich gefördert worden.

J. S.

Original im Kartographischen Museum Gotha,
Inv.-Nr. 549 Z2, Kupferstich, 72 x 59 cm.
Foto M. G.

130

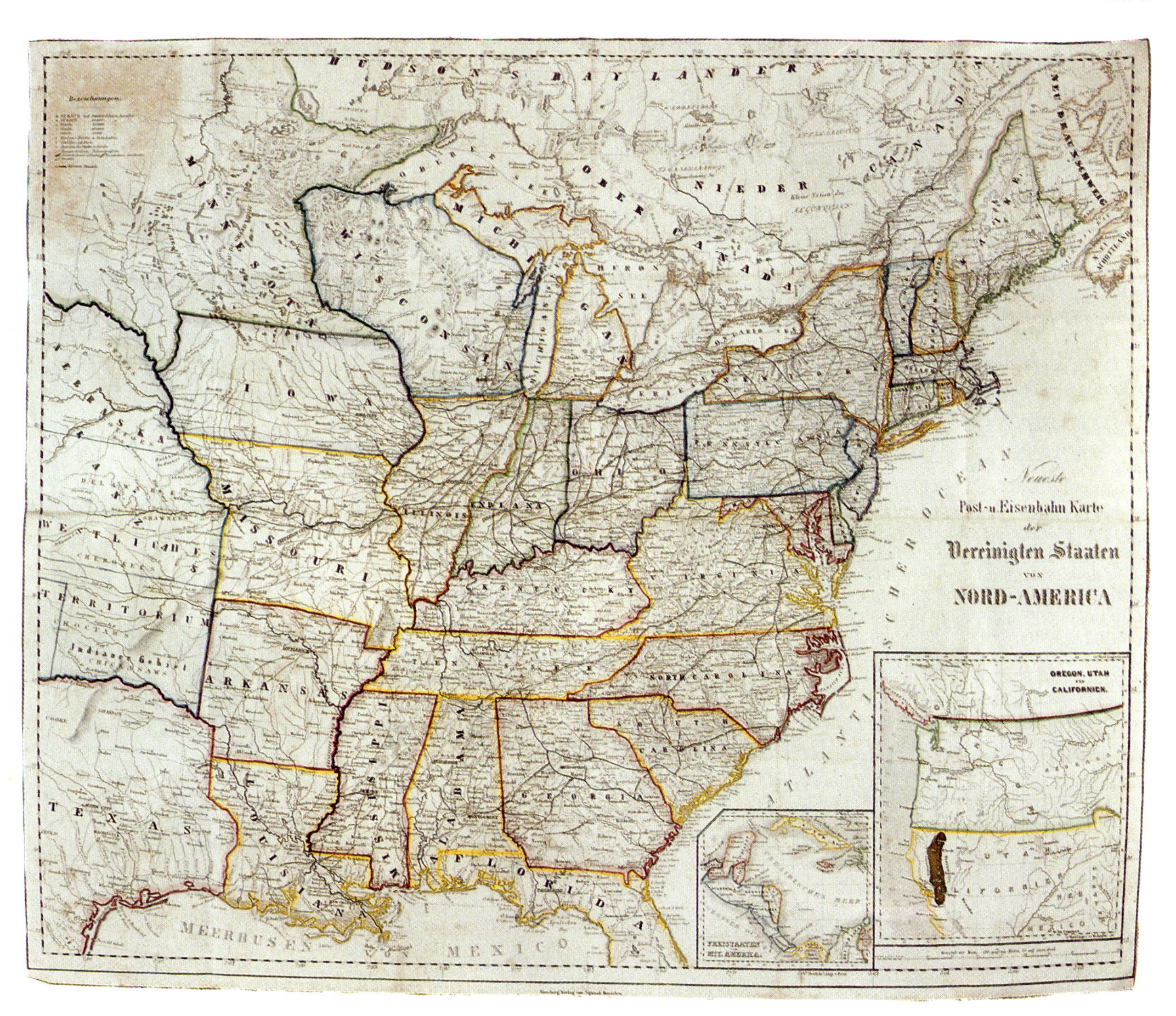
Neueste
Post-u. Eisenbahn Karte
der
Vereinigten Staaten
von
NORD-AMERICA
HUDSONS BAY LÄNDER
NIEDER CANADA
OBER CANADA
MINNESOTA
WISCONSIN
MICHIGAN
IOWA
MISSOURI
ILLINOIS
INDIANA
OHIO
PENNSYLVANIA
NEW YORK
KENTUCKY
VIRGINIA
TENNESSEE
NORTH CAROLINA
SOUTH CAROLINA
GEORGIA
ALABAMA
MISSISSIPPI
LOUISIANA
ARKANSAS
FLORIDA
TEXAS
WESTLICHES TERRITORIUM
NEBRASKA
ATLANTISCHER OCEAN
MEERBUSEN VON MEXICO
OREGON, UTAH UND CALIFORNIEN
FREISTAATEN VON MIT. AMERICA

Geographisches Institut Weimar, Geographisch-statistische und historische Charte von Patagonien, Feuerland und den Südpolarländern, 1828

Der erste Europäer, der die Südspitze Amerikas erreicht, ist Magalhães im Jahre 1520. Ihm folgen der Spanier Garcia Jofre de Loyasa 1524 und der in spanischen Diensten stehende Portugiese Simon d'Alzocova 1534. Auch die Insel Feuerland verdankt Magalhães ihren Namen.

Die Beschreibung zu dieser Karte des Geographischen Instituts Weimar aus dem Jahre 1828 befindet sich auf der Randleiste. Erläuterungen gibt es außer zu den Naturgegebenheiten von Patagonien und Feuerland noch über die Falklandinseln, Südgeorgien, die Sandwichinseln und die Inseln des südlichen Polarmeeres.

Die mit Bleistift vorgenommenen Ergänzungen stammen von Gothaer Kartographen aus dem 19. Jh.

J. S.

Original aus der Kartensammlung Justus Perthes Gotha (Leihgabe), Kupferstich, 60 x 46 cm.
Foto M. G.

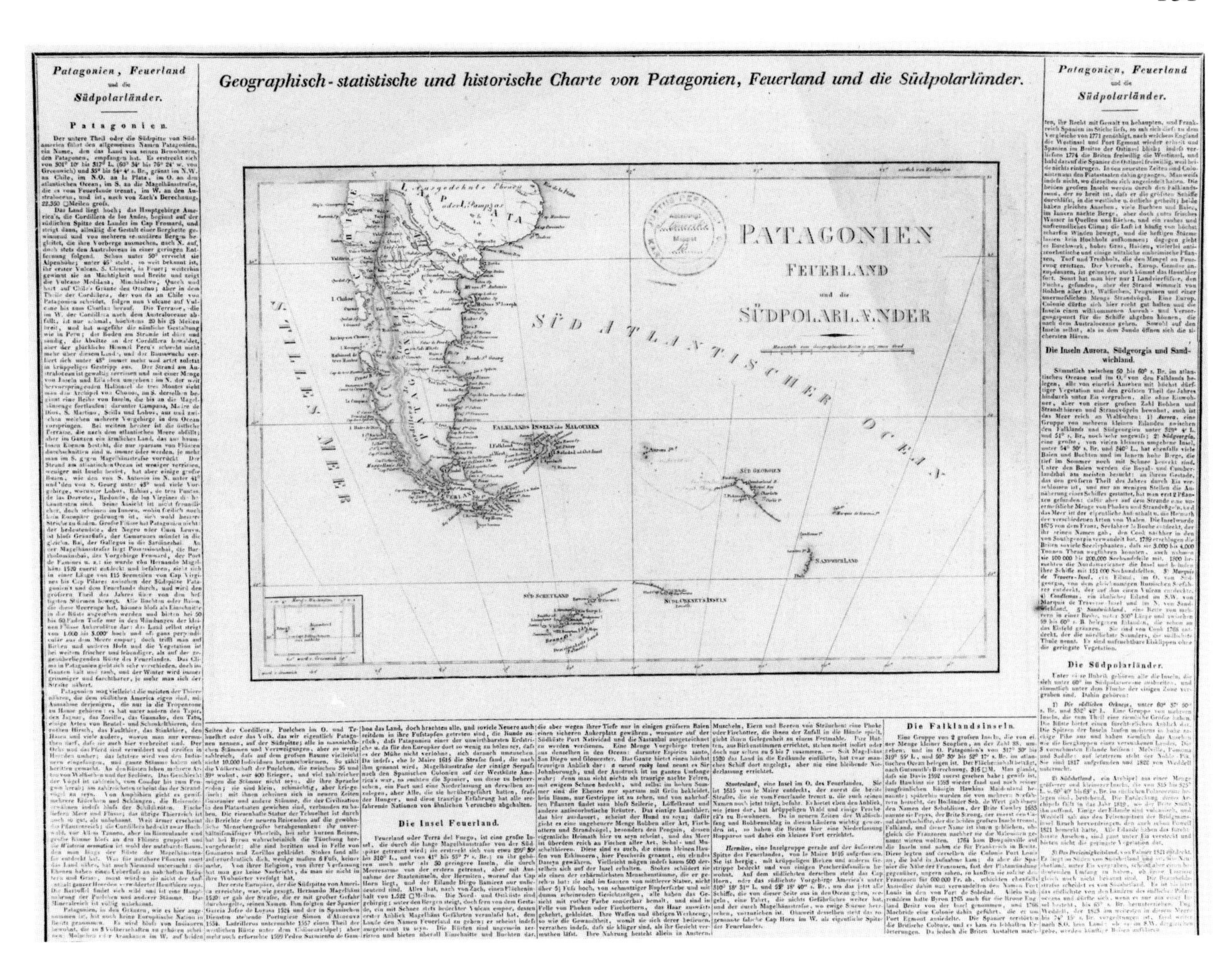
Geographisch-statistische und historische Charte von Patagonien, Feuerland und die Südpolarländer.
Patagonien, Feuerland und die Südpolarländer.
Patagonien.
Patagonien, Feuerland und die Südpolarländer.
Die Inseln Aurora, Südgeorgia und Sandwichland.
Die Südpolarländer.
Die Insel Feuerland.
Die Falklandsinseln.
PATAGONIEN
FEUERLAND
und die
SÜDPOLARLÆNDER
SÜD ATLANTISCHER OCEAN
STILLES MEER
FALKLANDS INSELN oder MALOUINEN
SÜD GEORGIEN
SANDWICHLAND
SÜD SCHETLAND
SÜD ORKNEYS INSELN

Theodor Freiherr von Liechtenstern im Verlag von Georg Reimer Berlin, Karte von Südamerika und Westindien, 1835

Diese Karte von Südamerika und der Inselwelt Mittelamerikas enthält grundsätzlich keine Neuigkeiten. Hervorgehoben sind die Gebirgszüge durch braune Schraffen und die Küstenlinie des Teilkontinents bzw. der Inseln durch hellblaue Kolorierung.

Die Karte ist eine frühe Lithographie, d. h., sie ist im Steindruckverfahren hergestellt worden. Interessant ist außer dieser Technik die Darstellung von überseeischen Handelsrouten durch gestrichelte Linien mit Beschriftung.

J. S.

Original aus der Kartensammlung Justus Perthes Gotha (Leihgabe), Lithographie, 59 x 47 cm.
Foto M. G.

132

SÜD-AMERICA.
WESTINDIEN
GROSSER OCEAN
OCEAN
STILLES WELTMEER
AUSTRAL OCEAN
NORD AMERICA
WEST INDIEN
GOLF v. MEXICO
Grosse Antillen
CARAIBEN SEE
AEQUATOR
Niedrige Inseln
SÜD ATLANTISCHER OCEAN
Rio Janeiro
Entw. u. gez. von Theodor Freih. v. Liechtenstern.
Verlag von G. Reimer

Henry Lange, Karte von Süd-Brasilien mit Angabe der von Deutschen bewohnten Colonien, 1881

Die „Neue Welt“ Amerika bildet von Anfang an einen Anziehungspunkt für Einwanderer aller Nationen. Darunter sind auch viele Deutsche. In Südamerika wird Brasilien im 19. Jh. zum klassischen deutschen Einwanderungsland.

Die Karte des in England ansässigen deutschstämmigen Kartographen Henry Lange zeigt einen guten Überblick über die deutschen Kolonien in Brasilien am Ende des 19. Jh. Besonders bekannt wird Blumenau im Staat St. Catharina in Südbrasilien mit etwa 30 000 Deutschen. Der Ort wird 1850 von Dr. Hermann Blumenau aus Hasselfelde im Harz gegründet.

J. S.

Original aus der Kartensammlung Justus Perthes Gotha (Leihgabe), Lithographie, 41 x 36 cm.
Foto M. G.

133

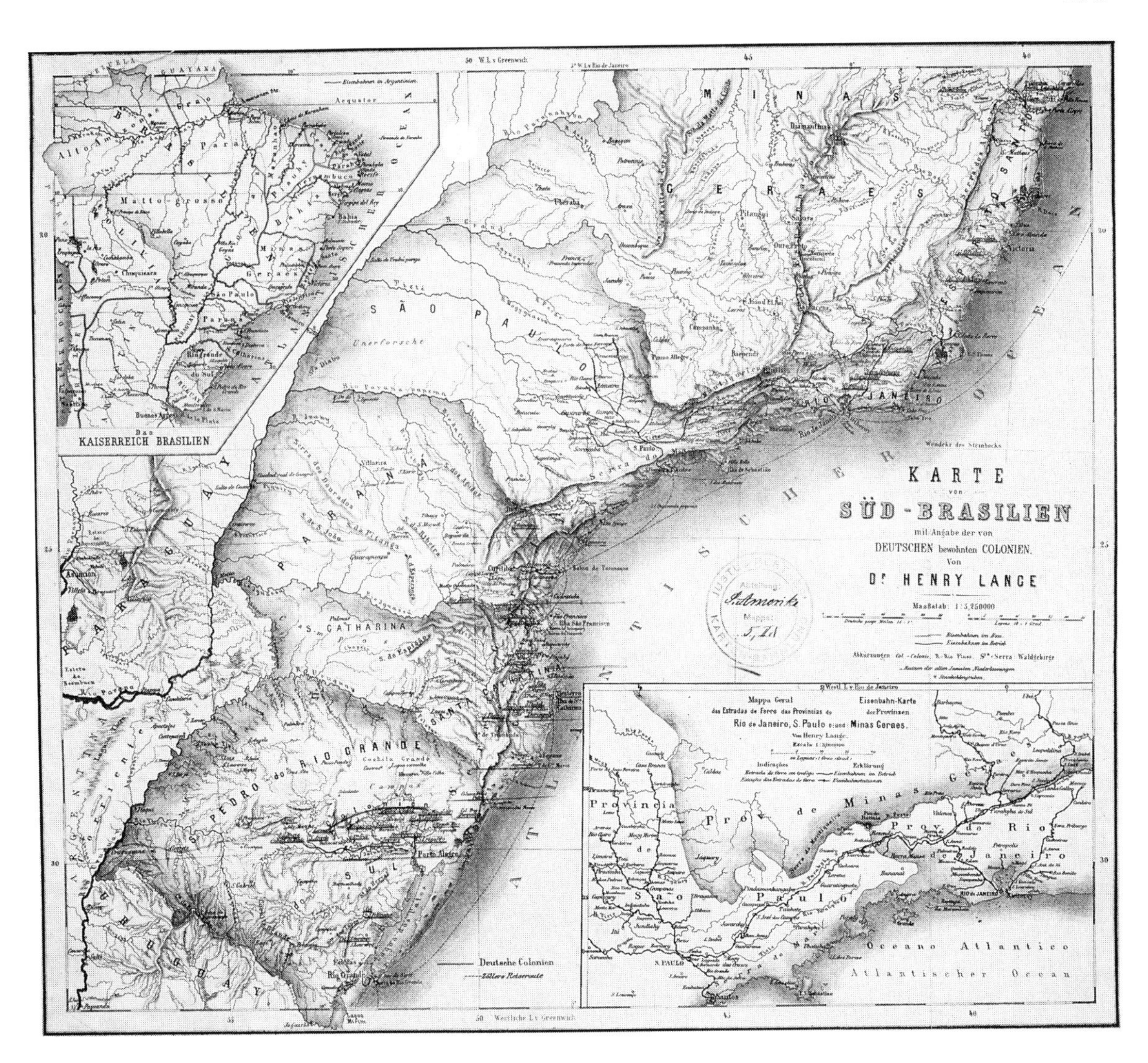
KARTE
von
SÜD-BRASILIEN
mit Angabe der von
DEUTSCHEN bewohnten COLONIEN.
Von
Dr HENRY LANCE
Maßstab: 1:5,250000
Eisenbahnen im Bau.
Eisenbahnen im Betrieb.
Das
KAISERREICH BRASILIEN
Mappa Geral
das Estradas de Ferro das Provincias do
Rio de Janeiro, S. Paulo e und Minas Geraes.
Eisenbahn-Karte
der Provinzen
Von Henry Lange.
Indicações
Erklärung
SÃO PAULO
PARANÁ
S. CATHARINA
S. PEDRO do RIO GRANDE DO SUL
MINAS GERAES
RIO JANEIRO
PARAGUAY
URUGUAY
Unerforscht
Deutsche Colonien
Oceano Atlantico
Atlantischer Ocean
Westliche L. v. Greenwich
Porto Alegre
Rio Grande
Curityba
S. Paulo
Santos
Victoria
Campinas
Asuncion

Heinrich Kiepert im Verlag von Dietrich Reimer Berlin, Karte der deutschen Colonien evangelischer Confession in Süd-Amerika, um 1860

Diese Karte ist im lithographischen Verfahren als Beilage zur Zeitschrift der Gesellschaft für Erdkunde in Berlin entstanden. Die Namen der Orte Südamerikas mit selbständigen deutschen evangelischen Gemeinden sind voll rot unterstrichen. Bei Orten, in denen evangelische Deutsche ohne eigene Pfarre wohnen, sind die Namen mit einer roten gestrichelten Linie versehen. Nebenkärtchen zeigen die deutschen Kolonien in Südchile sowie die deutschen Kolonien der Provinz Rio Grande.

Die Karte verdeutlicht, daß sich besonders in den Provinzen Minas Geraes, Santa Catharina und Rio Grande in Brasilien viele Deutsche angesiedelt haben.

J. S.

Original aus der Kartensammlung Justus Perthes Gotha (Leihgabe), Lithographie, 39 x 35 cm.
Foto M. G.

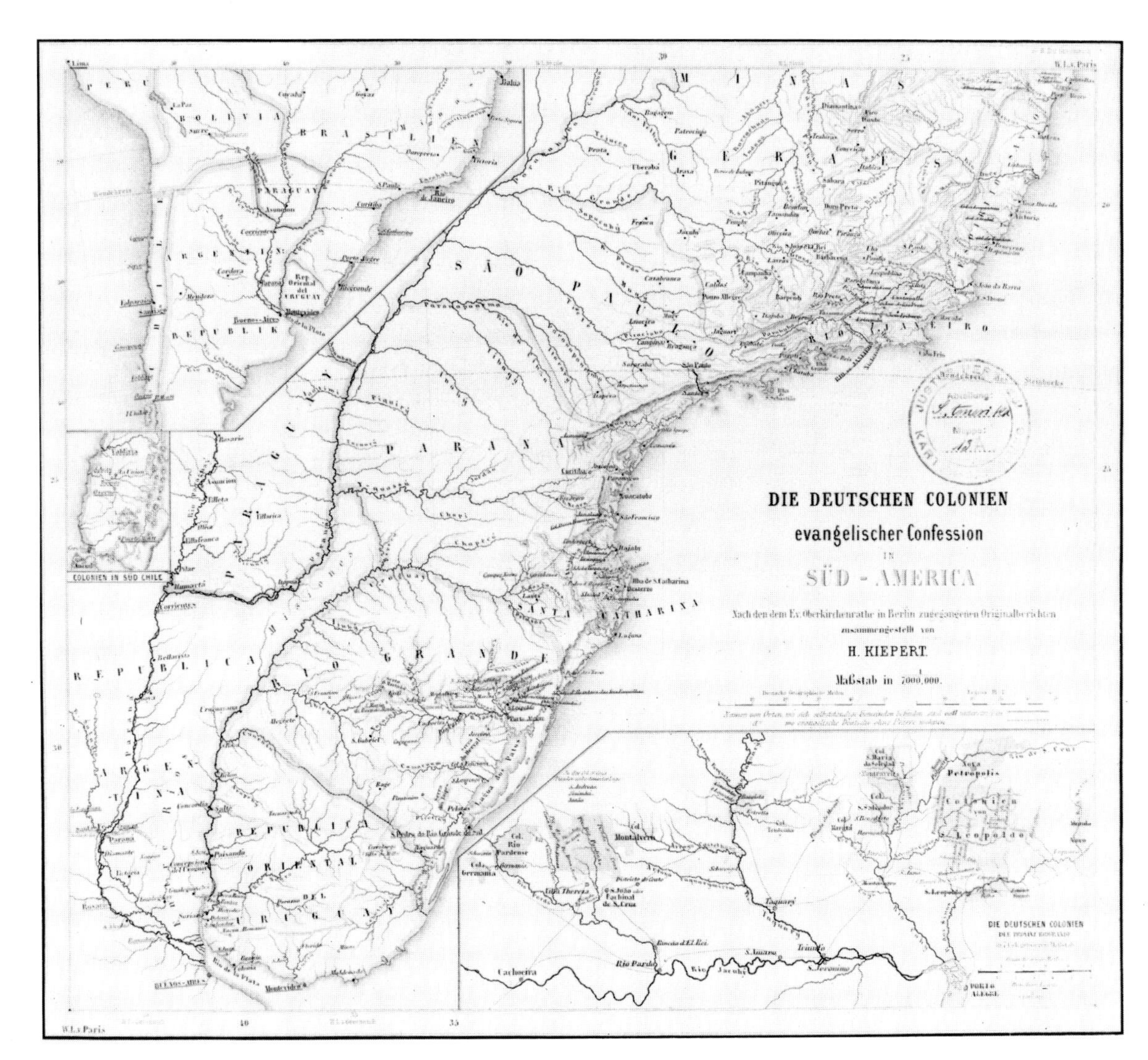
DIE DEUTSCHEN COLONIEN
evangelischer Confession
IN
SÜD - AMERICA
Nach den dem Ev. Oberkirchenrathe in Berlin zugegangenen Originalberichten
zusammengestellt von
H. KIEPERT.
Maßstab in 1/7000,000.
COLONIEN IN SÜD CHILE
DIE DEUTSCHEN COLONIEN
MINAS GERAES
SÃO PAULO
PARANA
SANTA CATHARINA
RIO GRANDE
REPUBLICA ARGENTINA
REPUBLICA ORIENTAL DEL URUGUAY
RIO JANEIRO
PARAGUAY
BOLIVIA
PERU
BRASILIEN

Bruno Hassenstein im Verlag von Dietrich Reimer Berlin, Karte der deutschen Colonien im Urwald der brasilianischen Provinz Rio Grande do Sul und Dr. R. Hensel's Reiseroute über die Serra Geral im Jahre 1865

Auch diese Karte des Gothaer Kartographen Bruno Hassenstein entsteht im lithographischen Verfahren. Sie dient als Beilage zur Zeitschrift der Gesellschaft für Erdkunde zu Berlin im Berliner Verlag von Dietrich Reimer.

Wie die vorangegangenen Karten dokumentiert auch sie den großen Anteil von Deutschen bei der Besiedlung Brasiliens. Der Zoologe Dr. Reinhold Hensel (gest. 1881) veröffentlicht dazu in genannter Zeitschrift einen Beitrag, in dem die neuen deutschen Kolonien in der brasilianischen Provinz São Pedro do Rio Grande do Sul eingehend beschrieben werden.

J. S.

Original aus der Kartensammlung Justus Perthes Gotha (Leihgabe), Lithographie, 47 x 32 cm.
Foto M. G.

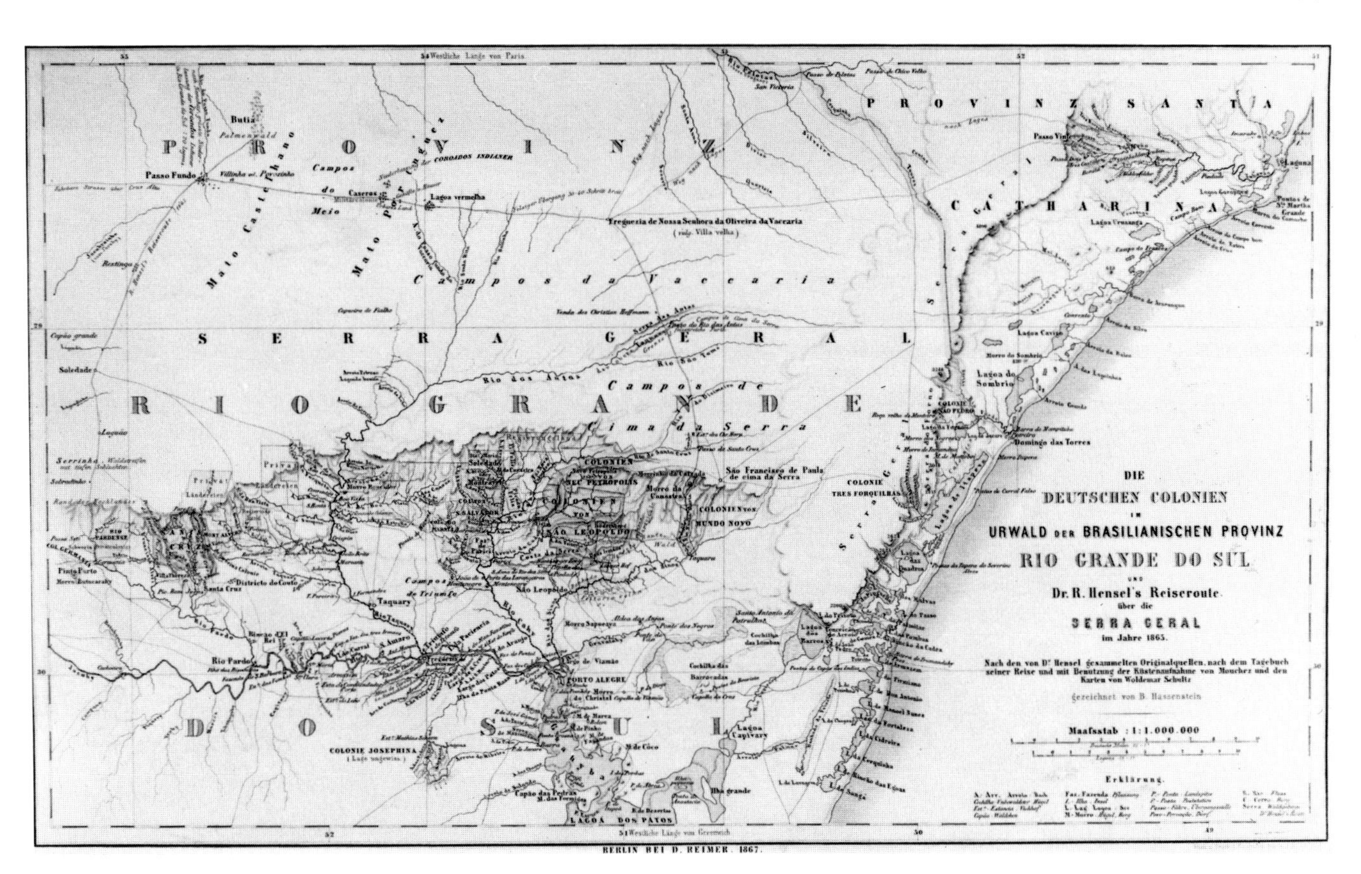
DIE
DEUTSCHEN COLONIEN
IM
URWALD DER BRASILIANISCHEN PROVINZ
RIO GRANDE DO SUL
UND
Dr. R. Hensel's Reiseroute
über die
SERRA GERAL
im Jahre 1865.
Nach den von Dr. Hensel gesammelten Originalquellen, nach dem Tagebuch seiner Reise und mit Benutzung der Küstenaufnahme von Mouchez und den Karten von Woldemar Schultz
gezeichnet von B. Hassenstein
Maafsstab : 1:1.000.000
PROVINZ SANTA CATHARINA
SERRA GERAL
RIO GRANDE DO SUL
PORTO ALEGRE
BERLIN BEI D. REIMER. 1867.

Hermann Berghaus im Verlag von Justus Perthes Gotha, Geologische Karte von Nordamerika aus Berghaus' Physikalischem Atlas, Ausgabe 1887

Der unter Anregung und Förderung von Alexander von Humboldt zustandegekommene „Physikalische Atlas" von Heinrich Berghaus wird 1886–1892 von dessen Neffen Hermann Berghaus völlig erneuert.

Hermann Berghaus zieht dabei zur Mitarbeit an seinen Spezialkarten bedeutende Fachleute hinzu. So entsteht 1886, von ihm selbst entworfen, die Geologische Karte von Nordamerika mit zahlreichen Nebenkarten, gezeichnet von M. Risch. Das lithographische Verfahren ermöglicht für die geologische Farbskala bereits den Vielfarbendruck.

J. S.

Original aus der Kartensammlung Justus Perthes Gotha (Leihgabe), Lithographie, 49 x 41 cm.
Foto M. G.

136

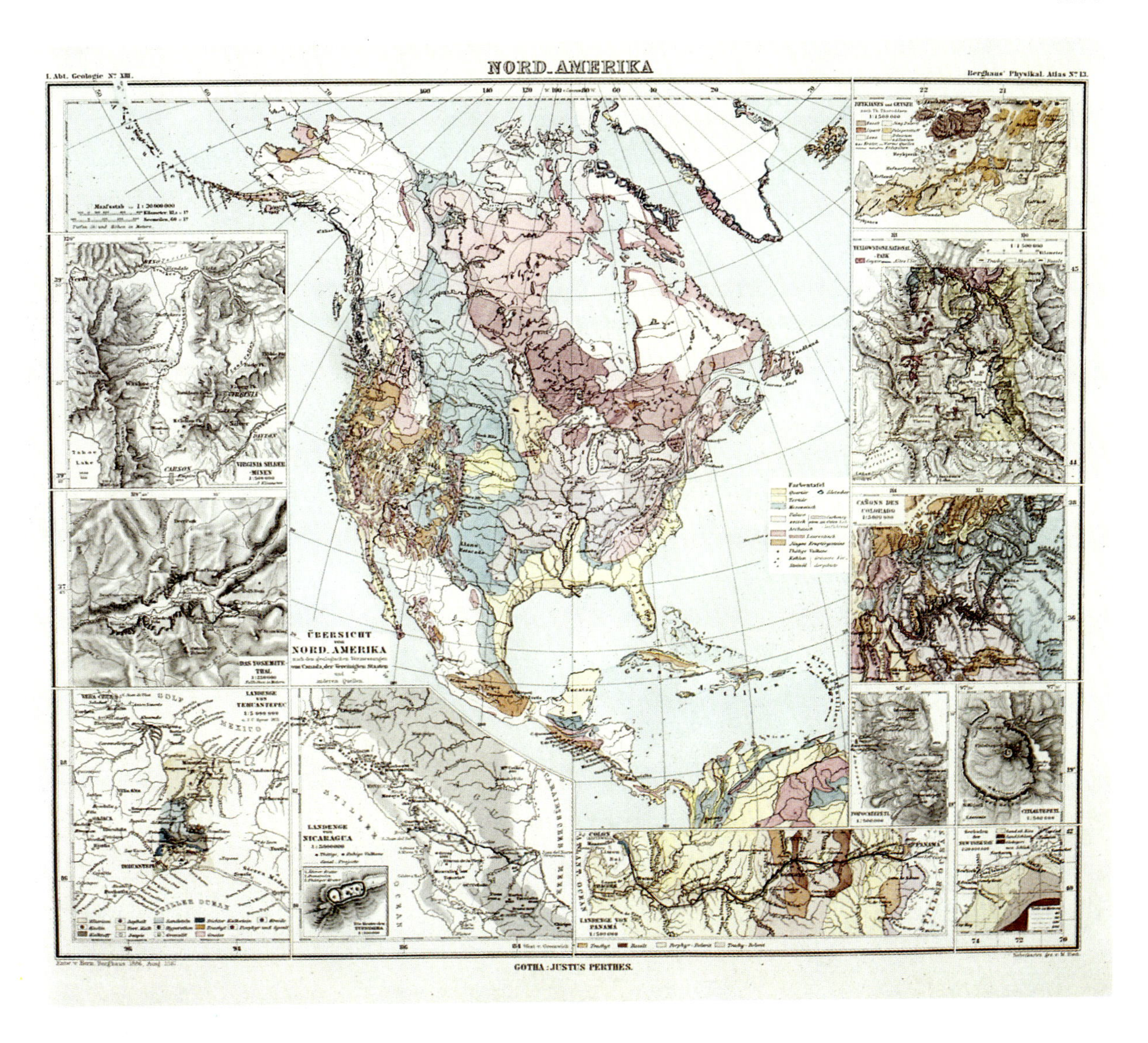
NORD-AMERIKA
I. Abt. Geologie Nº XIII.
Berghaus' Physikal. Atlas Nº 13.
ÜBERSICHT von NORD-AMERIKA
VIRGINIA SILBER-MINEN
DAS YOSEMITE-THAL
LANDENGE VON NICARAGUA
LANDENGE VON PANAMA
CAÑONS DES COLORADO
YELLOWSTONE NATIONAL PARK
GOTHA: JUSTUS PERTHES.

Hermann Habenicht im Verlag von Justus Perthes Gotha, Karte von Mexiko aus Stielers Hand-Atlas, 9. Auflage 1905, und Karte von West-Indien, ebenda

Stielers Hand-Atlas aus der Geographischen Anstalt von Justus Perthes in Gotha gehört zu den berühmten deutschen Atlanten des 19. Jh. Er hat auch international einen hervorragenden Namen. Traditionell entsteht der Atlas bis zur 10. Auflage im Kupferstich. Dies und die Verbindung der Gothaer Geographen und Kartographen zu Forschungsreisenden in aller Welt garantieren Schönheit, Genauigkeit und Aktualität der Karten. Für die 9. Auflage unter Leitung von Hermann Habenicht 1900/05 wird der Kupferstich mit dem Lithographie-Schnellpressendruck verbunden. Diese Auflage erscheint erstmals mit braunem Gelände als Farbdruck.

J. S.

Original aus der Kartensammlung Justus Perthes Gotha (Leihgabe), Kupferstich, 49 x 41 cm.
Foto M. G.

137

MEXICO,
Guatemala & Salvador.
BEARBEITET von H. HABENICHT.
STIELERS HAND-ATLAS. No 92
Westl. Länge v. Greenwich
T E X A S
GOLF VON MEXICO
Golf v. Campeche
GROSSER OCEAN
Golf von Tehuantepec
DAS GEBIET zwischen MEXICO u. VERA-CRUZ
GOTHA: JUSTUS PERTHES.

Hermann Haack im Verlag von Justus Perthes Gotha, Karte der mittleren Anden aus Stielers Hand-Atlas, 10. Auflage (Hundertjahrausgabe), um 1920

Im Dezember 1920 beginnt der Verlag von Justus Perthes in Gotha mit der Hundertjahrausgabe des „Stieler“ unter Leitung von Hermann Haack. Sie umfaßt nunmehr 108 Karten. 1925 liegt die Ausgabe vollständig vor. Hatte die 9. Auflage den Braundruck des Geländes gebracht, so wird jetzt die Klarheit der Karten durch den Blaudruck des Flußnetzes erhöht.

Wie bei den anderen Karten des „Stieler“ ist auch bei dieser Karte der mittleren Anden strengste Wissenschaftlichkeit oberstes Gebot. Die neuesten Berichte und Geländeaufnahmen finden ihren Niederschlag. Auch nach Petermanns Tod gilt dieses Prinzip für die Gothaer Geographen und Kartographen weiter.

J. S.

Original aus der Kartensammlung Justus Perthes Gotha (Leihgabe), Kupferstich, 41 x 50 cm.
Foto M. G.

138

Personenregister

Die **halbfett** hervorgehobenen Seitenzahlen kennzeichnen die Autoren der ausgestellten Karten bzw. Bücher. Auf den übrigen erfaßten Seiten werden die betreffenden Personen nur erwähnt.

A

Agnese, Battista (tätig 1536–1564) **86**

Agrippa, Marcus Vipsanius (63–12 v. u. Z.) 20

Ailly, Pierre d' (1350–1420) 5

Albertus Magnus (Albert der Große, 1193–1280) 5

Alvarado, Pedro de (1485–1541) 164

Alzocova, Simon d' 246

Amoretti, Carlo 190

Anville, Jean Baptiste Bourguignon d' (1697–1782) **54, 150**

Apianus, Petrus (Peter Apian, 1495–1522) **74**

Aubert, Thomas 164

B

Bacon, Roger (1214–1294) 5

Balboa, Vasco Núñez de (um 1475–1517) 100, 164

Barbuda, Luiz Jorge de (Ludovicus Georgius) **40**

Bartram, John (1699–1777) 188

Bartram, William (1739–1823) **188**

Bellin, Nicolas (1703–1772) 158

Bennett, James Gordon (1795–1872) 162

Berghaus, Heinrich (1797–1884) 8, 202, 204, **220**, 256

Berghaus, Hermann (1828–1890) **256**

Bernhard Herzog zu Sachsen-Weimar-Eisenach (1792–1862) **198**

Beyerlein, Sigmund **244**

Blaeu, Joan (1596–1673) **50**, 62, **124**

Blaeu, Willem Janszoon (Guiljelmus, 1571–1638) **52**, **62**, **92**, 94, **106**, **122**, **126**, **152**, **206**

Blumenau, Hermann (1819–1899) 250

Blumenbach, Johann Friedrich (1752–1840) 196

Bolivar, Simon (1783–1830) 3

Bonpland, Aimé (1773–1858) 218

Bougainville, Louis Antione de (1729–1811) 170

Bouguer, Pierre (1698–1758) 150

Bry, Theodor de (1528–1598) 132

Buache, Philippe (1700–1773) 156, 206

Burmeister, Hermann (1807–1892) 232

C

Caboto, Giovanni (John Cabot, 1455–1498/99) 70, 128

Caboto, Sebastiano (Sebastian Cabot, um 1476–1557) 128

Cabral, Pedro Alvarez (1467/68–um 1526) 116, 126

Cantino, Alberto 116

Cartier, Jacques (1491–1557) 138

Carver, Jonathan (1732–1780) **162**

Cassini, Jacques (1677–1756) 172

Champlain, Samuel de (um 1567–1635) 138

Chanlaire, Pierre Grégoire (1738–1817) 154

Chaves, Géronimo de (geb. 1524) 106

Clemens VII. (1478–1534) 190

Cook, James (1728–1779) 170, **184**, 186

Coronelli, Vincenzo (1650–1718) **108**, **128**

Cortés, Hernán (1485–1547) 106

Cosa, Juan de la (um 1460–1510) **70**

Covens, Johannes 156, 168

Coxe, William (1747–1828) 186

Cresques, Abraham 24, **32**

Crivelli, Taddeo (tätig 1452-1456) **12**

D

Danckerts, Justus (1635–1701) **112**, **118**

Dassel, Bernhard **238**

Dawson, S. 242

Defoe, Daniel (1660–1731) 180

Delisle, Guillaume (de l'Isle, 1675–1726) **146**, **152**, **154**, **156**, **168**

De Long, George Washington (1844–1881) 186

Desnos, Louis-Charles (tätig 1760–1790) **164**

Dias, Bartolomeu (um 1450–1500) 6, 30, 56

Dixon, George (1755–1800) 186

Drake, Francis (um 1540–1596) 146

Du-Val, Pierre (1619–1683) **114**

E

Egede, Hans (1686–1758) **166**

Eleano, Juan Sebastián de (Delcano, 1486–1526) 190

Eratosthenes von Kyrene (um 275–um 195 v. u. Z.) 5, **14**, 24

Ettinger, Carl Wilhelm (1738–1804) **222**

Evans, Lewis 160

F

Falkner, Thomas (1707–1784) 150

Finé, Oronce (1494–1555) 78

Finlayson, J. **154**

Forster, Georg (1754–1794) **186**

Forster, Johann Reinhold (1729–1798) 186

Fra Mauro
(1414–1459) **28**
Franklin, Sir John
(1786–1847) 228
Fries, Lorenz
(Laurentius Frisius,
um 1490–um 1532)
38, 74, **84**
Fry, Joshua
(um 1700–1754) **148**

G
Gage, Thomas
(vor 1600–1655) **176**
Gama, Vasco da
(1469–1524) 6, 36
Garcia, Pater Joseph
194
Georgius, Ludovicus
s. Barbuda, Luiz Jorge de
Germanus, Nicolaus
Donnus (gest. 1490)
10, 12
Gladman, George
242
Goetze, Ferdinand
154
Gregorii, Johann Gottfried
(Gregorius, Melissantes,
1683–1770) **178**
Grüninger, Johann
(um 1450–um 1530) 38
Gürsch, C. F.
206

H
Haack, Hermann
(1872–1966) **260**
Habenicht, Hermann
(1844–1917) **232**, **258**
Hague, Arnold
(1840–1917) 230
Halde, Jean Baptiste du
54
Haldingham, Richard von
20
Halfeld, Heinrich Wilhelm
Ferdinand **234**
Hammer, Heinrich s.
Martellus Germanus,
Henricus
Hassenstein, Bruno
(1839–1902) **228**, **254**
Hauff, Hermann
202
Hayden, Ferdinand
Vandeveer (1829–1887)
230
Hayman, Francis
(1708–1776) 148
Hearne, Samuel
(1745–1792) 192
Heinrich der Seefahrer
(1394–1460) 6
Heinrich von Mainz
20
Hellfarth, Carl
236, 238
Hensel, Reinhold
(gest. 1881) 254
Higden, Ranulf
(um 1280–1364) **22**
Hind, Henry Youle
(1823-1908) 242
Hojeda, Alonzo de
(um 1470–1515) 102
Homann, Johann Baptist
(1663–1724)
140, **144**
Homännische Erben
152, **208**
Hondius, Henricus
(1597–1651) **58**, 90, **96**,
98, **102**, **116**, 130, 134
Hondius, Jodocus
(Joost d'Hondt,
1563–1612) **48**, 96, **120**,
126, **132**, **134**
Houer, D. A.
14
Humboldt, Alexander von
(1769–1859) 7, 8, 196,
202, 204, 206, 208, 210,
212, **214**, 216, **218**, **220**,
256

I
Idrisi, Abu Abdallah
Mohammed al- (Edrisi,
um 1099–um 1164) **16**

J
Jaillot, Charles Hubert Alexis
(um 1632–1712)
110
Janßonius, Johannes
(Jan Janszoon d. J.,
1588–1644) **90**, **100**
Jefferson, Peter
(um 1707–1757) **148**
Jefferson, Thomas
(1743–1826) 148
Jolliet, Louis
(1645–1700) 158

K
Kaempfer, Engelbert
(1651–1716) 42
Karl V.
(1500–1558) 76
Karl August, Großherzog
von Sachsen-Weimar-
Eisenach (1757–1828)
198
Kiepert, Heinrich
(1818–1899) **210**, **252**
King, C. J.
184
Kitchin, Thomas
(1718–1784) 222
Klutschak, H. W.
228
Kolumbus, Christoph
(1451–1506) 3, 4, 5, 6,
7, 42, 60, 64, 68, 70,
72, 82, 102, 106, 164,
204
Krauss, Peter
216

L
La Condamine, Charles-
Marie de (1701–1774)
150
Lange, Henry Karl Julius
Heinrich
(1821–1893)
202, **250**
Lapi, Domenico de
(Dominicus de Lapis)
12
Lauri
148
Leiste, Christian
(1738–1815) 182
Le Maire, Jacob
(1585–1616) 98, 146
León, Juan Ponce de
(1460–1521) 164
Liechtenstein, Theodor von
(1800–1857) **248**
Long s. De Long, George
Washington
Loyosa, Garcia Jofre de
246
Luden, Heinrich
(1778–1847) 198

M
Mackenzie, Sir Alexander
(1755–1820) **192**
Magalhães, Fernão de
(Magellan, Fernando
Magallanes, um1480–
1521) 86, 98, 120, 146,
190, 246
Martellus Germanus,
Henricus (Heinrich
Hammer) **30**
Martin, Louis
212
Martini, Martin
(1614–1661) 50
Meares
186
Mendaña de Neyra, Alvaro
(1541–1595) 146
Mentelle, Edmond
(Edme, 1730–1815)
154, **170**
Mentelle, Simon 206

Mercator, Gerard
(Kremer, 1512–1594)
7, **48**, 58, 62, **78**, **88**, 90, 94, 96, **98**, 102, 116, 120, 130, 132, 134, 136
Merian, Matthäus
(1593–1650)
94, **104**
Mitchel, John
160
Mortier, Pieter
(1661–1724) **136**, **138**, 156, 168
Münster, Sebastian
(1489–1552) **44**
Murr, Christoph Gottlieb von
(1733–1811) **194**
Murray, John
(1808–1892)
206

N
Napier, W. H.
242
Nolin, Jean Baptiste
(1648–1708)
108

O
Oldmixon, John
(1673–1742) **180**
Olivier
146
Oltmanns, Jabbo
212
Ortelius, Abraham
(Oertel, 1527–1598) 40, **46**, **56**, 62, 106

P
Pagès, Pierre-Marie-Francois
(1748–1793) 172
Palliser, John
(1807–1887) 242
Peale, A. C.
230
Peip, Christian
(1843–1922) **228**
Pelz, Eduard
(1800–1876) **236**, 238
Penn, William
(1644–1718) 112
Perthes, Johann Georg Justus
(1749–1816) 3, 4, 8, 190, 202, 204, 220, 222, 224, 240, 256, 258, 260
Petermann, August
(1822–1878) 8, 204, **226**, **230**, **232**, 234, **240**, **242**, 260
Pigafetta, Anton
(1491–1534) **190**
Pinzón, Vicente Yáñez
(1460–um 1524) 82, 102, 126
Pizarro, Francisco
(1478–1541) 76
Poirson, I. B.
206
Polo, Marco
(1254–1324) 5, 32, 40, 44, 48, 84
Portlock
186
Powhatan
(gest. 1618) 92
Ptolemäus, Claudius
(um 90–um 160) 5, **10**, **12**, 14, 24, **26**, 30, 38, 56, 60, 66, 80, 82, 84

R
Raleigh, Sir Walter
(um 1552–1618) 132
Reichard, Christian Gottlieb
(1759–1837) **154**
Reilly, Franz Johann Joseph von
(1766–1820) **160**
Reimer, Dietrich
(1818–1899) 252, 254
Reimer, Georg Andreas
(1776–1842) 248
Reis, Piri
(geb. um 1470) **72**
Renard, Louis
36, **142**
Ribero, Diego
(gest. 1533) **76**
Ricci von Kanton
(1552–1610) 40
Ringmann, Matthias
(Philesius, 1482–1522)
7, 66
Risch, Martin
(gest. 1893) 256
Rizzi-Zannoni, Giovanni Antonio (1736–1814)
152
Roger II. von Sizilien
(1095–1154) 16
Rosselli, Francesco
(1445–1520) 30
Ruiz, Bartolomeo 76

S
Sanson, Nicolas
(1600–1667) 114, **174**
Santa Cruz, Alonzo de
(1500–1572) 106
Sarmiento
146
Sayer
162
Schenk, Peter
(Pieter Schenck, 1645–1715) 146, **152**
Scherer, Heinrich
(1628–1704) 144
Scherzer, Carl von
(1821–1903) **200**
Scheuchzer, Johann
(1672–1733) **42**
Schomburgk, Sir Robert Hermann
(1804–1865) 206
Schott, Johannes
38
Schouten, Willem Cornelis
(um 1580–1625) 98
Schraembl, Franz Anton
(1751–1803) 150
Schwatka, Frederick
(1849–1892) 228
Séguin, Dominique **172**
Selim I. (1467–1520) 72
Servetus, Michael
(Villanovanus, 1509–1553)
38
Smith, John
(1579–1631) 92, 122
Solís, Juan Díaz de
(gest. 1515) 82
Speer, Joseph Smith
64
Stieler, Adolf
(1775–1836)
8, 224, 240, 258, 260
Stülpnagel, Friedrich von
(1786–1865) **224**

T
Tamm, Martin
180
Teixeira, Domingo
126
Teixeira, Luiz
126
Tilbury, Gervasius von
18
Tillemon, Sieur de
(Nicolas de Tralage, gest. 1699) 108
Toscanelli, Paolo dal Pozzo
(1397–1482) 6, **60**
Tschudi, Johann Jakob von
(1818–1889) 234, 240

V
Valsequa, Gabriel de
34
Vancouver, George
(1757–1798) 184, 192
Velasquez, Joachim
212
Vespucci, Amerigo
(1452–1512)
7, 66, 68, 82, 164
Vischer, Ludwig Friedrich
(gest. 1720/21)
180

Visscher, Claes Janszoon
(Nicolas Joannes
Piscator, 1618–1679) 112

W
Wagner, Friedrich
(gest. 1861) **234**
Wagner, Moritz
(1813–1887) **200**
Waldseemüller, Martin
(Hylacomilus, Ilacomilus,
um 1470–um1518)
7, **38**, **66**, **68**, 74, **80**, **82**
Washburne
230
Weigel, Christoph
(nach 1654–1725) **140**
Weiland, Carl Ferdinand
(1782–1847) **214**
White, John
132
Whittle
148
Wied-Neuwied,
Maximilian Prinz zu
(1782–1867) **196**
Wilhelm I.
(1797–1888) 226
Wit, Frederic de
(1630–1706) 30, **130**

Z
Zedler, Johann Heinrich
(1706–1763) 178
Zimmermann, E. A. W.
188

Literaturverzeichnis

Antkowiak, Alfred:
El Dorado – Die Suche nach dem Goldland, Berlin 1976

Bagrow, Leo:
Die Geschichte der Kartographie, Berlin 1951

Briefwechsel Alexander von Humboldt's mit Heinrich Berghaus aus den Jahren 1825 bis 1858, Leipzig 1863

Brockhaus Konversations-Lexikon, 14. Auflage, Leipzig 1901 ff.

Bundesanstalt für politische Bildung Bonn (Hrsg.):
Information zur politischen Bildung, Lateinamerika – Geschichte, Wirtschaft, Gesellschaft, Hefte 122 und 226, München 1967 und 1990

Bürger, Klaus:
Christoph Kolumbus, Biographien hervorragender Naturwissenschaftler, Band 39, Leipzig 1979

Cronau, Rudolf:
Amerika – Die Geschichte seiner Entdeckung von der ältesten bis auf die neueste Zeit, Leipzig 1892

Dreyer-Eimbcke, Oswald:
Kolumbus – Entdeckungen und Irrtümer in der deutschen Kartographie, Frankfurt a. M. 1991

Forster, Georg:
Geschichte der Reisen, die seit Cook an der Nordwest- und Nordost-Küste von Amerika und in dem nördlichsten Amerika selbst von Meares, Dixon, Portlock, Coxe, Long u. a. m. unternommen worden sind, Berlin 1792

Gage, Thomas:
Neu-Spanien, Hamburg 1693

Hauff, Hermann:
Alexander von Humboldt's Reise in die Aequinoctial-Gegenden des neuen Continents, Stuttgart 1860

Hermann Haack, Geographisch-kartographische Anstalt (Hrsg.):
Erläuterungen zur Mappe Kartenkunst vergangener Zeiten, Gotha 1985

Hermann Haack Verlagsgesellschaft Gotha (Hrsg.):
Erläuterungen zur Mappe Karten alter Meister, Gotha 1990

Hermann Haack Verlagsgesellschaft Gotha (Hrsg.):
Geographisch-Kartographische Kalender, Gotha 1966–1992

Humboldt, Alexandre de:
Essai politique sur L'ile de Cuba, Avec une carte, Paris 1826

Klemp, Egon:
Africa auf Karten des 12. bis 18. Jahrhunderts, Leipzig 1968

Köhler, Franz:
Gothaer Wege in Geographie und Kartographie, Gotha 1987

Krämer, Walter:
Die Entdeckung und Erforschung der Erde, Leipzig 1974

Kretschmer, Konrad:
Die Entdeckung Amerikas in ihrer Bedeutung für die Geschichte des Weltbildes, Berlin 1892

Leiste, Christian:
Beschreibung des Brittischen und Portugiesischen Amerika zur Ersparung der englischen Karten, Wolfenbüttel und Braunschweig, 1778 und 1780

Luden, Heinrich:
Reise sr. Hoheit des Herzogs Bernhard zu Sachsen-Weimar-Eisenach durch Nord-Amerika in den Jahren 1825 und 1826, Weimar 1828

Mackenzie, Alexander:
Reisen von Montreal durch Nordwestamerika nach dem Eismeer und der Süd-See in den Jahren 1789 und 1793 …, Hamburg 1802

Melissantes:
Nützliche und wohl-eingerichte Land- und Städte-Beschreibung von Asia, Africa, America …, Frankfurt und Leipzig 1708

Murr, Christian Gottlieb von:
Nachrichten von verschiedenen Ländern des Spanischen Amerika …, Halle 1811

Nebenzahl, Kenneth:
Der Kolumbus-Atlas, Karten aus der Frühzeit der Entdeckungsreisen, Braunschweig 1990

Neueste Reisebeschreibungen oder Jakob Cook's dritte und letzte Reise, Nürnberg und Leipzig 1786

Ogrissek, Rudi (Hrsg.):
Brockhaus ABC Kartenkunde, Leipzig 1983

Pelz, Eduard:
Betrachtungen über die Landkarte von Minnesota, Gotha 1870

Petermann, August:
Petermann's Geographische Mittheilungen und Ergänzungshefte, Gotha 1860–1875

Pigafetta, Anton:
Beschreibung der von Magellan unternommenen ersten Reise um die Welt, Gotha 1801

Pögel, Gabriela, und Kroboth, Rudolf:
Heinrich der Seefahrer oder die Suche nach Indien, Berlin 1989

Ruge, Sophus:
Geschichte des Zeitalters der Entdeckungen, Berlin 1883

Sammet, Gerald:
Der vermessene Planet, Bilderatlas zur Geschichte der Kartographie, Hamburg 1990

Sanson d'Abbeville, Nicolas:
Die gantze Erdkugel bestehend in den vier bekannten Theilen der Welt als Europa, Asia, Africa und America …, Frankfurt a. M. 1679

Stingl, Miroslav:
Inka-Ruhm und Untergang der Sonnensöhne, Leipzig, Jena, Berlin 1989

Scurla, Herbert:
Alexander von Humboldt – Sein Leben und Wirken, Berlin 1985

Vischer, M.:
Groß-Brittannisches America nach seiner Erfindung/ Bevölkerung und allerneuestem Zustand, Hamburg 1710

Wagner, Moritz, und Scherzer, Carl:
Reisen in Nordamerika in den Jahren 1852 und 1853, Leipzig 1857

Wawrik, Franz:
Berühmte Atlanten – Kartographische Kunst aus fünf Jahrhunderten, Dortmund 1982

Wied-Neuwied, Maximilian Prinz zu:
Reise nach Brasilien in den Jahren 1815 bis 1817, Frankfurt a. M. 1820

Zedler, Johann Heinrich:
Großes vollständiges Universal-Lexikon aller Wissenschaften und Künste ..., Halle und Leipzig 1732–1750

Zimmermann, E. A. W.:
William Bartram's Reisen durch Nord- und Süd-Karolina, Georgia, Ost- und West-Florida, Berlin 1793

ISBN 3-7301-0489-6

Museen der Stadt Gotha (Hrsg.):
Amerika – Das alte Europa entdeckt die Neue Welt
Katalog zur Ausstellung der Museen der Stadt Gotha,
Kartographisches Museum, zum Kolumbus-Jahr 1992
15. Juli bis 15. September 1992, Schloß Friedenstein

Texte: H. H. – Helga Herr, Gotha;
E. K. – Egon Klemp, Berlin;
G. R. – Günter Rennau, Gotha;
G. S. – Gerd Schilling, Berlin;
J. S. – Jutta Siegert, Gotha
Lektoren: H. u. Dr. K.-P. Herr, Gotha
Reproduktionen und Fotos:
M. G. – Jens Weine, Museen der Stadt Gotha;
S. B. – Deutsche Staatsbibliothek Berlin
F. G. – Ingrid Unke, Forschungsbibliothek Gotha
Gestaltung: Jürgen Weis, Gotha

1. Auflage

Gesamtherstellung Druckhaus Erfurt GmbH

41004896 / Katalog Amerika